ちくま学芸文庫

民間信仰

桜井徳太郎

筑摩書房

民間信仰【目次】

虫送り（愛知県）

田植後、稲の生育をみて害虫を除く火祭り行事をおこなう。
松明をかざし、鉦や太鼓をならしながら夜の畦道をすすむ。

初穂の祈禱（淡路島）
祈禱料のほかに新穀を包んだ藁苞が奉納される。これを初穂と称する。

御霊神（愛媛県）
非業の死をとげた人の霊はよく祟る。それを恐れて供養をする。お墓に御幣をたてシメを張り御酒をそなえる。神仏習合の形式に注意されたい。

ミタネ渡し（大分県）
神田の種籾を藁苞につつみ次年度の座元に渡す。

田の神様（鹿児島県）

春秋の田の神講でまつる。背中に稲の藁束を背負っている。石造彫刻からみても傑れた作品である。

再版の序

刊行以来わずか一年余にして再版が出るという。かたい学術書のことでもあり、また特殊なテーマを取扱った研究書であるから、すぐにははけないにせよ、せめて出版元にご迷惑をかけることのないようにと祈っていた。さいわいにも日刊新聞をはじめ、各書評新聞や学会機関誌が、いちはやくとりあげて批評してくれた。すこしは反響のあったことがみとめられて、まことによろこばしい。

このたびの再版にあたっては、全面的に誤植を訂正したこともちろんであるが、新たに巻末に参考文献を掲げ、かんたんな解説をほどこすことにした。民間信仰はきわめて多方面にわたる複雑な宗教現象であり、かつ人間の精神生活の機微に触れるところが多いので、限られた一面的考察で終わったり、主観的な断定を下したりすることは極力避けなくてはならない。したがって出来るだけ数多くの調査・研究に目を通し、参考文献を熟読し、客観的妥当な判断をなしうるように心を配ったわけである。

ちかごろのわが国では、日本人の思想や精神構造を科学的に分析解明しようとする気運がたかまっている。とくに社会心理学や文化人類学の領域でさかんである。こうした傾向の由ってきたる原因については、いろいろの説明が可能であろうけれども、なんといっても日本人が、もういちど、自国の文化や歴史をかえりみ、自分じしんの心のうちを内省してみたいと深く感じるようになったからであろう。

人間の意識や思想をどう把握したら、もっともまっとうなつかみ方ができるか。これは大へん重要な問題であり、いちばん肝心な点であるが、じっさいはなかなか困難である。けれども私は、それをあくまで、社会の底辺にあって永い年月を過してきた、民衆の生活そのものに焦点をあてて求めて行きたいと念じている。これは、日本人の宗教生活を考えるばあいにも同様であるといえよう。私が、民族宗教や国民信仰の基盤を形成する民間信仰の究明に情熱を燃やしているのも、もっぱらそのためである。

ここに再び本書刊行の素志を述べて広く江湖のご批判を仰ぎたいと思う。

昭和四十三年二月十六日

白雪皚皚たる東都の北郊にて

著者しるす

民間信仰

序説　民間信仰の性格

一　民間信仰と宗教

人間の宗教生活に、もっとも大きな影響をあたえているものといえば、いうまでもなく仏教・回教・キリスト教などの世界的宗教を第一にあげなくてはならないであろう。ところが、そのばあいの宗教とは、いったいいかなるものであろうか、このように正面きって問われた際に、なかなか適切な解答を出しえないのが実状である。まことに宗教の定義ほど複雑で厄介な問題はない(1)。

なぜそうなのであろうか。それが困難であることの理由を端的にのべるならば、宗教現象そのものが、世界の諸民族に共通にみられる社会現象でありながら、かんたんにきめつけることのできない多岐多彩な性質をもっているからにほかならない。けれども、それを主として実際に世間で果たしている機能という面にかぎって捉えるならば、およそ次のように規定しうるのではなかろうか。すなわちそれはまず宗教の創始者たる教祖の出現がみられる。そしてその教祖によって創唱された教義教理が存在する。と同時に該教理・教義のもとに結集し、それを広く俗世間に布教弘宣しようとする伝道者とそれの組織的な布教伝道活動が展開する。したがって当然ながら、教理を信奉し、かれら伝道者によって組織された信徒による教団の結成がみられる。このような機能形態をとるものと考えてよいのではなかろうか。

とにかく、いちおうこのように規定するとしたばあい、われわれがこれから問題にしようとする民間信仰と宗教とのあいだに、どのような関連が見出されるであろうか。あるいはまったく無縁な存在なのであろうか。この点を検討してみたいと思う。

民間信仰という概念をきめることも、これまたかなり困難な仕事であるが、ここでは常民のあいだにながく伝承されてきた信仰現象の全体をさすことにしたい。そこでもしそうだとすると、前述の宗教現象とくらべてその対比が明瞭となる。

すなわち民間信仰においては、宗教のばあいのごとく教義を創唱した特定の教祖というものは存在しない。ムラ（村・部落）とかマチ（都市）とかの地域社会において、平々凡々の日常生活を送っている、数多くの常民のあいだに培われ育てられてきた信仰である。だから民間信仰を生み出した主体、そしてそれを支えているものは、あくまで地域社会内のまとまりをもった共同体だというべきであろう。これが、信仰を個人の独自な関心におく宗教と大きく異なる所以である。宗教がどちらかというと超時間・超空間的であるのに対して、民間信仰のなかに地方色豊かな土臭ふんぷんたる要素の充満している理由は、ここに存するとみなければならないであろう。

わが国の民間社会では、観音講・地蔵講・日待（ひまち）講・庚申（こうしん）講などといわれる信仰団体をつくって特定の宗教行事をおこなうところが多い(2)。一見すると、これらの講集団は、特定の既成宗教の教義にもとづき、その統制下に包括されながら教団組織をつくっているようにもみうけられる。けれども、これら民間の信仰的講集団の組織は、既成宗教における信徒集団にみられるがごとき組織的体制と、決して同一視することができない。だいいち専門的な伝道者、布教師が存在しない。講の行事を主宰し司会するのは、講中とか講員とよばれる村人全体である。そのメンバーのなかから順番に一年とか一カ月と期間をきめて当番が出てその衝にあたる。だから強いていうならば、教祖も伝道者も信徒も、みなひとしくムラビトである。同一の村人でありながらそのときの立場立場で、あるいは教導師となり伝道者となり信徒になるわけである。

両者の相違は、信徒を組織結集する範囲においても対照的である。いっぱんに既成の創唱宗教では、数町村、数郡はおろか、一国内のみならず広く世界的に信徒を獲得し、数民族を包含する広大な組織に成功している例がみられる。これに対して民間信仰においては、その組織化の範囲はきわめて狭い。一民族内の、しかも一部落・一地区の小規模な生活協同体にかぎられている。それを超えて、一郡、一県、さらには国全体の広域を、打って一丸とする組織体にはなりえない。

それならば民間信仰は、既成の宗教信仰とまったく無関係かというと、もちろんそのように断定することもできない。いなむしろきわめて密接な間柄に位置づけられているといってよい。

さきに述べたごとく、民間信仰のよって立つ地域社会では、地蔵講・観音講・薬師講などの信仰的講集団を結成するところが少なくない。その地蔵・観音・薬師なる語が明らかに示すように、それらはいうまでもなく仏教における地蔵信仰・観音信仰・薬師信仰にもとづくものである。つまりこれらの講集団は、仏教上の諸信仰を基盤にして成立し、それとの深い密着関係のもとに展開してきたものである。にもかかわらず、もしも両者を関係なしと断ずるならば、その盲断はきびしく論難されねばならないであろう。

このように、両者のあいだには、きわめて密接な親縁関係をみとめることができる。けれども、それであるからといって、民間におけるもろもろの講信仰が仏教信仰であるか、あるいはいっぱんに講事(こうごと)とよばれる民間信仰行事がすべて仏教儀礼であるかというと、そうは言えないのである。なぜなら、こんにちの民間信仰のなかには、もはや古代や中世以来の仏教諸寺院、さらには、それによって導かれた檀徒集団に機能した仏教教説を見出すことが困難であるからである。かつてのドグマと何の脈絡をもたない信仰となっている例が多い。ばあいによっては、まったく異質的な様相をしめすことさえある。(3)

二　民間信仰の領域

1　民間信仰の範囲

組織的な創唱的諸宗教の管轄する領域外の信仰を、すべて民間信仰だと規定することも一つの方法であろう。けれども、それにしても決して厳密な規定だとはいえない。たしかに今日の民間の雑多な信仰のなかには、現時点において現生する諸宗教と、なんら関連性のみられないものが存在する。けれども、歴史的時間的に遡源して眺めたばあい、その源流においてきわめて密接な関連をもったものが多い。のみならず祖先を同じくしているものさえ少なくない。つまり民間信仰は、既成の宗教信仰が、地域社会に受容される過程において派生してきた要素を数多く包含する。これはいうまでもなく既成宗教の土着化の過程で、本来の宗教要素が変化変貌したためであり、同時に異質な触媒の同化作用によって、極度の変質化がもたらされたためである。

しかしながら歴史的に源流を同じくしているといっても、本来の教義・教理とまったく乖離し、その教団組織から放逐され、体制の枠外に疎外されてしまった領域については、考慮すべき余地が多分に存しよう。

たとえば、こんにちの北九州の西部縁辺の小島には、隠れ切支丹とか潜伏切支丹とよばれるキリスト教の信者部落が点在する。いうまでもなく数百年前にヨーロッパから伝来した耶蘇会派キリスト教の信奉者の末裔である。

かれら信徒の先祖たちは、江戸幕府の切支丹禁制の法網をくぐりながら、キリスト教の信仰を子孫から子孫へと継承した。バイブルももたず宗儀の指導者さえもつことのできなかったかれらは、秘かに仏壇の奥深くにマリアの像を安置し、口伝えにオラショを唱えて仏教徒たることを擬装した。こうしてこんにちに伝えられたこれらキリスト教徒の宗教儀礼をみると、正統派旧教徒たちがおこなった様式は、いかにしても探し出すことができない。それほど全面的に変貌している。かつてあざやかに執行されたカトリックの宗教行事は、その面影もなく土着化して、地域社会在来の日本的な年中行事に著しく傾斜している。宗教の自由がみとめられ、禁教の桎梏から完全に解放された明治維新以後に及んでも、カトリックに改宗することもなく、深く外界との交渉を拒否してこんにちにいたっている(4)。この、世界的宗教たるキリスト教からも疎外され、永く宗教的特殊地帯を形成してきた隠れ切支丹のもつ信仰やその習俗は、もはや創唱的宗教組織の枠内に入れるわけにはいかないであろう。やはりそれとは異なる領域の信仰現象とみるべきである。

既成の宗教信仰が、ながい歴史時代の経過のうちに大きく変貌した例として、陰陽道や宿曜道などをあげることができよう。たとえば家を建てる場合に、その方角が問題になる。とくに金神の祟りを避けることが関心となる。婚姻とか葬式には日を選ばねばならないし、結婚の相手の年回りや星回りがどうかも気にかかる。彗星があらわれたから大変事がおこると判断したり、大雪が降った年の作柄はいいと安心したりする。あるいは夢知らせがいいとか悪いといって喜憂し、烏啼きによって人の死を予兆する。出さきで霊柩車や葬列にあうと縁起がいいが花嫁行列に遭遇すると悪兆となる。こうした吉凶禍福を予兆によって推知し、それによって自己の行動を規制しようとする風はこんにちでも決して衰えていない。

このような予兆によって人の世の命運を予断しようとすることは、決して東洋社会のみの特徴だとはいえない。けれどもその理論と術策ははやくから文化の開けた中国において考案された。陰陽五行説などがそれにあたる。この陰陽説が、わが国にも伝来して国民生活に大きな影響を及ぼした[5]。それがながく尾をひいてこんにちにいたったわけである。けれども今日に伝わる陰陽説にもとづく民間信仰と、昔日の陰陽道の教えるところとの間には、すでに大きな逕庭がみとめられる。このばあいもまた、仏教やキリスト教と同様に、民間社会への伝播土着の過程において、大きく変容を遂げているのである。

日本の民間信仰の閾域をここまで拡げるとするならばその対象とする領域はまことに広

大となる。すなわちまず民間信仰本来の中核的領域を形成する、原始素朴な民族信仰の系譜をもつものを第一にあげなくてはならない。そして次ぎに仏教やキリスト教など外来宗教の伝来とその伝播土着化の過程において派生してきたものを念慮に入れなくてはならない。あるいは、また人間の行動を規制する予兆や、禁忌に関する対応の仕方、さらに呪法や占術を通して展開する信仰機能なども十分に検討しなければならない。このようにみてくると、わが国の民間信仰の様相はまことに多彩である、というべきであろう。なぜそうなのであろうか。この点を考える前に、まずその実相を眺めてみることにしたい。

2　民間信仰と現代——とくに迷信との関連

旱天つづきで田という田は地割れがしている。すべての作物は黄色になえしぼんで、立ち枯れの危険にさらされている。井戸水ものこり少なになって飲料水さえおぼつかない状態である。そういう逼迫した事態に遭遇したばあい、われわれはいかなる対策を講じようとするか。いうまでもなく灌漑用水路を開設したり、水道を敷設して、その災害からのがれることを企てる。あるいは人工降雨の手段に訴えて旱害の除去につとめるであろう。けれども、そういう手段に訴えることのできない山間の寒村や離れ島などでは、こんにちでもなお、古くから在りきたりの雨乞いの祈禱にたよっている。

水源地にまつられる霊社や霊験あらたかと崇められる霊山へのぼり、そこの霊水をもらいうけてきて、村の氏神にそなえ祈る。あるいは苗代田の水口（みなくち）に注いで降雨を乞う。用水池や川の淀んだ淵の水を掻きまわして竜神・水神の憤怒をさそい、それによって降雨の因をつくろうとする。あるいはまた氏神の神輿を水中に投じたり、山上にのぼって柴藁を堆く積みあげて火を放ち、その火炎の宙天にあがるをもって請雨の祈願とする。まことにたあいもない子どもじみた行為である。

天候などの自然現象が、気圧や気流の物理的原理に基づくことを知っている現代人にとっては、この上もなく滑稽なことで、いちいちがもの笑いの種となる。迷信のこれより甚だしきものはなし、として一笑に付されることは必定であろう。しかしながら、旱天降雨の現象を、たとい物理学的、気象学的原理で説明することができても、実際に旱魃の害から農民を救済することができないとするならば、それは単なる空論にすぎなくなるであろう。溜池を掘り水道を設けることが必要であると十分すぎるほどわかっていても、それを阻害する条件に打ち勝つことのできない境遇に泣く農民は、決して少なくない。そこで、やむをえず、古来の慣習にたよって、わずかに窮境を慰めなければならないのである。人為的にいつ何時でも降雨現象をつくり出し、干害から容易に農民を救済する方途の考案されないかぎり、かれらの雨乞い祈願を、いたずらな狂信的行為とあざ笑うことは、さしひかえるべきであろう。

写真１　ビル建築の地鎮祭（東京都）

近代ビルの建築でも、古くからの慣習で神職を招いて地鎮めの祈禱をする。

いなかの人は迷信が多くて、と軽蔑する都人士のあいだに、迷信的行為はみられないかというと、そうは断言できない。いたるところにトゲヌキ地蔵、イボトリ地蔵が立っている。料亭やバーや食堂などでは、遊客のはいる玄関の戸口に波の花（食塩）を盛ることを忘れない。バスやタクシーにのると、マスコットの人形などとともに、かならず交通安全の祈禱札が貼りつけてあるのを見る。このごろはやりの洋式ビルの建築にあたっても、その定礎式には、注連縄を張りめぐらしたなかに衣冠束帯すがたの神職を招き入れ、地鎮めの修祓をおこなっている。こういう例をかぞえあげて行くと、まことに際限がない。そこには都会だから田舎だからという区別はつけられないし、その程度には大きな差はあるにしても、インテリだから、そうでないからといった限定をつけることもできない。

このようにして現存の民間信仰のなかには、インテリや都人士によって迷信と断定される要素が多く含まれている。だから民間信仰の現代性を論ずるばあいは、当然ながら迷信が問題となって提示される。けれども、それが実際に迷信であるかどうかは、そのおかれている社会のいろんな条件を勘案した上で断ずべきであろう。それを無視していちように概括してしまうことは机上の空論にひとしい。迷信とは、信仰が時代的社会的存立の意義を失った段階において現象するものである。実際の社会生活に実害を与えるものは、もちろん迷信として撤去抹消する努力を傾けなくてはならない。けれども、それのみに汲々として、民間信仰成立の必然性と現代に残存している社会的意味とをかえりみないときは、その努力もまた有効とはなりえないままに終る。そういうケースも少なくない。社会改良家の虚礼廃止や生活改善運動が、えてして不成功に終っている事情を十分に見究めなくてはならないのである。

三　民族信仰の基底

民間信仰の多くは、創唱的宗教諸宗派の宗教活動によって大きな影響をうけている。けれどもそれとは別に、その枠外にあって、民族の宗教生活の基底部を構成しながら、きわめて特徴的な機能をあらわしている領域の存在することを忘れてはならない。そこで、その実態を、やや内奥に踏みこんで眺めてみたいと思う。

1 原始信仰にもとづくもの

合理的に洗練された創唱的宗教成立の以前に、きわめて素朴未開な民族宗教、つまり原始信仰が存在した。この原始的諸信仰の多くは、教祖の出現とその創唱による諸宗教派の成立展開によって、その影を没してしまった。キリスト教伝播後のヨーロッパ社会などは、その典型的推移を示したとみなすことができよう。わが国においても、とくに仏教の伝来によって、在来の民族宗教、原始信仰は、大きく変容した。

ところが、わが国の民間社会では、こんにちにおいてもなお、外来の仏教やキリスト教などにディスターブされない、在来古風の素朴な民族信仰が残存する。この点、土着の異教徒を徹底的に改宗させた、キリスト教徒のヨーロッパ社会などと若干おもむきを異にしているようである。ただいま、その理由を深く詮索することはできないけれど、いずれにしてもヨーロッパとアジア、ことに日本とのあいだにみられる社会構造や民族性のちがい、キリスト教と仏教との教義教理の差異、したがって異教徒に接する態度の相違、などを条件としていることは疑いないであろう。

自然崇拝精霊信仰

とにかく、わが国では、仏教伝来後も原始信仰がながく尾を曳いて今日にいたっている。それが民間社会に沈澱し村落生活の底辺に堆積している。そして、われわれの研究対象となって多くの材料を提供してくれる。なかでも顕著なものは、山・水・木・石などの自然そのものを崇拝の対象とする自然信仰と、雨・風・雷・火など天然現象を惹き起こす根源的霊力の存在をみとめ、それを畏敬崇拝する精霊信仰との二つであろう。

これら二つの原始信仰は、さらに人間社会の進展につれ、その生活の分化に即応して、いくつかの同系列の信仰を派生しながら進行したようである。たとえば自然物たる山そのものを神体としてあがめる山岳崇拝の自然宗教が、狩猟社会においては、狩猟神としての山の神に転移する。農耕社会にはいると、農作物の生育豊凶を管掌する農業神に転進する。あるいはまた、精霊をたんに自然物や自然現象にみるだけでなくて、広く人間社会のなかにも推し及ぼして、人間集団の族縁的結集が構成される段階に到達すると、それを族縁守護の氏族神に創成しようとつとめる。日本民族にきわめて特徴的な祖霊崇拝信仰もまた、このような原始信仰を媒介として形成されたケースが少なくないのである。

自然物崇拝から発生した信仰は、ただちに精霊信仰をみちびき出す。だから両者がそれぞれ別個に孤立無縁な機能体と観念されることはほとんどない。たとえば大和の大神神社は、三輪山を神体とする自然崇拝から発したものであるが、同時に古代人は、その山の中核に、霊異絶妙な機能をもつ山霊の存在を予想していた。そのことが三輪山信仰成立の重大な契機となったことは明らかである。[6]巨石怪岩に神秘感をいだき、それを深く崇拝するといっても、けっきょくは、そこに精霊の超人的な活動をみとめることである。だから自然宗教から出現した石神にしても木の神にしても、石霊（いしだま）とか木霊（こだま）が重要となってくるわけである。

守護霊

もうひとつ原始信仰にもとづく民間信仰に特徴的な現象は、守護霊尊崇の傾向であろう。人間はいつの時代でも、みずからの幸福をこいねがって止まない。その幸運希求の内容は、民族や生活環境の相違によってかならずしもいちようでない。けれども人びとの生活をささえる諸条件に、プラスにはたらく要素を歓迎し、逆にマイナスに作用する災禍を除去し、その危険から退避しようと努める。そして人間の能力で調整できる限度をこえた領域については、神の力にたよろうとする。これが守護霊や守護神の存在を肯定するたちばである。自然崇拝や精霊信仰が、ただちに守護神信仰に転進する理由は、ここに存するものと考えられる。

わが国の農山村では山の神に対する民俗信仰がドミナントである。これを、日本民族の山岳崇拝に発するとする考え方はいささか左袒しかねる。富士山とか阿蘇山とか伊豆大島の三原山のような秀麗な山容をもつ高山や活火山は、はるか遠方の平野部や海上から望むことが可能であり、かつその威力ある噴煙は、はやくから周囲の住民に神秘感、神聖観をうえつけたことであろう。そういうばあいには、山そのものを崇敬する山岳信仰に発展する。けれども、ふつうに山の神といわれる神霊の所在地は、決して峨々たる山容を示す高岳霊峰ではない。山の神をまつる小祠は、むしろ村びとの住む集落に近接した地点に位置することが多い。せいぜい正月の門松を伐りに入ったり、柴木を苅りとったりする小高い丘か低い山の麓かである。ときには集落のなかにすら鎮座する。つまり山農村の住民の生活の場、生産活動の場に舗設されている。これはいうまでもなく山の神が、山岳そのものを崇拝する自然信仰から発生したことと並んで、地域社会住民の守護神的要請を充足せしめんがためにも成立したことをものがたっている。要するに守護霊崇拝を動機としていることは疑う余地がない。

山の神信仰

わが国の民間では、正月の初めにあたり、初山（はつやま）入り、初山踏みなどといって、年頭のとくべつな日を山の神の祭日と定めている。その祭り日になると、未明に起き新装の蓑笠・草鞋に身をかためた村びとたちは、鏡餅・神酒などを携えて、農閑の時期に燃料のマキ・タキギの伐採や植林などの山仕事にあけくれた持ち山へはいって行く。そしてその仕事場で山の神をまつる。小祠が建てられてある所ではそこで、ないばあいにはあたりの適当な木を見さだめて注連縄を張り、持参の神酒を周囲にふりかけて修祓の儀をおこない、祠の前か神木の根もとに鏡餅を供えて供饌の座をつくる。それから拍手をうってうやうやしく神拝をおこなう。部落全体で一つの山神を祀るという例もなくはないが、各家ごとに神祭りを執行する方式のほうが広い分布をもっている。また家ごとにおこなう山神祭りの祭式のなかに、より古風な形態をしのぶことができる。

この素朴な山の神祭りが示すように、これは、明らかに歳旦にあたり、当年の山仕事の無事息災ならんことを祈念した信仰儀礼である。そして、わが民族が、遠い祖先以来今日にいたるまで、年々歳々にわたり欠かすことなく行ないつづけてきた年中行事であり、かつ民間信仰儀礼であった。だから山の神は、危険な山仕事に従事する山人(やまうど)にとってはもちろん、平野部に住む田人(たうど)にとっても、薪伐りや萱苅りを必要とした段階においては、かけがえのない守護神であった。そしてその霊妙なる守護霊に対する畏敬尊崇の念が、ながくこの山の神祭りを支える中核となってきたのである。

土地神の信仰

山の神信仰の精神構造は、民間信仰の世界をになっている他の多くの神々についてもあてはまる。地神・地主神・屋敷神などとよばれる土地を守護する土地神の信仰についてもまた、そのことはいえる。土地神の範囲はきわめて広く、山林・田・畑・菜園・果樹園にまでおよぶことがある。けれどもその中心は、人間の住む家屋の建てられている屋敷地や、神社仏閣の境内となっている。その名称や種類また多種多様であり、まことにローカル色ゆたかであるけれども、いずれも一定の土地を守護するという役割を負わされている。ことに興趣を惹く点は、これらの土地神が、管轄する家や社寺の盛衰隆替に大きな関係をもつと信じられていることである。

南九州の薩摩・大隅半島では、家の屋敷内を守護する土地神をウッガンつまり内神(うちがみ)とよんでいる。ごく普通にみられる形態は、屋敷の一隅に小さい祠をつくり、その祠のなかに二、三箇の軽石や真石(まいし)を入れて神体とみたてる。この石の数がふえると、ふしぎにその家は繁昌する。逆に病人が出たり家運が衰亡にかたむくときは、減ってくるといい伝えている。

また、この内神の祭りは、原則として霜月の一定の日におこなわれる。そのとき「ミキン(ミキヌまつり御衣)を着せる」といって、人形(ひとがた)に象って切った白紙の衣裳を、神体の石に着せる。このミキンが年々歳々、つぎつぎと重ねてきせられて行くので、どの家の内神も厚っぽく着膨れている。そうするとそれは大変縁起がいい、家運隆昌の兆しであるとして歓迎される。ところが、ミキンにひびが入ったり割目が生じたり、あるいはぼろぼろに崩れたりしていると、不幸なことが起こるとして、戦々兢々の日常を送るようになる。要するに家の吉凶禍福を占うわけである。これはいうまでもなく山の神のばあいと同様に、もともと屋敷内に悪霊のより憑くことを防ぐ意図のもとにまつられた土地の精霊＝土地神が、しだいに昇化して屋敷地の守護神となり、さらに屋敷内に棲息する家族や家の運命をトするほどに重要視されてきたことを示している。

サエの神道祖神

こうした土地神の一種に、サエ（塞）の神・道祖神とよばれる民間信仰神が存在する。村落の四辻や村境の路傍に建てられた石碑が、この神の神体となっている場合が多い。この神の性格はながらく疑問とされていたけれど、最近の民俗学研究の成果によってようやく明らかとなった。

正月の松の内がすむと、とり払った門松や松飾りを貯えておいて、小正月の晩に火をつけて焼きはらってしまう。ドンドン焼きとか三九郎焼き、サギッチョウなどとよばれるこの火祭りは、都鄙を問わず、幼童にとって忘れることのできない印象深い正月行事である。

その火祭りのもよおされる場所に、サエの神・道祖神の広場があてられるということは、考えてみなければならない点であろう。つまり年頭にあたって、家族全体の息災と攘災招福を祈念するために迎え入れた正月神を、この日に家の外へ送り出す。それとともに根強くたちこめていた悪疫や悪霊のいっさいを、松飾りにつけて追い出す。そうしてすべての禍厄を焼き払ってしまう。そういうドンドンの火祭りの対象が、ほかならぬこの塞の神、道祖神である。

　道祖神はまた、いろんな種類の悪病・流行病を除去する神として崇められていた。したがってその祭り日は、とかく発生し伝染しやすい夏の土用ごろとなる。この日は家ごとに赤飯などの御供（ごく）を炊き、それを桟俵の上にのせ、紙や布の供養幡（くようばた）を立て、この神を祀る供養碑の前にそなえてくる。部落中の家々から供えられた御飯や供物が、腐敗して異臭を放つうえに、虻蠅が群がりたかって黴菌を散乱させ、かえって病気蔓延の淵源となっている。不衛生きわまりなき処置ではあるが、これをもって悪疫が除去されたと安堵する古老は少なくなかった。

　あるときは「虫送り」といって、田畑の作物についた病害虫を駆除するための呪法がおこなわれる。その際の中心的役割を果たすのも塞の神である。田の植付けが終り一番除草のすんだ初夏の候を見はからって、その行事日が指定される。各家から松明に火をつけたのを高くかかげもち、鉦・太鼓を打ちならしながら、声高らかに唱え言を口ずさんで畷（なわて）づたいに廻って行く。そういう隊列があちこちに一団となってかたまって動いているさまは、まことに壮観である。そうしてけっきょくは部落の道祖神の広場に集り合体する。かくしてこの広庭で、一きわ声をあげて祈禱の呪文を唱え且つ鳴りものをかしましくかきならす。そしてこれによって病虫害を駆除されたものと判断する。まったく科学的な根拠をもたない行事であり、農薬の発達した今日ではあきらかにナンセンスである。にもかかわらず、父祖伝来の虫送り行事をすまさないうちは、たとい科学的に有効な農薬の撒布をおこなっ

写真2　虫除けの祈禱札（大分県）
田植が終り、6、7月頃になると、害虫駆除の「虫送り」祈禱を行ない、その祈禱札を竹に結んで田の中に立てておく。

ても何となく害虫駆除がなされたような気がしないという。そこに、在来素朴な原始信仰が、民間信仰としてなお根強くこんにちに生存している根拠を見出すことができる。

村境の神

道祖神の碑は、こんにちでは神社の境内や本街道の四辻などにおかれることが多いが、これは、碑・塔・社・祠の整理統制を強行した近来の風景である。以前は、隣部落との村境いとか、山中にさしかかる山道のたもとなどに三界万霊塔などと並んで建てられていた。だからここを通って他部落へ出かけたり、山中へはいって山仕事に従事する村びとは、この塔碑にぬかずいて、身の安全を期した。その遺風はこんにちでも生き永らえている。すでに塔碑はとり去られ、古風な老嫗は、いまでも路傍の草花を手折りそこに供えて通り過ぎる。たとい残っていなくとも、神の鎮座を示すなんらの標識も手がかりも残っていない。何のためにそのような所作をするのか、問いつめても説明に窮するほどに薄れてしまってはいるが、そうしなくては不安でたまらないという気持は、代々うけ継がれて根強く伝承されているのである。(7)

サカムカエという習俗がある。他部落から嫁（聟）を迎え入れる婚礼の当日、迎え入れる聟（嫁）側から先方に対して迎えの使者を立てる慣行である。これをサカムカエなどとよぶ所は少なくないが、略式の近迎えに対して本式のサカムカエでは、部落の境界まで行くのが定法となっている。また、伊勢参宮などの社寺参詣や長旅の所用から郷里に帰る村人や家族を、親戚知友隣組一同が出迎えるという風も久しくおこなわれてきた。長期間の道中で疲労も募り、体力も衰えたであろうことを懸念して、握り飯などを用意して行き、おおいに栄養を補給してあげるわけであるが、それもまた古くからサカムカエとよんでいた。そしてその場所は嫁迎えなどのばあいと同様に、村境い、つまり他部落との境界が指定されている。(8)

このように考えてくると、日本民族が部落と部落との境界をとくべつに注意していたことが理解されよう。そしてサカムカエが酒迎えや坂迎えでなくて境迎えであり、サエ（境界）の神が、村々の境界を守る塞の神である理由も瞭然としてくるであろう。つまり塞の神とは本来、部落の境界に鎮座して部落協同体の安全保障のために力をつくす守護神であった。だから正月にドンドンの火祭りをおこなって部落内の悪鬼悪霊を焼払うのも、また疫神除けや虫送りによって、部落内の悪疫・病虫害のいっさいを追放するのも、いずれも最後の拠点が、この塞の神の広場となるわけである。われわれが、田舎を歩き回っているとき、よく部落の入口に、巨大な草履や草鞋の吊されているのを見かけることがある。これは、流行病などが部落内に侵入するのを防ぐための呪い（まじない）だといわれる。未開人にとっての病災は、すべて悪神悪霊が持ちこむものと観念されていた。そうした悪神は、この巨大な履物をみてその威力に驚歎し、退散してしまう。そういうきわめて素朴な考え方から出た呪法であろう。もともと村境に鎮座した塞の神はかかる霊力の持主として部落協同体の信仰を一身にあつめていたのである。

2 産霊信仰にもとづくもの

自然物崇拝や精霊観念にもとづく原始的諸信仰が、人間の生産生活や機能と密着する段階において出現するのが産霊信仰である。山中の樹木そのものを崇拝する木の神信仰は、ただちに木霊(こだま)の存在を承認せよとの要求を主張する。と同時に、それはまた樹木の繁殖成長に関する生産霊としても意識されるようになる。

山の神祭り

前節で紹介した正月年頭の初山(はつやま)入りと並んで、それとは別系統の山神祭祀が存在する。二、三月ころの春季と十、十一月の秋季と年二回にわたる春秋の山の神祭りがそれで、また山の講ともよばれる。多くは樹木の伐採、木材の運搬などに従事する山人のあいだにみられるけれど、山間の米作農家にとっても欠かすことのできない民間祭祀である。この日は部落のものがあらかじめきめてある当番の家に寄り合い、床の間に掲げた山神の掛軸をおがみ、あるいは祀ってある小祠の前にぬかずいた後、盛大な講宴の座をつくり飲食余興に終日をおくる。そのさまは、民間で行なわれるもろもろのマツリ行事とさしたる違いはみられない。ただその氏子たちにとくべつの禁忌を課している点に注目しなければならない。

まずこの山の神の祭り日には、いかなる事情があろうとも、何んぴとも山中へはいることを許されない。もしもこの禁を犯して山へ行くと、かならず大変事が出来する。山崩れに遭って圧死するとか、倒れ木の下敷きで大怪我をする。あるいは突如としておこった大風のために吹きとばされてしまう。だから、山祭りの日は一日中仕事を休み、身を慎んでいなければならない。なぜなら、この日は山の神が木種（きだね）を播く日である。あるいは、木種を生みおとして山中を駆け廻る日である。だから山の神が安心して木種の出産ができるように仕向けなければならない。それを無視して山へはいり山の空気を動揺させることはよろしくない。その禁に触れるから山神の憤怒をよび、思いがけない不祥事がおこるのである。このように説明している[9]。

この言い伝えの荒唐無稽なことは、誰でもが十分に知り尽しているにもかかわらず、今日においてなお、こうした禁忌を厳守しねんごろな山神祭りを挙行する山人の心情はどうしたものであろうか。いうまでもなく、樹木の発育成長を望み木材の価直の高からんことを期待するかれらが、その全権を掌握すると考えられる山の神を勧請し、盛大な神祭りを挙行することによって、かかる願望をかなえうると信じていたからにほかならない。そうした信仰上の伝統が、山ときわめて密接な関係をもつ諸職人の世界に根強く生きながらえて、こんにちにいたったのである。大自然のなかに実生（みしょう）した原生林に囲繞されつつ暮らした古代人は、樹木の繁茂や繁殖に対して異常な神秘観を抱いていたに相違ない。そしてそのような生命の根源、生殖の根底に、山の精霊としての神の機能を想定した。かくして生殖・豊産の神としての山の神は、いっそうその崇拝領域を広め信仰圏を拡げることとなった。われわれは今日、山中のみならず広く農山村の各地に、男根を象徴する神体をもつ山の神の小祠を数多く発見できるけれども、それは、明らかにこのことを証明しているものと考える。

田の神信仰

産霊信仰は、わが国が農耕社会へと進展するにつれ、いっそう顕著となった。山の神が、自然崇拝から精霊信仰へと進化するとともに、また産霊としての機能をあらわしたと同様に、田の神信仰もまた同じプロセスをたどった。もともと農耕に従事する田人（たうど）の仕事場、つまり土地としての田を守護する土地神であったものが、農耕生産を管掌する生産神ないし生産現象の根源的主宰者たる生産霊として観念されるようになった。その生産霊に対する田の神信仰が、民族信仰の根柢を培いながら、地域社会の民間信仰として生きつづいているのである。

南九州の農村のように、石製の田の神像を建てたり田の水口などに小さい祠を立ててまつってある所はいうまでもない。そういう形態をとらない地方でも、農作業の進む段階ごとに、田仕事の無事息災を祈念して、田の神を勧請する。まず正月の初めにあたっておこなう初鍬(はっくわ)入れ・初田打(はったうち)・初田植などの予祝行事に注目したい。深雪地帯で知られる東日本などでは、数メートルに及ぶ積雪のうえで、そうした模擬的神事をおこなう。雪上で鍬を

写真3　田の神の石像（鹿児島県）
いたる所で石でつくった田の神像をみる。春秋の田の神講に際し、供物をそなえて豊稔を祈り収穫を感謝する。もろもろの福徳を招くといわれ、婚礼の席へも運びこまれる。右手にメシゲ（飯杓子）左手にスリコギをもつ。

打ったり、稲苗にみたてた藁束を雪中に挿したりする動作は、いかにも児戯に類することがらである。けれどもそれによって当年の豊かなる稔りを期待し祈念するという農民の心情や意図は、十分によみとることができよう。そしてその祈念の対象となっているのは、もちろん田の神である。

こうした農耕儀礼の上に表出される田の神信仰は、苗代づくりの際の水口(みなくち)祭り、田植前後にみられるサオリ・サナブリ（シロミテ）、また収穫時におこなう穂掛け・刈上(かりあ)げ祝い、さらに鳰積(におつ)み・新嘗(にいなめ)祭りなどとつづく一連の農耕年中行事にも強く現われる。ことに北陸地方の能登半島を中心にみられる田の神送迎の神事には、無視しえない重要性が存在する。

いっぱんに日本列島の水田耕作地帯では、春の田仕事を開始するに先だって、守護神たる田の神を田へ送り出す民間神事を施行する。そして収穫作業の完了する晩秋初冬の候になると、それまで田に鎮座しながら耕作の無事を見守っていた田の神を、再び各自の家の中に迎え入れ、その労をねぎらうための行事をもよおす。山海の珍味をとり揃え、力のある限りの誠意を示して歓待することになっている。そこで農家の主人は裃をつけて威儀を正し、玄関口まで迎えに出、そこから風呂場へと案内する。そしてそこで田の神の身につけた泥や垢を洗い落してから、奥座敷へ招き入れる。そこでの一家総出のもてなしぶりは、まことに滑稽じみた演出で、傍のものの噴笑をよびおこさないではおかないが、家人にとってはすべてが真面目である。こうして床の間に迎え入れられた田の神は、翌春の田の神送りの日まで家の中にこもって休息し、来るべき繁忙の時期にそなえている。

能登地方ではこの行事をアエノコトとよんでいるが、おそらくそれは、田の神が家人とともどもにミケ（御食、つまり新穀）を共食すること、つまり饗（あえ）の事という意味であろう。そしてこのアエノコトには、奥座敷の床の間に当年穫れた新穀の籾俵が据えられ、それに松の小枝が挿し立てられる。だから田の神は田から家にあがりこみ、この勧請松（かんじょうまつ）をヨリシロ（依代）として米俵のなかに鎮座する。こうして田の神の神座となる籾俵じしんは、霊妙なる霊力の根源として崇拝され、包装された籾じしんもまた神秘的存在として多くの呪力を発揮する。たとえば、元朝の氏神詣りのお散米とする。あるいは小正月の繭団子の粉とする。また五月田植のときの飯米とする。それらはいずれも身の安全と豊産とをもたらすための一種の呪法と考えられている。ところによっては、この籾を翌春苗代に播く種籾にしなければならないとする。いうまでもなく籾種そのものに産霊をみとめる穀霊信仰である。

年の神

こうした穀霊信仰のもっとも典型的な表出が年神（としがみ）信仰であった。日本の地域社会には、大年神（おおとしがみ）・歳（とし）神社とよばれる社祠が数多く鎮座する。この大年とか歳とかいうのは、米を「年の実」などとよぶことによっても明らかなように、米を意味する。その米が年に一回ごと実を結ぶことから、歳月を創り出す年の神として観念されたのであろう。だから年神とは年々歳々、正月の年頭にあたって、民間の家々にやってくる歳神様である。と同時にまた、人間の生命を保つための米を産み出す御食神というわけである。おそらく水田耕作民たる日本人が、その守護神たる田の神を、さらにいっそう具象化して、米そのものに生産霊をみとめるにいたったものと思われる。したがってわが国の農耕社会では、この年神崇拝の段階において、はじめて穀霊信仰の成立をみたとしてよかろう。

この大歳神社の民間祭祀のなかに、この信仰の特質をつかむ要素が潜在していることに注目したい。その分布は、西南日本、ことに西中国から北九州にかけて濃密であるが、それらのなかで米そのものを神社の神体としている例が少なくない。かならずしも、もと郷社とか県社に指定されていた名社霊神ではない。多くは、名の知られていない村社とか無格社で、地域社会の住民と密着しながら生きつづけてきた社祠のばあいがほとんどである。

これら民間の小社における祭礼の経費は、すべて神社に所属する神田からの収穫物によってまかなわれる。そして神田の管理耕作の負担は、これまたいっさい神社所属の氏子に負わされている。その中心にあって計画の立案、作業の進行などの諸役万般をつとめるのが、氏子中より毎年毎年交替に選ばれる頭屋である。したがって当然ながらかかる頭屋の職掌はきわめて重要視されてくる。またその交替期におこなわれる頭屋役の引き継ぎにあたっては、厳粛な授受の儀式が執行され、それが神社祭祀の主要な部分を構成している。

いっぱんに頭屋渡しとよんでいるなかにあって、とくにミタネワタシ（御種渡し）と称する神事に注目したい。

神田からの収穫のうち、大部分は祭礼の神饌（神食・神酒）や祭費の支払い分として処分されるが、一部分は籾のまま保存しておいて、頭屋渡しの際に、次期の頭屋へと引き継ぐ。引き継いだ頭屋は、これを翌年の神田に植えつける種籾とするのである。こうして、大年神社の神田は、同じ田からつくり出された籾を次々と種籾にしながら絶えることなく続けられて行く。神社によっては、この神田の新穀を神社の神体としているところもある。収穫のなかから、とくに出来のよかった種籾をえらび、それを新藁で編んだ容器に入れて神社の本殿に安置しておく。これを毎年繰り返して倦くことを知らないのであるが、なかにはこの種籾を、翌年の神田に播いて、その収穫を再び社殿に奉納するという慣行を執っている神社も見られる。

このように山・田そのものや山・田仕事に出精する山農民を守護するとともに、そこに豊穣をもたらす神としての山・田の信仰が、やがて産霊となってよりいっそう具象化されながら民間に信奉されてきた事情をみた。同様な事情はほかにも数多くあげることができる。ことに、日本民族にきわだって顕著な祖霊崇拝にもとづく氏神信仰などは、見のがしえない重大な要素であるが、遺憾ながらいまは見送らざるをえない(10)。

わが国の民間社会に顕在する信仰現象については、以上のほかにも、考えるべきことがらはあまりにも多い。それらの点は次章以下において詳細に触れたいと考える。ここでは、その大要を示すに止め、最後にこれら民間信仰の特色を概括して、むすびとしたい。

四　民間信仰の特色

重層性

日本の民間信仰を構造的に把握するならば、一口にいって、それは重層的構成をとるものとみるべきであろう。すなわち日本の民間信仰は、原始時代に発生成立し、ながい歴史時代を通じて機能を発揮してきた自然信仰・精霊崇拝にもとづく原始的な民族信仰、さらにそれによって導かれた産霊信仰や祖霊崇拝による氏神信仰、これらを最底辺部としている。ところがさらに、仏教や儒教・道教・キリスト教などの外来宗教が日本社会に伝播土着する過程において成立した、俗的な雑信仰を積載している。しかもこれらの民間信仰は、一方においてこのような重層的構造をとりながら、またいっぽうにおいて、同時にそれらが全体となって、日本人の宗教生活体系の基層部を構成するという仕組みをとる。したがってかかる構造を図式的にとらえるならば、その中核に原始的民族信仰と産霊信仰・祖霊＝氏神信仰をすえ、その周囲に、外来宗教の伝播によって派生したもろもろの俗信仰を複圏的に配置する、そうした重円的構図だとみるべきであろう。

現世利益的性格

民間信仰が対象とする神々についてその性格を調べてみると、著しく福神的性質が強い。これはあながち我が国の特有性とはいえないにしても、きわめて顕著であることは否定しえない。人間の生活にプラスに作用するものは、えりごのみをしないで採用する。すべてが現世利益的であり、大きな期待を寄せられている福神が、いたるところで大活躍をしている。けれども人生は決して順調な明るい面のみがつづくとは限らない。思わざる不幸に遭遇する。したがって他方そうした悲運をもたらす神の存在もみとめている。しかし、たとい人間の運命をマイナスの方向へみちびくものがあるとしても、それをプラスへと転回させようとつとめる。その実現を信じる念の強いのも日本人である。たとえば一方で悪霊や魔神が相当に跋扈跳梁している[11]。けれどもそれはけっきょく、禍を転じて福運をもたらす福神でもあり、目に見える面で逆の立場をとっているにすぎない。

流行性

民間信仰の多くは、人びとの宗教生活の基底部に沈澱している。けれども、なかには一時的に社会の表層面にとび出して、大いに陽動することもある。世にいうはやり神などはその典型的な例証といえよう。

日本の民間では、権力者の暴威のために犠牲となった、悲劇的人物に同情するという風が古くから存在した。つまり非業の死を遂げた人々に対する深い同情心を現わすために、それらの人々を神にまつって慰霊するという風が広くみられる。歴史上の人物としては菅原道真などが代表的存在であるが、その亡霊を慰撫するために考案された北野天神、あるいは祇園会、天王祭りなどにその片影をうかがうことができる。民間でも圧政に抗議した義民の亡霊が各地に飛散し、その飛沫が悪疫となって村々を飛行し、病菌や鳥虫となって農作物の病虫害を蔓延させる。そういう伝説が多く語り継がれている。そこでその慰霊のために小祠を建てて神にまつる。そういうふうにして急速に拡散伝播した民間信仰も少なくないのである。

習俗化

民間信仰発生のモチーフとしては、まことに数多くの場合を列挙することができよう。

そしてそれらの雑多な民間信仰は、あるいは栄えあるいは衰え、あるときは燃え上り、ある時は萎えしぼみ、幾多の消長の歴史を辿りながら今日にいたっている。あるいはまた、まったく消滅したかと思っているうちにふたたび頭をもたげて生気を回復し、大きな社会的機能をあらわすものも出現する。しかしながら、その多くは、民間社会の習俗と化して民衆生活の基層部に沈澱する傾向が強い。だからこの面を忘れて民間信仰を論ずることは、片手落ちの非難に甘んじなければならない。われわれは、この部分に斧鉞を入れて、そこから民間信仰の真相を把握するようにつとめねばならないであろう。

I

民間信仰の伝承態

序

山村とか離れ島のように、文化の流通する本道から、はるかに外れてしまったところでは、総じて民間信仰の古風な形態を、今日でもなお実見することができる。わたくしが昭和三四年八月、炎暑の候に訪れた四国の南西部、つまり愛媛県南北の宇和郡をふくむ、いわゆる宇和地帯なども、その一つであろう。(1)

この地方は舟による若干の沿岸交通には恵まれたけれど、鉄道の敷設は十分でなく、ごく最近まで僅か日に数回しか往復しないバス往来に頼らざるを得なかった。まさしく日本の僻地に広くみられる特徴を遺憾なく発揮している。したがって文化の停滞地域・後進地帯とよばれざるを得ないような状態に永くおかれた。そのために、社会制度や習俗慣行の面において、他の先進地方のそれとの間に大きな断層を生ずることになった。この地方の民俗が、ジャーナリズムや作家などの題材にとりあげられて、中央に紹介され、都人士の好奇な眼に曝されたのもつい最近のことである。(2) 一見異様に見える奇習珍俗のみをとりあげて問題にするから、学問的に全く根拠のない異民族説などが、まことしやかに擡頭してくるのである。かりに珍俗奇習といわれるものがあったとしても、それはただちに異民族

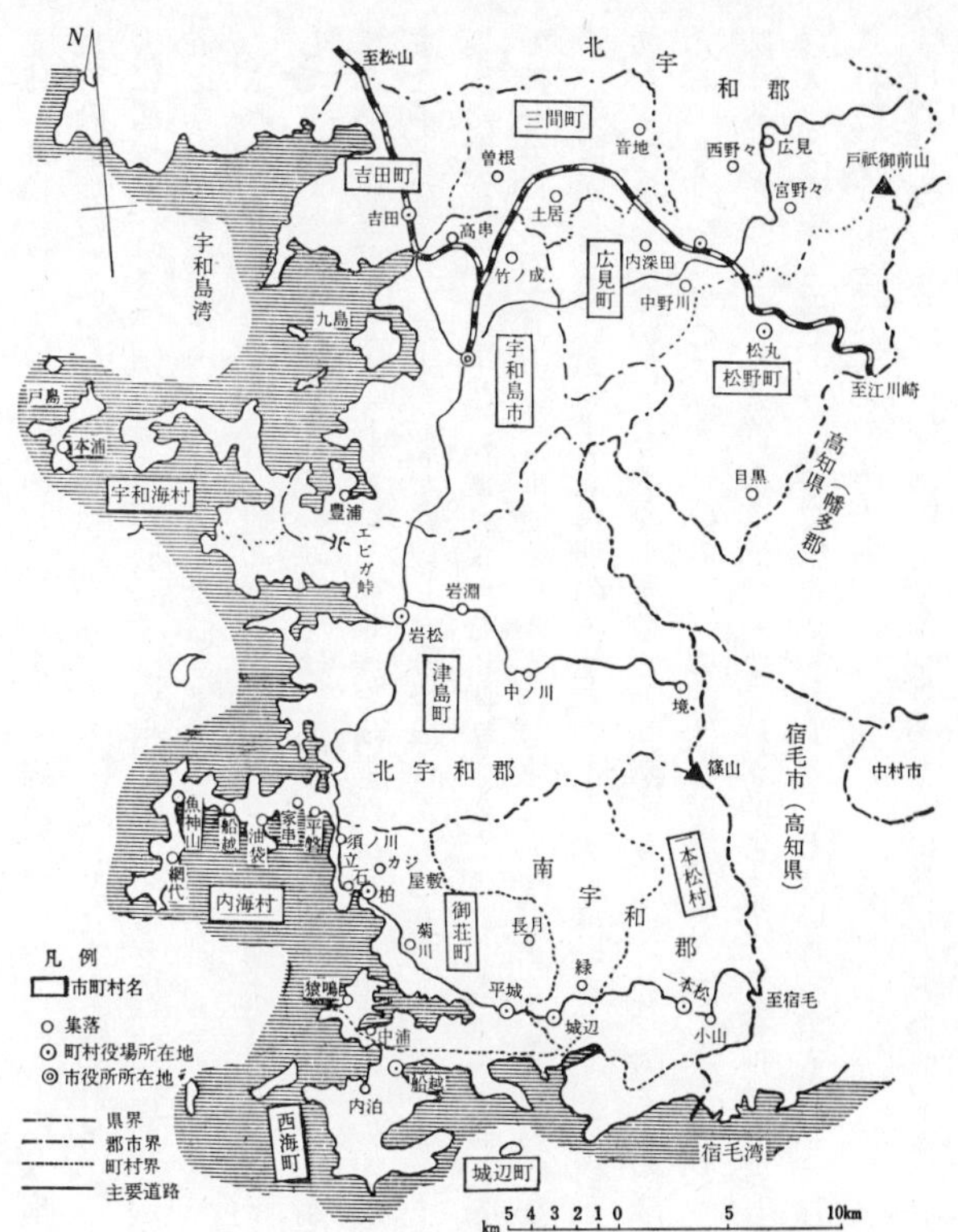

至松山
北
宇
和
郡
三間町
吉田町
音地
西野々
広見
戸祇御前山
曽根
宮野々
吉田
土居
高串
竹ノ成
内深田
広見町
中野川
宇和島湾
九島
宇和島市
松丸
松野町
至江川崎
戸島
本浦
宇和海村
豊浦
エビガ峠
目黒
高知県（幡多郡）
岩淵
岩松
津島町
中ノ川
境
北宇和郡
篠山
宿毛市（高知県）
中村市
魚神山
船越
油袋
家串
平碆
須ノ川
立石
カジ屋敷
柏
内海村
御荘町
南
宇
和
郡
一本松村
菊川
長月
緑
平城
城辺
一本松
小山
至宿毛
猿鳴
中浦
船越
内泊
西海町
城辺町
宿毛湾
凡例
市町村名
集落
町村役場所在地
市役所所在地
県界
郡市界
町村界
主要道路
km 5 4 3 2 1 0 5 10km

1図　宇和地方略図

先住の証拠とはならないであろう[3]。たまたま僻遠の地におかれたという理由のために、他地方の進歩について行けなかっただけである。近代文化を身につけている人々も、遠い過去に遡って行くと、先祖たちが同じような生活様式のもとに、今日では珍俗と思われる習俗をもって生活していたことを知るべきである。

　これから述べようとする、民間信仰の実態について、何よりもさきに上述の前提を承認してもらわねばならない。この地方では、何事によらず、よく祟る神様が多い。またいろんな憑き物が数多く存在している。家族に病人が出たり、田畑の作柄が思わしくないとき、また不漁がつづいたり、船が難破したり怪異に遭ったりすると、かならず、何かの神様が祟ったのだといって大いに懼れ慎しむ。山稼ぎのときに思わざる怪我をしても、それは山の神が祟ったのだという。山道を歩いていて急に気分が悪くなって動けなくなるときがある。空腹からくるいわゆる高山病の一種であろう。そういう時でも、何かの神様が祟ったのだ、あるいは魔物にとり憑かれたのだと判断する。そうして、それを取り除く方法を考える。そういうところから、いろいろの呪法が考案され、禁忌が生まれ、また呪術師が活躍することとなる。こういう前近代的な非科学的考え方、非合理的な処し方が、社会生活に大きな害毒を流し、深刻な弊害をよんでいることはいうまでもない。迷信は、あくまでも打破しなくてはならないのである。

　けれども、そういう民間の呪術や禁忌をただちに迷信だと速断することは避けねばならない。それらの多くは、わが民族の信仰生活の、ある時期の状況を示しているものである。したがって、それは日本人の民族信仰の歴史を究める場合の生きた資料であるということができよう。そこで、そうしたえがたい重要な資料を広く採集し、その上に立って日本民族の宗教信仰史を構成したいというのが念願である。たんなるディレッタンティズムにあらざる所以を知って頂かねばならないのである。かくして珍習といわれ、迷信といわれた民間信仰も、その本質が明らかにされてくる。そうして、なにゆえ、この地域に、かくのごとき相（すがた）で現存するにいたったのであるか、その理由が正しく把握されてくる。迷信かどうか、あるいは迷信だとしたら、それをどのように是正したらよいか。そういう現実的方策も、こうした正しい学問的成果の上に立ってはじめて可能となってくるのである。

一 タタリガミ（祟り神）伝承

総じて宇和地帯全体についていえることは、なにごとによらず神信心の念が篤い点である。そういう人のことを「ねつい」とか「ねんこい」といって賞揚しようとする風が強い(4)。一生に少なくとも一度は、「お四国」とよばれる四国八十八ヵ所を巡拝しなければならない。そう思っているものは、今でも多い。その気持はとくに婦女子に強く、それを果たすことが嫁入の重要な資格とみなされている村々さえもある（三間町音地・城辺町中緑など）。ほかにも五社巡り・四社めぐりをはじめとして、七観音参り・六地蔵詣でなど、神仏の霊場を巡回参拝するならわしは、いずれの町や村においてもとくに重要だと考えられている（宇和島市豊浦・三間町・広見町・内海村・城辺町緑・御荘町猿鳴など）。このように、神仏の信仰にいっさいを托そうという傾向が強いのは、弘法大師に対する信仰、というよりは真言宗の熱烈な伝道の影響を見のがすことはできないと思われるけれども、とくに宇和地帯のような僻地としては、人々がその生命や運命をいっさい、神仏の加護に仰がねばどうにもならなかった境遇におかれていたためであろう。そういう特別な事情があったからこそ、民間信仰が永く衰えずに生きつづけることができたのである。

村や字にはいって地域社会の実状を眺めるとき、この印象はいっそう鮮やかによみがえってくる。フルモウシということがある。これは、合祀以前の氏神・産土神の旧祭日を忘れないでいて、その日に旧の氏子中が集まって祭祀を行なうことをいう。たとえば御荘町猿鳴の住吉神社の場合を挙げてみよう。この神社は、現在本村の中浦に鎮座する村社、若宮神社に合祀されている。けれども猿鳴の氏子では村社の祭日一一月三日とは別に、住吉様の縁日の一一月一一日にフルモウシをする。村が新暦を採用するようになってからも旧暦による以前の祭日を忘れないで、その日に旧の氏神祭を執行するわけである。と同時に、神社合祀のために廃絶されてしまった旧社の跡に小祠を再興して祀ることもフルモウシである。前者の場合は、同一地域社会で新旧両方の正月を今なお行なっている地方が多いことなどと考え合わせて、旧慣のなかなか抜けにくい点を示している。後者の例は、神社合祀という国策によって擾乱された地域社会の神社信仰が、旧態の自然な相に還ろうとするための抵抗をあらわしたものといえよう。人々は、先祖伝来の氏神信仰の綱を断ち切られまいとして、廃止された氏神の境内に小祠を建て、わずかにフルモウシすることによって、その心を慰めていたのである。

村人のねんこい信仰を示す例はほかにも多い。赤不浄、黒不浄など忌みがかりのものが神社の境内に入るのを禁ずることはもちろん、神前を避けて道を迂回し、穢れの氏神に及ぶことのないように気をつかう。穢れのない村人が神前を通るときでも、冠りものをはずし、なかには土下座をして拝礼する老人を少なからず見うける。そういう恭順な気持を忘れると、その祟りが本人や係類に及ぶといって戒めるようになったのは、ややその信仰が衰退のきざしを見せはじめてきたからであろう。神前を馬に乗って通ったため、あるいは頬冠りのままで通ったために、氏神の怒りに触れて落馬したり、はね倒されたりしたという話は無数に聞かされた。現に何某の顔の傷痕は、そのときつけられたものであるなどと、生々(なま)しくもの語る人もあったくらいである。それをまことしやかに説く伝説も、当然ながら各地にいい伝えられている。たとえば、内海村平碆(ひらばえ)の白王様は、部落を開創したと伝えられる先祖を祀った神様である。平家の落人で、白いものを見ると怒るという性質があった。ある日村の若者が白い頬冠りをして前を通ったところ、一陣の風が捲きおこり、海中へ吹き飛ばされてしまった。爾来、村では大いにつつしんでいるというのである。これは、村の草創を説く伝説と平家の落人伝説とが合体してでき上った物語ではあるが、氏神の権威を強調しておこう、おかねばならないという村人の気持がその基底を流れていたことは明らかであろう。同じ村の字油袋(ゆたい)に鎮座する拝高(はいたか)神社にも同様のいい伝えがある。ここでは不敬の行為があると、その者は不具者にされるという。この部落で唖や白痴者（精神異常者）が出ないのは、みなが敬神の念に篤いからである。そういう説明までつけ加え、ここは「あらたか」なところであると大いに誇っていた。

このように、土地の人柄がねんこくて、あらたかであるということが一つの素地となって、よく祟る神様が生まれ、あるいは勧請されて祀られるようになったものであろう。以下、やや立ち入ってその情況を眺めてみることにしたい。

1　御霊神(ごりょうじん)信仰

和霊様

宇和島市の和霊神社は、いわゆる和霊騒動の中心人物山家(やんべ)清兵衛の慰霊のために創建されたといわれている。宇和島藩の財政建直しのために課された藩民貢租の負担を軽減することにつとめた彼が、同僚桜田玄蕃の陰謀によって闇討を仕かけられ、ついに元和六年六月二九日子の下刻、横死をとげた。ところが、市中の清兵衛所縁のところに、夜な夜な火の玉が飛ぶという風聞が立ち、それは、清兵衛の亡霊が成仏できずに荒霊となって荒れ狂っているためであると喧伝されるにいたった。そこで生前の功労をたたえ、その荒霊を和らげようとして町人有志相議り、小祠を城北の森安に建て、これを児玉神社と称した。のち、宇和島藩第二代の藩主伊達宗利が願主となって工をおこし、承応二年に落成した。これがこんにちの和霊神社の縁起である(5)。社殿落成の六月二四日(新暦七月二四日)を大祭の日と定め、この日は、近郷近在はもちろん、広く四国中から信徒が集まり、豊予海峡に横たわる島々からは艪櫂を揃えて信者が殺到する。崇敬する信徒のつくる和霊講の分布もきわめて広い。四国では、金刀比羅と並んでその令名の高い霊社である。

義農伝説

ここで、とくに和霊神社の信仰をとりあげて紙数を費したのはほかでもない。この地方一帯に同じような類型の信仰形態がはなはだ多いことを指摘したいためであった。まず圧政に反抗し民衆の味方をしてついに横死したという義農伝説に触れなくてはならない。宇和島市豊浦(旧三浦村)に義農覚十郎なる人の碑が建っている。碑面も「霊峯了覚信士、

写真4　義農の供養祠（宇和島市豊浦）
義民一揆の犠牲者覚十郎を供養する。村民の信仰厚く、年中香華の絶えるときがない。

寛政七年乙卯五月十日」とあるから、実在の人物たること疑いはない。けれども、その事蹟は古老の記憶からもすでに薄れ、曖昧となっている。話の断片をつなぎ合わせると、次ぎのごとくになる。すなわち、覚十郎は在所（ざいしょ）豊浦の人で今日の井伊家の先祖にあたる。当時の豊浦は、現状のようには開拓されていなく、沿海によってわずかな漁塩の業をもって生計の資にあてていた。しかも、藩の苛斂誅求がきびしく、住民は極度の貧窮にあえいでいた。そのうえ連年凶作がつづき、飢饉のため野山に倒れ死ぬものも現われるという悲惨な情況下にあった。これを見かねた覚十郎は、私財を放出して貧窮者・難民を救うとともに、藩にかけ合って貢租の減免を執拗に嘆願した。藩当局は藩政逼迫の折柄、その死願を受け容れようとはせず、かえって覚十郎を圧迫し、刺客をさし向けるという風聞が立った。彼は身の危険を知り、もはやこれまでと悟り、一切の私財・金品を部落のものに渡し「もし自分が帰って来なかったら、どこかで往生を遂げたものと考えて、お堂でも建てて菩提をとむらってくれ」といいのこし、いずことも知れず立ち去った。そしてそのまま村へは姿を見せないで終ってしまったといわれる。彼の義挙に感激した村人たちは、のちに彼のため堂をつくり碑を建てて慰霊の誠を捧げるとともに、旧暦七月七日の七夕節供に「エンのトの焼餅」という祭を催して、年ごとの供養を欠かさずにつづけている。エンのトというのは明らかでないが、縁の塔とも縁の扉だともいわれている。つまり縁者である部落の人々が挙って集まり、お堂の扉を開いて亡者を供養するという意味なのであろう。部落から八人の触番（ふればん）（粉集め二人、焼き役二人、飾り役二人、配り役二人）が出て、部落中から一〜二合の小麦粉を集め、それを焼餅につくり、参詣の人に頒ち与えるのである。この餅を食べると夏病みしないといって喜ばれる。他部落からの参詣者にも無償で配布するのは、亡者の慰霊・供養のためだといっている。

豊浦の義農覚十郎について語られているところは以上である。和霊騒動の山家清兵衛にくらべ、それほどに陰惨さが見られないのは、その背景となった事件のスケールの大小の差によるところであろうか。あるいは、悲惨な実状をそのまま伝えることをためらった村人たちの配慮がはたらいたためであろうか。とにかく亡者の霊を慰撫供養しようとする気持が基盤となり、焼餅祭という夏祈禱行事がこれに合体して、かなりニュアンスの違った方式に変えてしまったことは事実である。そのために、いい伝えそのものは、きわめて迫力を欠く結果となっている。けれども、耕地面積が極端に少なく、米塩の資に乏しい沿海の僻村に展開した義農騒動を取り扱った伝説であることにはちがいなかろう。(6) 村に一人の義農が出現した、村民の生活を守るために為政者に反抗することによって悲惨な横死をとげた、その亡霊が祟って困るので、それを供養する方途が考えられた、今日の何某神社はすなわちそれである。このような成立の事情や縁起をもつ祠碑は、南宇和郡内にも広く分布している。いちいち列挙することはいたずらに煩雑さを加えるのみであるから避けることにしたい。問題は、何故この地方に義農伝承が多く存在するのか、なにかと人に祟りを及ぼす神々がどうしてこうも多いのであるか、そういう理由についてである。

新田様

この地方では、旧の町村内に必ず一、二社新田(にった)と称される社名をもつ神社が鎮座している。(7) こころみに北宇和郡三間町についてしらべてみると1表のごとくである。

1表のほかにも、筆者の実見した新田神社は数多く存在するが、それらの縁起由緒をたずねてみると、ほとんどについて定まった型式がとられていることに気づく。すなわち、戦国の雄将長宗我部氏が四国一円を鎮定する以前には、この一帯を新田氏が治定していた。ところが長宗我部氏のあくどい攻略にあって、新田氏の拠城はことごとく落ち一族郎党みな討死した。その亡霊がたたって困るので村中協議の結果、祠あるいは墓をつくってこれをまつりこめたのである。そういう構成をもつ伝承がまことに多い。たとえば、現に宇和島市豊浦の新田神社は新田義貞の亡霊を祀ったものといわれている。あるいはまた仁田四郎の没後を弔ったものともいわれる。新田もしくは仁田氏は、かつてこの辺一帯を支配し、現在は城（しろ）とよばれる眺望のきく高台に居城を構え良政を布いていた。ところが長宗我部氏の攻略によって、一族ことごとく討死してしまった。勝ち誇った土佐の軍勢が船に乗りうつり、この浦を出帆しようとしたとき、突如としてワイタ（突風）が起こり、長宗我部の兵士はみな海中に没してしまった。これはまさしく新田氏の亡霊の祟りであろうというので、爾来村人はこれを神社として祀り、その冥福を祈りながら、今日にいたっているというのである。しかも旧暦の盆の七月一日を「沖の口」といい、この浦の村々からは、その

1表

社名	鎮座地（旧村地）	所拠資料
新田神社	大藤字宮ガ谷（成妙村）	成妙村誌
〃	黒川字榊葉（二名村）	二名村誌
〃	波岡（二名村、のち村社三島神社へ合祀）	二名村誌

日舟を沖合に漕ぎ出し、鉦を叩き念仏を唱えて亡霊を供養する行事を欠かさずに行なっている。三間町大藤（おおふじ）の新田神社は大藤村開創の祖先、新田義興の墓を祀ったものであり、同じ黒川字榊森の新田神社は、新田氏の落武者が落ち延びてこの地に来り、猟師に身をやつしながら小祠を建て、族長新田義興を祀ったのがそのはじまりであったという。そののち、一族衰微のため、祠もまた退転、そのままに放置されていたところ、義興の亡霊が出て村人を苦しめた。そこでその難を避けんがために、村人が共同して社屋を建て全員が祭礼に参加して氏子となった。そうして、現在は部落の鎮守と仰がれている。

南宇和郡にはいると、イットウ・イッケなどの同族団が祀る神様や、荒神様のように地縁を同じくする人ごとにまとまって共同祭祀を行なう神社が、少なからずみとめられる。その中に新田様が含まれていることも忘れてはならない。たとえば一本松村字中野川の西イットウで祀る新田様などはそのいい例であると思う。イットウの本家西倉之助氏の先祖は、代々庄屋をつとめた名門で京都からこの地に下って居を定めたといわれる。西家と新田氏との関係は、いい伝えのみでは明らかでないが、とにかく、新田一族が長宗我部氏に討ち滅ぼされ、その亡霊がたたって困るので祀るようになったという。四年に一回ずつ西家が中心になって西イットウで祭礼を催している。

一条宮様

新田神社の例は、枚挙に困難なほど多いのであるけれど、同様な動機のもとに祀られている異名の神社もまた多い。戸島本浦に鎮座する一条宮様もその例に属する一つに数えられよう(8)。土佐の長宗我部に追われた一条宮様（兼良の裔、一条兼定）が、幾多の困難を排して戸島に渡った。ここは、都にもまさる住みよい所であるというので永住の地と定めて、城の山に館を構えた。ところが、家来の一人が長宗我部と通じ主人を殺害してしまった。このため亡霊が祟り、海上は時化つづきとなった。漁撈を唯一の生業としている島民たちは漁に出ることができず、ほとほと困り果て、ついにその亡霊を供養するため山頂に祠を建てて祀ることとなった。今日でも戸島の人々は、眼病をわずらったり、長期の病気に罹ったりすると、この神社に平癒の祈願をこめる慣習をもっている。さらに明智光秀の御霊をまつるといわれる内海村魚神山の精霊神社、同じ村の須ノ川・家ノ串・油袋・船越・平碆・網代にまつられている五輪様・長袖様なども、同じような成立の縁起・伝承をもっている。若宮の存在が多く、その信仰があついのも特徴的である(9)。

以上述べたように、和霊様・新田様・一条宮様などと固有の名称をもつ神々と、また、精霊様・五輪様・長袖様・若宮などと固有名称をもたない神々との区別はある。けれども両者がいずれも、人々に祟りを及ぼすきわめて怖ろしい神様であるという性格については、まったく一致しているということができる。このように、なにかと人に祟る性格をもつために、その反応を恐れる人々によって慰撫供養され祀られている神々は、いっぱんに御霊神とよばれている。[10] 宇和地帯の如上の神々は、まさしく典型的な御霊神といえると思う。また実際に、御霊神社・精霊神社などという名称をもつ社も存在する。

なにゆえに、このような土地に御霊信仰が繁栄したのであろうか。その理由を一言にいい切ることはなかなか難しい。けれども、何をおいても生産力の低い狭隘な土地と、海岸にまでせまった山間の僅かな谷間に集落を形成しなければならなかった辺地という地理的条件（このために多くの百姓一揆をおこし、また幾多の義農伝説を生むことにもなったのである）、さらに、歴史時代、わけても戦国争乱の時代に、他からの侵略をうけたこと、とくに長宗我部氏や大友氏の入寇に遭って痛めつけられた歴史的体験とが綯い合わされて、人為以上の霊力、超人間的な神力に一切を托そうとするパースナリティがつくり上げられたのではなかったろうか。少なくとも御霊信仰の跳梁する基盤を、そこにおくことは、あながち荒唐無稽な臆説とはいいえないであろう。極端に閉鎖された地域社会を、大きく揺り動かした外部からの圧力、ないし攪乱、それに対する人々の限りなき慟哭・痛恨、それらがつもりつもって御霊神を育成するにいたった事情は十分に理解することができる。こんにちでは御霊神の神威もかなり和み、たとえば和霊神社のごときは、作神または漁神として、つまり生産の神として農民や漁民の間に深く信仰されるようになった。それぞれ和霊講という崇敬講を結成し、年ごとに代参を派遣して祈願をこめ、配布された祈禱札・神札を、田畑山林や漁船・漁場に立てて豊年を希うという風に変ってきている。時代の情勢の推移が宗教信仰を大きく変化させる要因でもあることを示している。けれども、その点を重視するのあまり、御霊信仰にもとづく強烈な祟り神としての性格を見失ってはならないと考える。

2 マツリガミ（祀り神）

宇和地方でマツリ神様とよばれるものは、その種類がはなはだ多い。しかし普通には、一般に次ぎのような成立の事情をもの語るいい伝えをもっている。すなわち、家に長患いの病人がいる、不幸がつづく、不漁不作のために家運が傾きかけた、どうもおかしいと思ってオガンでもらったところ、それは、祭祀を怠って荒れ放題にしておいた先祖神様のたたりであるという。あわてて思いあたるところを探しまわったら、屋敷のなかから、あるいは祖先伝来の畑・山林の中から五輪の塔が出てきた。これこそ指摘された先祖神様にちがいなかろうというので、爾来手篤く祭祀を施行している。そういう縁起・伝説をもっているのである。このように、家人の念頭からまったく消え去った神々が、急に出現して災禍を家人に及ぼす。それを通告された人々が、このタタリ神をまつりこめることによって家の厄難を逃れようとし、古屋敷や畑や古林のなかに放置された物件を取り出してきて先祖神様に擬して祀っているものが、この地方でいうもっとも典型的なマツリ神様ということになろう(11)。

家またはイチマキのマツリ神様

大野利文氏（当時、宇和島市社会教育課長）がその生地、三間町是能で体験した幼時の思い出によると、旧家の古墓などに突然幟を立てて、イチマキ（同族）が集まってさかんなオガミを催すことがあったという。それをマツリ神様とよんでいたが、どういう意味なのか、幼年のときに持った疑問が現在でもなお釈然としないままにのこっているとのことである。また、同じ三間町曾根（旧成妙村）の宇都宮芳太郎氏の家でも、つづいて病人が出るので不思議に思ってオガミヤにみてもらったところ、「西の方、草原のなかに、あなたの家で祀らなければならないものがある。それが祟っているためである」といわれた。早速調べてみると、古屋敷の草茫々たるなかに小さい石祠があった。おそれおおく思って、それをとり出し整備し、四辺を清掃して神域を浄め、月ごとに日をきめて祀ることにしたところ、病人は快癒し、爾来病身のものも出ず、家は日ごとに栄えて行ったという。そのマツリ神様の石祠の前に莚を敷き、イチマキが集まって神酒を飲み拝んでいた情景は、今でも目のあたり思い出すことができるという。

この地方にみられる同様な例を拾い集めるならば、いちいち挙げきれないくらいにその数は多い。なかには、今述べた先祖神のほかに、若宮様とか御霊様・五輪様などという個性のある神名をもつものも存在する。たとえば、内海村柏(かしわ)部落の春田に祀られる五輪様は、典型的なマツリ神様といえよう。この五輪は平家の落人を葬った古墓であったといわれる。当時七六歳の古老T氏が一六、七年前に現在地に近い山に入り木を伐っていたところ、木が倒れてきて足の骨を一本折った。どうも不思議だと思っているうちに同じ部落のM氏がその付近を開墾して畑につくったところが、原因不明の長患いをした。何かがあるにちがいないとあたりを調べたところ、苔むした五輪の断片が出て来た。まさにその祟りにちがいないというので、祠を建て五輪を神体としてその中に納め、まつりはじめたところ、それからは何の怪異も祟りもおこらなくなった。また三間町土居垣内(かきうち)では、若宮様の祟りがつづいたことに恐れをなして、つい四、五年前から、その若宮をマツリ神様として祀るようになった家がある。これなどはほんの一例であるが、マツリ神様が現に次々と発生している事実に驚歎しないわけにはいかない。和霊様も、新田様も、一条宮様も、またマツリ神様だというところもあるので（宇和島市高串、三間町音地・土居中、広見町畔屋、宇和海村戸島本浦、内海村柏・油袋、一本松村西小野など）、よく祟るマツリ神様はまた御霊神的性格を帯びているものとも考えられている。[12]

とくに注意しなければならないのは、マツリ神様を先祖神としている伝承である。それらの多くは、ことさらに家の盛衰や家族の禍福と深い関係のもとにいい伝えられている。旧家が衰退したり家人に病気や不幸がつづいたときに急に出現してくる場合がそれにあたる。つまり生家なり本家を、もう一度復興させねばならないという、家族やイチマキの祈念が、その成立にあずかって大きく働いていることがわかる。もしもそのような事実がみとめられるとすると、マツリ神様はまた、家屋敷や一族を鎮撫守護する地主神や屋敷神と類似の性格をもつものと断ずることができよう。(13)

北宇和郡内にはイチマキのマツリ神様が多く見られる。代表的な二〜三の例を示すことにしよう。宇和島市の郊外の旧高光村高串本村(ほんむら)は約三〇戸からなる家数で一部落を形成している。そのうち今城(いまじょう)姓が七戸、梁田(やなんだ)姓が四戸、岡田姓三戸、山本姓四戸、毛利姓が五戸となり、ほかには疎開などの理由で入村した一戸一姓の家がふくまれている。今城とか梁田・岡田・山本・毛利など同姓のものは、イチマキとよばれ、ほとんどがオモヤ(本家)・ワカレ(分家)の関係のもとに成り立っている同族団である。これらのイチマキは、かつてそれぞれ同一の先祖神をマツリ神様としてまつっていた痕跡がみられるのであるが、現存しているのは今城イチマキのそれのみである。

今城様

その先祖神は、今城様ともまたアリの木様ともよばれ、もと田の中の一隅に祀られていた。一〇坪ほどの敷地には、アリの古木が茂り、その中に五輪塔がおかれ、傍に石の祠が安置されて周囲は堀を巡らしてあった。アリの木様とは、アリの木の根元に鎮座するという意味から出てきた神の名称であろう。このアリの木様は、すこぶる荒れ性（しょう）の神様で、まことに恐ろしいタタリ神様であった。境内の草を苅ったり立木を伐ったり、また五輪や石祠に少しでも触れようものなら、かならずイチマキのなかから病気に罹ったり、大怪我をするものが現われるというので、イチマキでは戦々兢々腫れ物にさわる思いでつつしみ注意していた。このごろでは旧盆の墓参りの日に行って盆花を供えて拝むのみで、そのまつり方はきわめて簡略になってしまったが、四〇～五〇年前までは、盆と彼岸の二回のほかに、とくに旧四月一五日と八月一五日の春秋二回にわたりイチマキ同席の上で鄭重な祭典を催してきた。そのため祭の数日前におこなわれる墓掃除には、イチマキの各戸が必ず出席する定めとなっていたし、祭礼から直会にいたる諸々の準備もまたイチマキ総出で従事するしきたりであった。盆と彼岸とは、他家でも墓地（ハカワラという）へ墓参に行くのが普通となっているから、とり立てて問題に

写真5　今城様（宇和島市高串本村）
今城イチマキのマツリ神様。部落を俯瞰しうる高台に建っている。氏神の祖型とみなすことのできる形態をそなえている。

するまでのことはない。重要なのは、春祭と秋祭である。このうち重点は秋祭の方におかれている。とくに旧八月一五日というのは中秋の月見の晩である。先祖祭と月見の行事と合体したことが、秋祭をいっそう盛大にもり上げる要因をつくったものと考えられる。

祭の責任者はヤドモト（宿元）といわれる。以前ヤドモトには、オモヤの今城熊一氏の家が常任されていたらしいが、中ごろオモヤが他部落に移住したのを契機にマキうちを戸ごとに順番にまわす制度をとるようになった。けれども現在では先祖様の祠に最も近い位置にある今城林太郎氏の家がいっさいの世話を連年おこなっている。当日は夕方今城様の祠の前に集合し、蓆を敷いた上で神主（太夫さん）に祓いをしてもらう。それをオカミアゲという。近年はこのオカミアゲも三年に一回くらいに減らしてしまった。神事疎略の近来の弊風だと、イチマキの古老は慨歎の言をもらしていた。カミアゲの日にイチマキ内で不幸の家が出現した場合は日延べをするが、祭典はかならず施行しなくてはならないことになっている。オカミアゲがすむと、一同ヤドモトに引き返し、そこでオコモリの宴が開かれる。太夫さんを正座にすえ、他は順序不同に着座する。まず神酒をまわし、各人持寄りの肴を食べて歓談し、夜更けて解散するという次第である。

この今城様は昭和一〇年二月、鉄道敷設工事のため、その路線に触れ移転の止むなきにいたった。イチマキ協議の結果、今城イチマキのハカワラ（墓地）のある字宮出谷に移すこととなった。慎重な修祓をおこなって掘返したところ、素焼の小壺が出て、その中に人骨らしきものが発見されたという。また刀剣・長刀・甲冑の破片なども同時に出土したらしい。これをもって推しはかるに、ここもやはり、一族の埋葬地でなかったかと思われる。春秋の先祖祭には、この古墓地にも香華を供えて供養することを欠かさない。

先祖神の信仰

近くの旧成妙村戸雁に今城姓を名のる家が二戸現存している。そこにも五輪塔が祀られていて、先祖の今城兵庫守の古墓であるといういい伝えがある。上述の高串部落にはもとこの成妙村にある今城氏の出城が築造され、それを今城と称していた。したがって現在の今城イチマキの祖は、成妙村と同様に、この今城兵庫守であった。ところが戦国の代、先祖の今城氏は長宗我部氏に攻められて、成妙からここに落ちのびてきた。時あたかも麦秋の候で麦畑の中に身を隠していたところを発見され、ついに打首にされてしまった。それが今城イチマキの先祖であり、子孫が冥福を祈って、討死の場所に墓を立てたのである。現在今城様とよんでまつっているのは、まさにその先祖様であるという。今城イチマキの来歴をもの語る伝説であるから、もちろん真偽のほど保証することはできない。けれどもこのイチマキに限って先祖祭を絶えることなくつづけてきているということには、その伝承を裏づける理由がないわけでもなかろう。このイチマキは他のイチマキとくらべて、何事によらず先祖様を重視するという気持が強い。先祖祭施行の熱心さもさることながら、家族の中で年まわりが悪かったり、病人が出たりして内祓をしてもらうときには、まず第一に、この今城様の前でオカミアゲを行なってから家へ戻り、神棚の前でもう一度祈禱をしてもらう。何よりもまず先祖様を拝んでからというわけであろう。また、以前今城様佩用と称する太刀一振が祠の中に保存されていた。その刀を子供がいたずらして困るので宿元へ持ち帰り神棚の上に置いたところ、その家の老母の身体が急に痛み出して七転八倒の苦悩ぶりである。驚いてオガミヤにみてもらったところ今城様が祟ったのだという。急いで元の祠へ返したら、たちまちのうちに快癒してしまった。なにかと先祖様の神意をうかがおうとする意識が諸事万端にわたってあらわれているということができよう(14)。

同じ旧高光村竹ヵ成にも、菊池イチマキの先祖が、今城様とほぼ同様の方式のもとにまつられている。その場所は、神社合祀の施行前まで鎮座していた部落の鎮守高神神社の境内である。それはやや小高い丘の上に位置していて、境内に隣接した地内には古墓(正徳の年号をもつ)が散在している。それらの古墓は、菊池氏イチマキの先祖を葬ったところともいわれている。

この古墓と先祖様と高神神社との三者の間にどのような関係があったのか、徴すべき文献記録などが見あたらないので、探ることは困難である。ただ古老のあいだに伝承されてきたいつたえによると、およその輪廓が浮かび上がってくる(15)。すなわち、菊池氏の先祖は、南北朝時代に活躍した菊池勤王党の子孫で、合戦に敗れて北九州から海を渡り西宇和郡の八幡浜に上陸し、さらに落ち延びてこの地に居を構えたのである。古墓はそうした落武者を埋葬したものであって、現在でも盆・彼岸にはイチマキ一同この古墓に香華を供え、先祖の御霊をまつるといって拝んでいる。いっぽう高神神社は、神社合祀のため、社殿は廃棄されてしまったが、以前は、菊池氏の先祖をまつった守り神だといわれ、旧暦三月二三日の春祭にはイチマキ挙って参籠し、さかんな祭礼をもよおしたものだという。菊池氏が、この神社をタカガミさまとよんでいた意味を察すると、先祖をまつった神様だから決して疎略にしてはならない、霊験あらたかな神として崇めないと何時なんどきその祟りをうけないとも限らない、そういう気持が結集して出来あがった名称であることがおのずから理解されてくる。[16] 現在まつられている先祖様は、高神神社の廃址に改め建てられたものである。（いい伝えでは創建の年代は明らかでない）。つまりイチマキの先祖神であった高神様に代って、それを廃止するにしのびない一族の気持を受けて出現した神ということができよう。イチマキの先祖祭はこのようにして時代の影響を受けながら、墳墓の供養から氏神（同族神）祭へと転進し、さらに産土神（鎮守神）としての部落祭祀へと発展し、ふたたび反転して同族の守護神たる先祖祭へと帰着するにいたった。

今日では、イチマキのなかで生計のために村を出て他町村へ移住するものがふえ、明治末年に一二戸を数えたものが、現在では在村の同姓家わずか三戸のみに減少してしまった。初めは他出のイチマキも先祖祭の当日は、万難を排して村へ帰り、祭礼に参加していたが、此頃はそれも行なわれなくなった。そこで近年菊池同族会なる名称のもとに、イチマキのみならず、四国一円、さらには九州・全国によびかけて菊池氏の残党を糾合しようとする運動を起こしている。(17) 素朴な祖先崇拝から出発した先祖祭の信仰がこのような形で展開したことを、地下の先祖たちは果たしてどのような気持で眺めていることであろうか。

地縁のマツリ神様

北宇和郡に分布するマツリ神様が主として家またはイチマキの同族によってまつられることが多いのに対し南宇和郡にはいると、そういう例が少なくなってくる。なかには内海村赤水部落のようにイッケ衆での先祖神様だというところもなくはないが、そういうのはごく稀で、かえって小字とか組などのような狭い地縁単位ごとにまつられるという場合が圧倒的に多くなってくる。そういうマツリ神様には、五輪様も多く見られるし、拝高(はいたか)様(内海村)・繁鷹(しげたか)権現(城辺町)などのように、個性豊な神名をもつものも少なくない。たとえば城辺町中緑(なかみどり)の繁鷹様は、そのいい例であろう。これは、中緑組の倉本・埜下(のした)(二)・谷口・大浜・末武・菊池・伯耆・豊久の九戸によって毎年一回旧暦九月二五日に、太夫(神官)を招いて行なわれるかなり盛大な祭である。その祠は倉本氏の屋敷地に近いところに建てられている。長宗我部が緑城を攻めたとき、そこを守っていた御荘(みしょう)氏の部将以下全員が枕を並べて討死してしまった。繁鷹様というのは、その部将の名前であったらしい。村人が牛馬を牽いてここを通ろうとしてもその脚がすくんでどうしても先へ進まない。この地域に住む家から病人が出る。何か原因があるに違いなかろうというのでオガンでもらったところ、繁鷹様の祟りであろうということで、上述の家々が相談してまつるようになった。それからというものは、祠の手入を怠ったり、祭礼を疎略にすると、病人や不幸が出てくるので、それを恐れていまでも気を抜かずにあつく祀っているという。その成立の事情、御霊神的性格、祭祀方式など、家やイチマキ（イッケ）のマツリ神様とまったく同じであるといえる。ただし、後者が、家や一族の先祖をまつったといういい伝えをもっているのに対し、前者は、そういう関係の全然みうけられない地域神であるところに、その特色をうかがうことができよう。

このようにいわば部落祭祀とでも称すべきマツリ神様のなかには、前述のように個性味豊かな神名をもつものもあるが、単にマツリ神様とのみよぶ例も多い。内海村柏部落の脇田組の場合がそれにあたる。脇田組七戸で世話しているこの神様には、特別な呼称はない。かつて古墓があったといわれるハカワラに小さい石の祠が建っているだけである。どこからか由緒の正しい人が落ちぶれてこの地に遷り住み、そこで往生を遂げた。その亡霊が近所の家にたたって、いたずらに病人や怪我人をつくって困る。そこで七戸が相談して、共同でまつることにきめたという。一年交代でヤドモト（宿元）をまわし、出し米（だしまい）を持ちより太夫を招いて祈禱する祭り方式は、前例とほぼ変りはない。こうした部落内の小組仲間を氏子とするマツリ神様のうち、さらにそれの分布が広く、かつ著名なものに、荒神様（こうじんさま）の祭とも荒神講ともよばれる祭祀集団がある。これについては後の節4において触れることにしたい。

3 ハヤリガミ（流行神）

なにかと人に祟って困るので、これを鎮撫するために祠や碑をたて、マツリ神様として仰ごうとする風のあることは前述した。ところが、この地方ではまた、疱瘡・疫病など、一時ににわかに拡がる流行性の悪病を封じこめるためにハヤリ神様というのをまつっている。この地方のみならず、日本の農山漁村で広くみられるところであるけれど、村に疱瘡・疫痢・チフス・コレラ・ペスト・猖紅熱・感冒などの流行病がはやってくると、それは、悪病をつかさどる厄病神つまりハヤリ神様の神怒に触れ、その祟りをうけたために起こったものだと判断する。そこで、そういう厄病神を慰撫供養するために、とくべつな呪術的儀礼を施行する。医学の進歩したいまどき、そのような事が実際に起ると信じているものはあるはずがない。迷信であると思っているものは多い。けれども、交通の便が悪く極端に外界から遮断されてきた山間の無医村とか離島などでは、いまなお、厄病神を供養し祀るという方式をとることによって、悪病の村から退散して行くことを期待している。

少なくとも、それによって、わずかな気休めとする風はかなり濃厚に遺っている。

流行病がはやるという特別の時期でなくとも、村によっては正月とか六月、あるいはその他の適当な時期に、悪病などの部落へ入ってこないための祈禱をおこなう。太夫をよんで、氏神で祓い祈禱の祝詞をあげてもらう。他部落との境をなす四隅に、悪魔退散の御幣を立てて拝む。あるいは、村境の道路に道切の注連縄を張ったり、大きな草履を吊して悪病の侵入を防ごうとする。そういう行事をとくに村祈禱といったり、施行の時期により、正月祈禱・夏祈禱・秋祈禱などとよぶところもある。あるいは同様のことを、田や畑の病害虫駆除の呪いとして行なう虫送り、厄年の人の厄祓いのために行なう厄除け祈禱などにも用いている。一日もはやく悪疫を村から追いはらって、村人に幸をもたらそうという思考からおこった祈禱行事であることはいうまでもない。

たとえば、内海村柏などでは、四一歳になった男子のある家で（多くは世帯主である）、その年の六月一日に親戚や朋輩をよんで「厄入り」の式をする。そうして翌年つまり四二歳になった年の二月一日に、「厄落し」または「厄除け」の大祝宴を張る。一家衆・類中が御馳走つくりに総動員され、しかも七日間も祝宴がつづくというのであるから、その規模の大きさが想像されるであろう。厄入りから厄除けまでの約八ヵ月間というものは、本人はとくに慎み深く身を持することにつとめなくてはならない。年に三度の荒神籠り・宮籠りに出席することはもちろん、もろもろの神事にもつとめて参加する。また厄入りのときは、太夫か法印を招いて、念入りな身祈禱（みぎとう）をしてもらう。志あるものは「お四国」の巡拝にも出かけるといった風である。人生の永い時期でも、厄まわりの悪い年には、とくに厄病神のとり憑く機会が多いから、その身を守るために祈禱や祈願を行なわなければならないと考えている。

あるいは、御荘町中浦・猿鳴、内海村平碆・油袋などの、海中に細長く突出した岬の間に点々と集落を形成している部落では、大きな草鞋や草履をつくり片方だけ村はずれの境木に吊しておく。これは疫病や悪魔が部落へ入ってこないための呪いで、正月一五日に村祈禱を催したときにつくって吊るすのだという。つまりハヤリ神様の跳梁を鎮めるための慰霊行事である。同じ習俗は北宇和郡にものこっている。吉田町付近の村々では、正月一六日に、直径約五〇糎ほどの足半草履（あしなかぞうり）を片方だけつくって、これを村外れまたはよく妖怪が出るといわれている所におくという。この大草履には、長さ約七〇糎、幅約五〇糎、厚さ二糎ほどの木の守札をつける。札の表に「以奉誦普門品　村内安全」または「皈命南方増長天王　座」、裏に「皆来守護火盗潜消」などの文句が墨書してある。古老にきくと、妖怪や病気などが、その村に入ろうとしても、この草履をみて、こんな巨人がいたのでは太刀討できない、とてもだめだといって退散するからだという（「郷土研究」四の一〇）。説明に窮した古老が苦しまぎれに捏造した返答であることはいうまでもない。村祈禱などの信仰行事が衰退し、村はずれに草履を吊しておくという習俗のみがのこった。そのためにもとの意味が忘れられてしまったのである。

以上のごとく、この地方でハヤリ神様と称するときはその範囲はきわめて広い。ときにはマツリ神様などをふくめて祟り神全体を指すこともある。けれども、よく訊してみると、やはり流行病をはやらせる存在がハヤリ神である。村を襲い一瞬にして人々の生命を死におとしいれる、この恐るべき霊威こそ、ハヤリ神の本体であった。医療の術のはるかに及

写真6　魔物除けの大草履

ばなかったこの地方に、近来までこの種の神がまつられていたことは、宜なるかなというべきであろう。

4　荒神信仰

南宇和郡では、小字のなかの五〜六戸から七〜八戸くらいの小組ごとに「お荒神様」とよばれる神様をまつっている。田や畑のなかの一隅に、やや小高く土盛りをし、そこに石や木でつくった祠を建ててある。よほど注意しないと見逃してしまうほどで、ごく普通にみられる形態の小祠である。ところがこの中には、非常に祟るために俚人が怖れている祠がある。この地方では、別に三宝荒神と書かれたり呼ばれている火伏せの荒神がある。竈のおかれるカマヤに棚を吊りそこに安置した小さい木宮のなかに火難除けの祈禱札とともにまつられている。あるいはその神札をたんに柱に貼りつけているところもある。つまり竈神様だということができる。これに対してお荒神様は、それとはまったくの別物で、家の屋敷地や田・畑などの屋外に鎮座している。つまり屋敷や土地を守護する屋敷荒神・地主荒神と称すべきものである。(18)

荒神申し

写真7　荒神の石祠（城辺町緑）
自然の竪石（たていし）で三方を囲み、上に笠石を冠した、きわめて素朴な形態をとる。荒らぶる神なので、村人の恐れを誘う。

この地帯において、地主荒神と三宝荒神のうちいずれの信仰度が高いかというと、それはあきらかに前者である。沿海に陸続している岬や島では、どの部落へ行っても、部落全体でまつる荒神の石祠が見られる。戸島の本浦でも、鎮守の境内にそれがあって、部落中の人々が、毎月一回、その日を地下中（じげじゆう）の仕事休みの日としてお参りに行った。ちかごろは簡略にしてしまい、わずかに神主と村役、さらに年長のトシヨリ三人が代表となって代参するのみである。その晩は区長の家に集まって正式な据膳の前で神酒を飲み、地下中の息災を祝うのだという。これを「お荒神申し」とよんでいる。その費用はいっさい区費から捻出されているから、あきらかに部落行事であることがわかる。この荒神祠は以前は部落の屋敷地の中にあったが、いつのころか氏神の境内にヨセミヤ（寄宮、すなわち合祀のこと）されてしまった。しかし、旧の鎮座地へ還りたがっているので、移転のことがおりおり部落の話題にのぼっているという。どういう由緒があるのかわからないが、いろいろの祟りを人々に及ぼすので、村人たちはあたらずさわらずに随分と気を遣っているらしい。

お荒神が人や家に祟って困るという話はいたるところで聞かされた。この地方の荒神に御霊神的傾向・マツリ神的性格が強くあらわれている所以であろう。ところが、この地方が高知県と境を接している南宇和郡、ことに城辺町・一本松村の地域にはいると、祟り神的性質はしだいにうすれてきて、むしろ農耕の無為豊稔を祈願するための作神的性格に変ってくる。それを最も端的に示すものが「お荒神講」「お荒神まつり」とよばれる信仰行事である。

荒神祭

南宇和郡城辺町緑部落（旧緑僧都村）は、左谷・下緑・当時・中緑・岡・西柳・樋口・樫床・中大道・上大道・楫郷・大久保の一二組から成り立っている。その小字のなかのおのおのの小組ごとに、組内でまつっている「お荒神様」の祠がかならず一つおかれている。そして一年に一回、お荒神祭をしてお祝をする。その荒神祭のために結んでいる組内の結びつきや行事をまた荒神講ともよんでいる。

祠のほとんどは、組の集落に近い田畑のなかか、村社の境内などに置かれている。このように鎮座の場所が区々であるのは外部からいろいろの統制がおこなわれたことを物語っている。もともとこの荒神祠は組の地荒神として、組のなかかその近くに建てられていたものであった。ところが、神社合祀の際に、いったん村社弓削神社の境内に寄せ集められたのである。けれども、その後、神社統制が弛むにつれて、ふたたび旧前の場所に再興復活しようとする傾向が強くなり、そのうち幾つかは旧位置復活の願いが実現された。この地域における荒神信仰の根強さを如実に示していると思う。祭日は一〇月下旬から一一月初旬にかけたころの適当な日を太夫（神主）・法印の都合をみてきめる。ヤドモトは小口廻りの順番であるから、戸数の少ない組などでは、隔年ごとに勤めなければならない家が出てくる。(19)

行事は太夫（または法印）によって主宰される荒神祓と、組（講）員が中心となっておこなう餅撒きとの二つの要素からなり立っている。ヤドモトでは、祭の二〜三日前に各戸から出し米として糯米を三〜五合、粳米二合、ほかに肴代（魚・神酒）として一〇〇円くらいを集める。当日は朝から組中の者がヤドモトに集合して諸準備にとりかかる。男衆は餅搗き、女衆は御馳走づくりに忙殺される。そうしているうちに太夫（または法印）が来て、祭典の用意をする。荒神様の祠に張る注連縄をつくり、御神体（多くは自然石）の前に供える御幣を切る。すべての手順が整うと神主を先頭に供物や餅を入れたモロブタをもつ当番につづいて一同荒神祠の前に進む。神前に蓆を敷いて、注連縄を張り御幣を立て供物を並べ、参列者一同着席するうちに神主の修祓、祝詞が奏上され、組中のものがお参りをする。持参の餅はオカガミ（オソナエ）だけを祠前に飾り、他のコモチ（小餅）はモロブタに入れたまま供えておく。荒神祓が終了すると餅撒きの段取りとなる。太夫が祠前に供えたオカガミをとってきて、「それっ」という掛声とともにまず撒く。つづいて当番がモロイタの中の小餅を撒く。これを拾おうとする老幼男女のざわめきで一時は騒然となる。そして最後にもう一度太夫がオカガミを撒いてオヒラキとなる。このオカガミを拾うと、まんがいい、家運が延びるなどといわれている。雨が降って撒くことのできないときは、その晩のヨリ（寄合）のときに、組中へ平均に配布する。荒神祓・餅撒きが終ると夕方から宿元（当番）の家に集まって祝宴を張る。それを荒神様のヨリという。正座にすえた太夫を交えて、およそ年長順に着座し終ると、当番から祭礼の無事終了したことの歓びを述べ、つづいて祭費の勘定・清算の結末が報告される。あとは無礼講で夜を徹して飲み合う。当番は家並順の小口廻りであるから、こと改めて次年度のヤドモトを決める必要もない。したがって当番を選挙したり抽籤したりする手数を煩わすこともない。ヤドモト引継の儀式もみられない。万事が簡略にとり運ばれている。

同じ部落の樫床では、およそ三〇戸で旧一〇月二七日に荒神祭をする。そのとき神前に、荒神様の大注連のほかに、各戸から一本ずつの小注連をつくって持参して飾っておく。祭がすむと各自自分の家へ持ち帰り、軒先に吊るして悪魔除けの呪いにするという。その縄が当年とれた稲の新藁からつくられることに注意したい。一本松村西小山では旧一〇月二四日がお荒神祭である。太夫や法印を招かずに地下うちで執行する。当番は小口廻りで宿元となるが、それをトウニンとよぶ。お注連つくり御幣切りなどは、すべてトウニンの役目である。ここでは餅搗きや餅撒きは見られないが、わずかばかりの荒神講田があって、祭費の一切はその収穫によってまかなわれる。この荒神様が作神様であると組内に信じられているのは注意すべきであろう。何よりの証拠に、荒神田の初穂は一番先に荒神様に供えねばならない。また荒神祭が、秋の収穫がすんだ時季に行なわれている。村人のたれもが豊年を神に感謝する行事だと思っている。人に祟るよりもかえって幸をもたらす福神だと考えられている。

以上がこの地方で行なわれる荒神講のあらましである。この行事を眺めて感じられることは、まず第一に荒神の性格がはっきりしていない点である。幾つもの荒神講のなかには、うちの荒神様は祭典を怠ると荒れて困るというのもある。神社合祀後の旧祠跡にもう一度石祠を建てて復活しようとする風も強まっている。それらを見ると、祟り神としての性質は消え失せていないようである。けれども、とくべつに祟って困るとか、不幸をもたらす神様だとはいわれていない。これまでに述べてきたマツリ神様とくらべ大きな違いがある。ただ、一年の収穫の終った時期に祭礼が執り行なわれていること、その新米で餅を搗き初穂とし、またそれを撒いて当年の豊稔を感謝し来年の豊作を祈願しようとする気持が当事者の心中に潜在していること、たとえば餅撒きの終ったときに交わし合う「今年も豊年で何よりでした」というのが挨拶の合言葉となっていること、さらに荒神様に捧げる注連縄も、当年収穫した稲の新藁を選ばなくてはならないときめていること、等々の慣行が今なお守られているところを見ると、この荒神には農神、または作神としての性格が強くにじみ出ていると思われる。民間信仰にもとづいて発生した諸祠の祭神が、地域社会の性格の変化に応じて、その神格をも変えて行ったという例は決して少なくない。中国地方から北九州にかけて広く分布する屋敷荒神のように、よくたたるという御霊神的性格をもっていたことは疑いえない。けれどもそれと同時に、地域社会がしだいに農耕生活に主体をおくようになると、その影響をうけて新しい農業神へと変移して行ったのではないかと推察されるのである。[20]

荒神籠り

さらにこの地域では、年に何回かおこなわれるオコモリとよばれる部落行事がみられる。時期は、旧の正月、九月というもの（一本松村宮川）、あるいは旧の正月、一〇月（同村御在所）、旧九月（同村長屋）などと区々である。けれども城辺町などでは、三月の節供ごろ、これから苗代や田植などのしつけがはじまろうとするその直前、田植が終了して仕事が一段落した六月初旬、さらに稲の収穫にとりかかる直前の九月ころと、合わせて三回となっている。祭日には一定の原則というものが見られないが、その趣旨は、村から悪神・厄病神を追い出し、また入ってくるのを防ぎ、米麦・畑物のみのりを豊かにして、祝福を村にもたらそうとするための祈願である。オコモリの多くは、村に鎮座する氏神の社やお堂とよばれる無住の庵寺などで実施される。けれども、南宇和郡一帯では、荒神様の祠の前で夜籠りをする例が著しく多い。このように荒神祠の前でオコモリする場合を、とくに荒神籠りとよんでいる。

この地方の荒神祠の前には、晩秋に荒神祭を施行できるくらいの広さの空地をとって神域がつくられている。そこに蓆を敷いて荒神祓を執行し、餅を撒くことの次第はすでに述べた。その空地で野天のお籠りをするのが荒神籠りである。城辺町緑では、上掲の三時期の夕食後、氏神様の社前に集まる。そこで飲み合う神酒は、組の共通費から支出するところが多い。なかには、当番をきめておいて、その当番が集金に来たとき、腹づもりで、自分の飲みうる量を予定し、その分に当たる代金を醵出するという仕組のところもある。また組によっては、その年に厄年にあたる家族のある家や出産・結婚などのあっためでたい家々が、全額負担する。荒神籠りによって禍厄の難を免かれたり、神の祝福にあやかることができたからであろう。いまでは神酒を頂いて飲みあかし談笑に夜を徹するだけで、娯楽を主とした何の変哲もない行事となってしまった。けれども、以前は深い信仰上の意義をもっていたのである。今日ではもはやその事情を探りえないほどに衰退してしまった(21)。

二　憑きもの伝承

北宇和郡の東部広見町が、高知県に近い日吉村と境を接するところに、九四六・五米の標高を有する戸祇御前山が屹立している。この地域は一帯に幾畳もの山脈がつづいている上に、その間を谷川が縫うて深い渓谷を刻んでいるので、深山幽谷ということばがあてはまる風景を現出している。その戸祇御前山に古くから一つの伝説が語り伝えられている。すなわち、この地方は広見多武の森城主芝一覚の支配地であった。戦国のころ土佐より長宗我部氏の攻略をうけて、城は落ち一族ことごとく討死するという悲惨な事態にたちいたった。城主の妻は、侍女をつれて一人この山に落ち延び侘びしいくらしを送っていた。ある日、洗濯をした着衣を湿したまま干したところ、その中に紅絹の腰巻がまじっていた。遠方よりこれを発見した敵将は、直ちに追手の軍勢をさし向けて奥方と侍女とを討ちとってしまった。兵士が太刀を研いだところというので研御前山なる名称ができたといわれる。山頂の戸祇神社はこの二人の亡霊を祀るために建てられたのである。

この山の中腹に丹後垣と称する場所がある。むかし、ここに魔神が住んでいて、山中を

写真８　戸祇御前山

通る人々を脅かし苦しめたので、俚人はそれを大いに懼れていた。そのころ山麓に丹後様とよばれる神官が住んでいた。どこかの家老をつとめたほどの由緒ある武人であったが、落ちぶれてしまい国々を流浪のすえ、ついにこの地にうつり住むようになった。魔神の話をきき、なんとかそれを討ちとり、人々の苦しみを救わんものと、日夜その方法を考案した。そして鉄砲を手に入れ、苦心して弾丸を鋳造し、いよいよ討伐に出かけようとすると肝心の弾丸がなくなっている。翌朝もまた同じくなくなっている。毎朝同じことが繰返されるので不思議に思って注意すると、それは自分の家に飼ってある猫のしわざであった。魔神退治はついにできないままに終ってしまった。いまでも、夜おそくその場所を通るとその魔神によびとめられるような気持がして

はなはだ気味悪いところであるという。(22)

この伝説の前段は山の名称の由来をもの語る地名伝承を構成している。ところが後段は、その形は大分崩れてしまったけれど、日本全国に広く分布する有名な昔話、化物話「化物退治」「猫の秘密」型に属するものである。(23)しかし、ここで問題にしたいのは、山中の通路に魔神が住んでいて通行人を悩ますというモチーフである。そういう点に注意をして、各地の伝承を集めてみると、その類例の多いのにまったく驚かされる。山中や峠を通る人々にとり憑いて、いろんな災難を振りかけて得々としている魔物がまことに数多く存在する。(24)その中には、幽霊とか、ヤマンバ・ノツゴ・ヌレオナゴのように妖怪の姿をとって出現するものもある。あるいは、山犬・狸・カワソ・エンコ・ヨスズメなど鳥獣の形であらわれるものもあって、種類はおどろくほど多い。憑き物妖怪の展覧会を開くことができるくらいである。なにゆえにこの地方にとくに多いかという理由については本章の結論において、それを示さなければならないところであろうが、前節に述べた祟り神が多いことの理由とも基本的には一致する点が存すると思われる。そこで、よく人に憑いて困るという亡霊や妖怪などをとり出してきて、幾つかに類別しながら、そういう信仰を成立させている所以のものを突きとめてみたいと考える。

ここで憑きものというは、人間に憑いていろんな怪異現象をひきおこす妖怪のうち、鳥獣・魚虫など動物の形をとって出現するものをさす。伊予南部の宇和地帯に現れるものとしては、山犬・川獺（かわそ）・狸・蛇・夜雀（よすずめ）・エンコ（河童）などが著名である。これらは同じ妖怪といっても、この地方でひとしくボウコ（亡魂）とよばれる海坊主・小豆洗い・ヌレオナゴ（濡れ女子）・ヤマンバ（山姥）・ヤマジョロウ（山女薦）などと、幾分異なった性質をもっている。後者がどちらかというと異形な人間の姿をとって出現するのに対して、前者は鳥獣の姿をとっている。ヤマンバ・ヌレオナゴなどは、人間と同類であるゆえにかえって薄気味悪い存在と意識されている。これに反して、山犬・川獺・狸・夜雀などは、そういう人間と同類でなく動物であるために、気味悪さが薄らいできて、悪戯を働くけれども、むしろ愛すべき存在と考えられている。俚人にとっては、そうした動物の憑きものの話は、いとも気軽な気持で顔に微笑をたたえてさえかたることができるけれど、ボウコに関しては、聞手に対してその旨を予告し、新たなる覚悟を促しておいてからはじめようとする態度がみられる。つまり両者に対する感覚の相違はかくも著しいのである。そこで、いちおうこの二つを区別し、まず語りやすい憑きものの話からはじめることにしようと思う。

山犬（やまいぬ）

南宇和郡の城辺町や一本松村には岩井のおかねが山犬を退治した話が伝えられている。

おかねはまた岩屋のおかねともいわれる。名うての女猟師で、その名は土佐の側までも響いている。そのおかねが産後三日目だというのに奥山へ入り木にのぼっていたところ、どこからともなく山犬の群が現われて、たがいに首馬にのりながら迫ってきた。おかねが悠揚迫らず鉄砲の引金に指をかけたところ、それ大変だというので山犬は一目散に山中へ逃げて行ってしまった。引金に手をかけただけでさしもの山犬をさえ走らせるおかねとはまったく女ながら天晴れな剛の者だという。このおかね山犬退治の話は、土佐・伊予を中心に四国一円に伝えられていてこの地方ではすこぶる有名となっている。(25)なかには、いま存命の某老の親が、実際にその岩井のおかねに逢ったことがあるそうだなどといって、この話をいっそうあざやかに印象づけようと工夫している。

同じ御荘（みしょう）町猿鳴（さるなぎ）のように岬の突端に位置し山に囲まれているために、他部落とは船便で連絡する以外に方途のない閉鎖的なところでは、いっぱんに荒唐無稽と考えられるこの種の話がよくのこっている。山犬というのがどんな形をしたものなのか判らないが、生魚などを担いで夜山道を通るときに、よく憑くものである。魚を網袋の中に入れて背負って歩いていると急に重くなった。おかしいなと思っているうちに、背後でどすんという音がする。振り返ってみると、暗闇に眼玉がピカッと光った。それが山犬で、網袋の中をしらべると魚がなくなっている。山犬が魚をとって食べてしまった証拠であるという。また、山犬は決して悪戯をはたらかない。むしろ人間を守ってくれるものであるともいう。振舞に招待されて、夜遅く家路へ帰るとき、山中で道に迷うことがある。途方にくれていると、ピカッと光るものが見える。それを目当てに歩いて行ったら、やがて人家の見える峠へ出た。あるいは、山犬がいったん憑いてしまうと、他の妖怪は遠慮して憑かなくなるともいう。山犬が憑いたら、持っている弁当を抛り投げて与え「守ってくれよ」と唱えるとよい。そうすると、道中道案内をしながら家まで送りとどけてくれる。家についたら、もう一度何か食物を与えてやる。翌朝戸外に出てみると、その食べ物はきれいになくなっている。これは確かに山犬がついてきた証拠である。最近でもそういう実例がいくつもおこったという。火を嫌う、とくに煙草の烟をいやがるから、腰を落ちつけて焚火を燃やしたり煙草を吸うのが、山犬を避けるもっとも有効な手段であるとも伝えている。一本松村小山に出る山犬は、眼の大きい犬だといわれている。血を好むので、赤火（月経）の婦人などにはよく憑く性質をもっている。内海村柏では山犬は狼とも異なり魔物の一種である。憑かれると、人の後になり先になりしてついてくる。そういうとき、「家へ帰ったら豆御飯を炊いてやるから、トギ（供）をしてくれよ」というと、つけて来なくなる。赤火にも黒火にもまた新亡（新仏、つまり死者）にもよく憑く。だから葬式や法事の帰りには、よほど注意をしないとたいてい憑かれてしまう。同じ村の油袋の山犬は、お産祝いの餅や十月亥の子の祝餅を母親の里や親類へ配る子どもに目を着けて出てくるという。股をくぐったり、頭上を跳び越えたりしてついてくる。城辺町中緑でも、お産見舞に行って七夜を済まさないうちに、その家の御飯をもらって食べると山中で山犬につかれることがあるといって警戒する。

北宇和郡にはいると、山犬の跳梁はしだいに弱まってくるようである。それでも、葬式などの帰りに山犬につかれて困ったという話は、いたるところで耳にした。以上の聞書をもとにして山犬の性格を考えてみると、(1)犬の一種ではあるが狼ではない。眼光が鋭い。(2)夜、山道を通るときにつかれることが多い。(3)とくに赤火・黒火に憑く習性をもっている。(4)狼のように人に害を加えることはないが、(5)気味の悪い存在で、これを避けるには食物を与える、火を焚く、あるいは煙草を吸うなどの方法がある。(6)山犬が憑くと、他の魔物はいっさいつかない、などの諸点にまとめることができよう。

エンコ

エンコとは他の地方で河童・川太郎などとよばれるものと同一である。よく化けて人をたぶらかす。水中にもぐって泳ぎまわるが、ときには水上に姿をあらわして悪戯をはたらく。神出鬼没、常ならざる軽快な存在である。その形体はところによって多少の違いがあるけれど、およそのところはほぼ一致している。城辺町緑・山出(やまいだし)・僧都などでは、水辺や海辺に棲む手の長い猿の一種だと考えられている。頭にエンコ皿とよばれる皿を冠っている。

この村にはエンコについて一つの伝説が伝えられている。むかし、村にエンコ婆やんとよばれる老婆がいた（この名前は伝説の普及につれて編み出されたものであろう）。僧都川の洪水で橋が流れてしまったので、釈迦駄場から飛石伝いに川を渡りかけたところ、川の中から一人の小坊主があらわれ、婆さん婆さん、わしをさかさに負うてくれないかという。逆さではおかしいから腰紐を解いて順に背負い家に帰ってきた。婆さんは村でも名うての大力ものであった。家に帰った婆さんは、どうしたことか、高熱のためうんうんうなり、あらぬうわごとをいう。そこでみてもらったところ、エンコに憑かれたためだといわれた。家の人は大急ぎで大釜に湯を沸かし、湯攻めでエンコを殺してしまおうとした。大弱りに困りはてたエンコは、この緑の川たき（沿い）では今後いっさいの悪事を働かないから許してくれ、そのお礼として毎朝魚の不自由はかけさせない、どうか鉤を軒先に吊しておいて下さいという。言われた通り鉤形の鹿の角を戸口に吊しておいたところ、翌朝出てみると、川魚が鉤の股の裂けるほどかかっていた。それ以来その家は大いに栄えたという。そのときエンコがお礼において行った皿が三枚、今でも家宝として伝えられている。またこの伝説にあやかって、子どもたちが川で水泳ぎをするときは、鹿の角を首に掛けたり腰に着けて水中にはいる。エンコにツベ（尻）を抜かれないための呪いだという。内海村柏でも同様ないい伝えがある。エンコは鹿の角をきらうから泳ぐときはツベを抜かれないために「清正公、大神宮様、渋谷の観音、鹿の角」と唱える。あるいは「白スベよ、よう。昔、菅原の川原で鹿と合戦の時、その時に、清正公、大神宮様に助けてもらった恩を忘れたか。アビラウンケンソワカ、アビラウンケンソワカ」と唱えごとを声高く叫ぶと難を免れるという。

エンコが川の中へ幼童を引きづり込んで尻を抜いたために溺死させてしまったという話は、各地にのこっている。人間だけでなく、馬までが引っ張りこまれるという、いわゆる河童駒引型の説話もところどころで語られている（内海村須ノ川など）。エンコ皿の話は、いわば河童の失敗譚ともいうべきものである。そういう話もまた若干の地域差をもちながら、村々で語られている。駒を引こうとして、逆に捕えられて腕をもぎとられたり（御荘町中浦）、子どもと相撲をとっているうちに、頭の皿の水がこぼれて急に力を失いついに腕をとられてしまって、ようやく逃げ延びたり（内海村油袋）、珍談は尽きるところを知らないほどである。こういう河童が水神のおちぶれた姿を示すものであることはもはや証明済である。[26] またエンコは胡瓜が大好物なので、川沿いの村々では、旧七月のころ、川祭と称し川辺に小祠を設け、提灯をともして胡瓜を供え、お祭をするところがある。エンコを供養して水難を除くためだという。エンコの水神であったことをわずかに示している伝承である。けれども、この地方のエンコには、水神とのつながりを示す伝承が非常に薄れて、積極的にそれを証明する資料を見出すことは難しい。まことに遺憾ではあるが零落の顕著なことを承認せねばならないであろう（高林月羊「妖怪」「民間伝承」一の一二）。エンコとは、いっぱんには猿猴つまり猿を称するというところが多い。この地方で河童をなにゆえにエンコとよぶかは明らかでないけれども、手の長い猿に類するものだと考えているところがあるのを見ると、河童という空想的存在を猿猴という実在動物に仮託したことから生まれたことばではなかろうか。

カワソ

水辺や海浜で怪異な行動をおこすものにカワソがある。エンコとカワソとはともに水辺や水中に住み、そこを通る人々にとり憑いてはいろいろの悪戯をはたらく。その点似た性格をもっているので、ところによっては両者混同されてもの語られている例が多い。宇和海村戸島の小内浦などでは、以前はたくさんのカワソが棲んでいたという。大きな猫ほどの大きさで、コウネン（年功を経ること）したものは、人間とか坊主に化ける術を心得ている。皮膚は鼠色で、歩くのがすこぶる早い。人間がどんなに走っても追いつくことができない[27]。海水の浸蝕でできた洞穴のなかに棲んで魚をとって生きているので、そこをカワソのウド（洞穴）とよんでいる。群生しているらしく、カワソの千匹連れということがいわれている。夜おそく海岸縁を通ると、何やらピイピイ鳴いている。暗闇をすかしてみると千匹ものカワソの大群である。みんなカタギウマ（肩車）をしてつづいて列をつくりひしめき合っている。あまりのこわさに息もつかずに走って家に帰った。そういう話が多い。また「カワソののびあがり」とよばれるいい伝えがあちこちにのこっている。内海村猪谷にはカワソがよく出る。人間がそれを見れば見るほど大きくのび上って行く。そうして大きくふくれて行くのに調子を合わせて視線を注いでいると、しまいにはカワソに負けてやられてしまうから大いに注意しなければならない。海上で船がどうしても進まないときがある。カワソが憑いたためである。そこでカワソは人間と背くらべをする。このくらいか、このくらいかと問う度ごとに大きくなり、入道のように巨大になる。あくまで勝負をしようとすると、ついには人間の負けとなる。いい加減のところで「見越した」というと、カワソは急に小さくなり、どこかへ消え失せてしまうといわれる。このカワソは海から川をさかのぼって谷川の上流へ行くこともある。城辺町緑では、鮎がとれる時期に、松明をつけてそれを振りかざしながら、僧都川の上流へ追い上げて鮎をとるという川漁法がおこなわれる。ところがその途中、急に松明が消えてしまうことがある。それはカワソに襲われたためである。カワソが通ると、川魚は一尾もいなくなる。みなカワソに食べられてしまうからだというので、人々は鮎漁をやめて家に帰ってしまう。

狸ヅカレ蛇ヅカレ

狐や狸に化かされたという話は全国いたるところで聞かされる。四国では狐の影がきわめて薄くなりかわって狸が大きくクローズ・アップされてくる。とくに徳島県での様子は早くから研究者の注目をあび、その報告もいくつか発表されている。[28]愛媛県とくにその南部の宇和地方では狸や蛇に憑かれたという伝承が圧倒的に多い。山や海へ仕事に出ている人が急に高熱を出して寝込む。あるいはあらぬことを口走る。不思議に思ってミコにみてもらうと、狸に憑かれたためだとか、蛇につかれたためだなどと予言する。そういうことから、あれは狸ヅカレだとか蛇ヅカレだといって村で評判を立てる。

こうした風潮は南へ行くほど強くなっている。とくに漁村に多く聞かされるのはどういうわけであろうか。狸・山犬など、人に憑く動物のうちでもっとも恐れられているのは蛇である。津島町柿之浦では蛇に憑かれると眼から異様な光を発し異常な動作を示すようになる。立って歩かないで、蛇のようにのたうちまわりながら這う。その格好が蛇に似ているので、蛇ヅカレだということがわかる。それを癒すためには、何かの棒をもってきて打ちのめすという乱暴なことをする。内海村網代・芝などでは、「出刃庖丁でぶった切るぞ」と脅すと、けろりと癒ってしまうなどといわれる。赤水のミコに祓ってもらったり、追い出してもらうために、わざわざ祈禱を受けに出かける風がのこっている。[29]四国に広く見られる犬神憑きや、出雲地方の狐憑きなどと同性質のものと考えてよかろう。

なぜ蛇に憑かれるか、これについて近来一つの新説が出されている。愛媛県はいったいに鼠害の多いことでは全国的に著名である。ところが、それはもっぱら海岸や縁海の諸島であって、山間や内陸地域ではほとんど鼠の害を受けないという。その理由として、蛇が引き合いに出されているのである。すなわち山間部には蛇が多く棲んでいて、鼠の巣がその蛇にねらわれる。そのため鼠は繁殖することができない。これに反して海岸部は全くといっていいほど蛇が見られない。したがって鼠は思う存分に暴れまわる。文字通り鼠算的に殖えてきて、鼠害による農産物の被害は厖大だといわれる。ことに段々畑の発達しているところでは、築いた石垣の間が鼠の営巣にこの上もない好条件を与えている。県の保健所の調査によると、この鼠害を防ぎうるかどうかが農家の大問題となっている。漁村に蛇憑かれの多いのは、これと無関係ではなかろうというのである。つまり山間地帯では鼠害を防いでくれる蛇が、農業の神として崇められているのに対し、海岸部では鼠害をもたらす存在として恐れられる。そういう畏怖の念が、精神薄弱者の異常な行動と結びつけられて、憑きものを成長させる原因をつくる。そうした例は、狐憑きの場合などにも如実に現われている。蛇憑かれの成立にも、如上の事情が介在していたのかも知れない。

夜雀（よすずめ）

真夜中に夜道を歩いていると、急にちっちっと鳴いてついてくるものがある。ときには、その声で行先がさえぎられ、一歩も歩けなくなる。そういう状態になることをヨスズメに憑かれたという。これに憑かれると、凶事がおこるというので非常に嫌われている。他の地方で送雀（おくりすずめ）というものと同類である。(30)城辺町僧都などでは、それは一種の蛾のようなものだと想像されている。一本松村小山では、これに憑かれるとつづいて山犬が現われる。だからヨスズメは山犬の先き触れだともいう。憑かれたときは、「ちっちっ、ちっと鳴くものを、はよ吹きたまえ伊勢の神風」とか「ちっちっ、ちっと鳴くものは、しちぎの棒が恋しいか、恋しいならばぱんとひと撃ち、アビラウンケンソワカ」と呪文を唱えるとよい。歩いているうちに、何時ともなく鳴き声が止んでしまうといわれる。同じような伝承は、この地帯と境を接する高知県の幡多郡にも見られるようである。(31)

三　妖怪伝承

憑きものが、主として鳥獣などの動物だと想像されているのに対し、人間の亡霊とか霊魂が、この世に出現して、人を脅かしたり、悩ましたりする場合もすくなくない。あるときは火の玉となって飛びまわることもあるが、たいていは人間の形相をそなえて顕われてくるところに特徴をもっている。ところが、動物とも人間とも見分けのつかない、えたいの知れない怪物が横行することもある。その本体を見ることができないためにいっそうの霊感を発揮し恐ろしい存在となる。そういう人間の亡霊とか、本体をつかめえない怪異などを、この地方ではボウコとよんでいる。幽霊などが出てきて子どもをこわがらせる昔話をボウコバナシなどといっている。「それ、ボウコが出てきた」というと泣く子もだまるほど恐れられている。ボウコという語がどういう意味をもっているかは明らかではないが、とにかくボウコとこの地方でよんでいる怪異を、妖怪と称することにする。ヤマンバ（山姥）・ヤマジョロウ・小豆洗い・ヌレオナゴ（濡れ女子）・海坊主・小坊主（座敷童子の一種）・ノツゴ・ノガマ・天狗（半獣半人である）などがこの地方によく出現するボウコである。これらの妖怪が、どのように活躍しているか、各地の伝承をもとにしらべてみようと思う。

ヤマンバ（山姥）

ヤマジョロウともいわれる。奥山に住んでいて、人の子をさらって歩くおそろしい老婆だと思われている。口が耳もとまで裂けて、口びるにはいつも紅の血がついている。それは、里の子どもを食べたときについたものだという。十二月には一日ヤマンバの洗濯日があって、この日はかならず晴れる。しかし里では洗濯をしてはならない。その禁を破って洗濯をすると、どんなに晴れていても、にわかに暴風雨となる。ヤマンバはその風にのって里をかけ廻り、洗濯した家はないかと探す。洗濯した家から子どもをさらって行くためであるといわれている（一本松村小山）。ヤマンバが冬期吹雪とともに山里を訪れることがあるが、それはとくに雪オンバとよばれる。

ところが、ヤマンバはまた、山人や百姓に豊作とか幸運をもたらす存在ともなっている。三間町音地（おんじ）では、奥山の石室に住んでいた山姥は、実は山の神様であったといういい伝えがある。昔この村にどうしたわけか一ヵ所、よく稗の穫れる畑があった。飢饉年でもそこだけは豊かな稔りを結んだので、その家は年ごとに栄えて行った。ところがある年、あまり草が生えるので、これに火をつけて焼いたところ、畑の中に焼石がのこった。それからというものは、目に見えて家運が衰え、ついに廃絶してしまった。畑の中の焼石は、実は山姥を祀った山の神だったのである。その祟りを恐れ、早速新しく祠をつくり鄭重なお祭をした。今でも山の神として祀られているという。山姥が山の神で、豊作をもたらす神だという伝承は、多く山間の部落で語られている。高知県でも同様な伝説が分布している。[32]山の神が山民の狩猟神や作神として祀られていた段階からしだいに零落し、ついに山姥にまでなりさがった経過が、この地方の資料からもはっきりつかみとることができる。このヤマンバは冬になり雪の降る頃には、またユキンバとなって現われてくる。吉田町一帯では、そういう晩に、外へ出たがる子どもを止めるために「ユキンバが来てさらって行くだ」とおどかすことがある。その形相は、各地の雪女と同じである。

ヌレオナゴ（濡れ女子）

笑い女子（おなご）ともいう。(33) 毛髪を洗いざらしにして出てくるので濡れ女子というとか、人をのろい苦しめるからノロイ女子だとか、いろいろの説明を加えている。北郡から南郡へ下るほど、出現の形相に凄絶さが加わってくるようである。たとえば広見町とか三間町などでは、道を通る男に、にたりと笑いかける女のことをヌレ女子というに過ぎない。すこし気の狂った薄気味悪い精神薄弱者をもそうよぶことがあるから、多少現実性をもっているように思われる。女が笑うのに応じて笑顔を示そうものなら、一生執念深くつきまとってくる。けれども「やかましい」と一口大声で怒鳴ってやると、消えてしまうともいう。さほど恐るべき存在だとは考えられていない。

ところが南郡にはいると、このヌレ女子はしだいに恐ろしい怪物に変ってくる。城辺町や一本松村では、ヌレ女子のさばい（ざんばら）髪の先には、鉤針のような鉤がついていて、これで男を引っかけて連れて行ってしまう。この鉤を引っ掛けられると、いかなる大男も身動きできなくなってしまうといわれている。城辺町の桜岡は、しきりとヌレ女子が現われて若い男を苦しめるところであった。ある晩山出部落の青年某が、独りここを通ったところ、彼方から容貌の優れた娘がやってきて、にたりと笑いかけた。少し気味悪く思ったが、美貌につりこまれて笑い返した。すると、長い髪をふり乱して襲いかかって来た。

青年は驚きのあまり、一散に家へ逃げ帰り、大戸を閉ざしぶるぶる震えていた。翌朝夜の明けるのをまち、恐る恐る表へ出てみると、大戸には、髪の先で引っ掻いた無数の疵あとが印されていた。大戸が板戸であったために助かったわけである。障子だったら髪の毛の鉤に引っかけられて開けられてしまったにちがいない。それ以来、この村では、ヌレ女子に追っかけられたら、障子戸をしめてはならぬ、かならず板の大戸をしめるようにと教えられたという。

小豆洗い・小坊主

小豆洗いは、砂洗いまた小豆とぎともいわれる。広見町富岡での話。家を留守にして家族中で野良仕事に出かけ、晩方遅くなって帰ってきた。ところがカマヤでしゃっしゃっと小豆を洗う音がする。不思議に思って「誰か」と問うと音がしなくなる。しばらくするとまたじゃこじゃこと小豆をとぐような音がはじまる。気味悪くなったので大声で怒鳴ったところ、それからは音がしなくなった。同じ話は内深田でも、中野川出目(いずめ)でも、また縁海の島々でも聞くことができた。

同じような性質の怪物に小坊主というのがある。山仕事から帰ってきた家人が家の中を見ると、薄暗いのでよくわからないが、ユルイ(囲炉裏)のところで四～五人の子どもが手を火にかざしてあたっている。どうも不思議なことだと思って家の中にはいって行くと、こそこそと床の下へもぐって見えなくなってしまったというのである（広見町内深田・三間町音地など）。人間に対して、何の害も与えない存在となっている。岩手県を中心に青森・秋田・宮城の諸県など、東北地方に広く分布するザシキワラシ・ザシキボッコと称される小童と同じ性質のものであろう。[34] ただ子どもの形をした坊主頭というだけで、東北地方で赤顔垂髪の小童だと伝えるような具象的な姿をしていない。また、その小童が家の盛衰と関係があるというような伝承もない。信仰が衰滅する一歩前の姿を示しているのであろうか。ただ、小豆洗いや小坊主っ子はともに狸のいたずらだという人があった（広見町内深田）。けれどもこの説は、新入の知識によってでっち上げられた説明であろう。在来の伝承そのものと信ずることはできない。

海坊主

海上でめぐりあう怪物。船幽霊ともいう。この地方の海岸はリアス式をとっているため海岸線が長く、島嶼もまた多い。人々はほとんど漁業に従事しているので、海坊主についてのいい伝えは、まことに豊富である。いくら艪をこいでも、少しも前進しないときがある。それは海坊主がついたためだという。海坊主は火の玉となって海上を飛び走ることもある。また女の姿をとってあらわれることもある。エナガ（杓子）を貸せといって現われる。底を抜いて渡さないと、どんどん海水をつぎこまれて水舟にされてしまう（このいい伝えはほかにも多い。「民間伝承」四の一〇参照)。こちらの舟と同じように帆巻船の形でやってくることがある。しかしよく見ると帆柱のセミ(滑車)がついていないので、すぐ見破ることができる。また普通の船だとシモテで走るのが常識であるけれども、海坊主の船は、カミテでもどんどんと走って行く(御荘町猿鳴)。その船と競漕してはならない。どんなに力を入れて漕いだところで、勝目はないのだから。それとも知らずに無理をすると舟を岩にぶつけたり、また岩礁に乗り上げてしまう(宇和海村戸島)。赤火・黒火の不浄な者が船に乗組んでいると、かならず海坊主に憑かれるから注意しなくてはならない。憑かれたら、金毘羅様を念じ申すとよい。海坊主はその神威におそれをなして退散する(戸島)。

ノツゴ(35)**(野津子)**

夜山道を歩いていると、何の理由もないのにどうしたわけか足がもつれて歩けなくなる。そういう状態になることを「ノツゴに憑かれた」という(内海村柏)。山犬とも夜雀ともちがう魔物で、それが何物であるかは全くわからない。三間町曾根で育った老婆は子どものころ、夕方遅くまで外で遊んでいるとノツゴにかくされるから、はやく家へ帰るようにいわれた。ことに夜中には決して「隠れん坊」をしてはならないと、きつく諭されたものだという。当時の記憶をたどってみると、ノツゴはまことに薄気味悪い魔物で、蝙蝠のような形を想像していたとのことである。内海村油袋では、道を歩いていると、「草履をくれ」といって追っかけてくる魔性のものがノツゴだという。急に足が重くなってどうしても歩けない。そのとき、草鞋のチ（乳）か草履の鼻緒を切ってやると、ようやく足が動くようになる。夜外へ出たがる子どもをおどすときなど「ノツゴが憑くぞ」といえば、かならず言うことをきく、それくらいに恐れられている。ところがノツゴは、陸上だけでなく海上にも出ることがある。海坊主は舟につくけれども、ノツゴは人につく。これに憑かれると頭がぼうっとしてきて、手足の力が抜け、艪を持つことができなくなる。そういうときは大年の晩に煎った豆を撒くとよい。漁師はふだんからその豆をオキバコの中に入れておいて出漁のときに船に乗せて持って行く。ノツゴを落す呪いにつかうためであるという（内海村平碆）。

ノツゴとはいったいいかなる性質の妖怪であるか。また、どういう事情からこの世に出現するにいたったのであるか。そういう問題を解明するのに、甚だ示唆に富む資料が見出だされたので紹介したいと思う。御荘町中浦や猿鳴では、幼児が死んだり非業の死を遂げた場合、その葬儀に際し病死の場合とちがった葬法が行なわれている。いよいよ棺を墓穴に納めて埋めようとするとき、会葬者のうち親近のものが、履いて行った草鞋のチや草履の鼻緒を千切ってその中に抛り投げるのである。そうすると親とか親戚・友達に心を惹かれ、それから離れがたく迷うている亡霊も、ようやくあきらめて、あの世へ旅立って行くことができるのだという。また、昔この地方は間引とか堕胎（おろし）がかなり行なわれていた。ことにてなし子（私生児）を生んだ娘は、生まれた子の口をむして（塞いで）こっそり土中に埋め、世間体をつくろうとした。泣き声がするので掘り返してみたらまだ生きていたということもあった。それが育てられて成人した例も少なからずあった。ところが生き返らずに、そのまま死んでしまった場合、それをこの地方ではノツゴという。このノツゴには一千四杯の水をかけて弔ってやると、つまり流れ灌頂を施してやれば、そのまま成仏する。供養してやらないと亡霊となって人間に祟る。そういう風にいわれている。[36]もしも、そのような習俗がかつて行なわれていたとすると、ノツゴとは、まさに非業の死を遂げた幼児の亡霊であったといわなければならない。

このように、ノツゴと称する妖怪を幼児の亡霊だとする伝承は、ほかにも伝えられている。このことは御霊信仰の成立と深い関係をもつものと思われるが、とにかく興味をそそられるところである。南宇和郡一本松村小山などに出現するノツゴは、もちろん影も形も見えないが、ワアワアとかオギァオギァという赤子の泣き声を立てるという。[37]城辺町中緑では、オギャッと鳴くのは、鳥であろうといっているが、草鞋のチを切って投げつけると、ノツゴは驚いて逃げてしまうという。北宇和郡広見町中深田では母乳が出ないために栄養失調で死んだ乳呑児をノツゴだと考えている。その亡霊が成仏できずにさまよいあるき、通行人にとり憑く。夜道を歩いていると、ギァッという悲壮な泣き音を立てて草鞋のチに喰いつく。すかさず、それを千切って投げつけると、どこともなく逃げかくれてしまう。

そう考えている。このようにみてくると、ノツゴとは野の子、つまり行先きを失ってあたりをさまよいまわる子どもの亡霊と断定してもさしつかえないようである。

こうした、きわめて怪異的なノツゴの伝承は、この地方独得な特色を示すもののようである。したがって焦点をここにしぼって検討してみる必要がある。けれども、その詳細な分析と意義については、すべて別章（Ⅳの1ノツゴ伝承成立考）にゆずることにしたい。

ノガマ（野鎌）

野山で何でもないのに転倒し、刃物で切ったような大怪我をすることがある。傷口にぽかっと大きな割目ができるけれども、不思議に血はほとんど出ない。そういう場合に、「ノガマに切られた」とか「ノガマに喰われた」「ノガマに憑かれた」などという。他の地方でいうカマイタチにあたる。鎌でさあっと切られたときのような触感があるという。ノガマは旋風のごとくやってきて、あっという間に立ち去って行く魔風である（内海村柏・城辺町緑）。不意にぴゅっという音が鳴ったかと思うと、ひやっとした触覚を感じる。すると鋭い刃物で切られたような怪我をする。けれども血が出ない。ノガマが吸ったからである。ノガマは風に乗ってやってきて人間の生血を吸って行く魔物である（宇和海村戸島・御荘町猿鳴）などといわれ、正体のまったくわからない存在となっている。

ところが、ノガマは野山に捨てた鎌が化物になって現われたものだと考えているところがある。三間町音地では、鎌を野山に捨てたりしてはならぬ。ノガマとなって人間にとり憑くからである。山仕事が終って帰るときは、鎌を忘れていないかどうかよく確かめてみなければならないという。徳島県にも同様な俗信がみられ、高知県にも、ノガマの活躍がいい伝えられているから、この種の怪物は四国一円に跳梁しているものと考えられる。(38)

四　憑き神信仰

人間に憑いて怪異をあらわす存在のうち、その正体が動物であると考えられている憑きものや、人間の化身亡霊であると見られている妖怪は、およそ上述のごとくである。それらの多くは形相のすさまじいもの、巨大なもの、人間に喰いついて執拗に離れないもの、などいろいろの性格をそなえながら人間を脅かし、また人間に恐れられている。ところが、そういう妖怪や憑きものは、神様にまつられるということはない。あまりにも乱暴となり跳梁をたくましゅうするために、憑かれた人間が苦しみ悩むあまり、ミコとかオガミヤの祈禱をうけ、落して貰うということはおこなわれているけれど、神として祀ることによってその脅威から逃れようとする方式は、どうも見られないようである。

それに対して、そういう怪異現象を惹きおこすものの根源的霊力を積極的に神として祀り崇め、それによって怪異を避けようとする傾向も、まだかなり強くおこなわれている。神として祀るというよりも、むしろそういう存在や現象は、神そのものの神霊の出現ないし行動であるから、それを慰霊し供養しようとする気持が強いのである。このような性質をもつものを、この地方では、とくに憑き神様とよんでいる。峠や山道を通るとき、途中安全であるようにと、草花を折ったり、柴をそなえたりして安泰無事を祈る神様がまつられている。それには、オシオリサマ・オクヨサマなどと固有な名称があたえられているけれども、総括してこれをよぶときは、憑き神様というところが非常に多い。「憑き神様だから、ねんごく拝んでこいよ」「憑き神様がたたるといけないから花を供えてこいよ」などと、いまでも子どもに教えている老婆は少なくないのである。この憑き神にはどんな種類があるか、その神様の性格にはどのような特徴が見られるか、これに対する村びとの接しかた、それらの点について述べることとする。

ジキトリ・ガキボトケ

山仕事をしたり山越えをするとき、食事どきでないにもかかわらず、急に空腹感を覚え、手先が動かなくなる、あるいは歩行が困難となる、ときにはぶっ倒れてしまうことさえもある。そういう状態になったとき、この地方の人々は、ジキトリに憑かれたとか(39)、ガキボトケに憑かれたという。御飯一粒を口に入れてもそれは回復するから、遠出をするときは、弁当など全部食べ尽さないで、かならず二、三粒はのこしておかなければならない。道中でとり憑かれたジキトリに差し上げるためだからというわけである。ジキトリは町なかや村うちの人家のある所には住んでいない。峠とか山中の人の余り通らない淋しいところに住みついている。空腹になると街道へ出てきて通行人にとり憑き、人から食物（体内に入った栄養）を奪いとってみずからの足にするのである。そういう魔性の存在だから、あらかじめ食物を用意しておいて、憑かれたらそれを与える。そうすれば、難を免れることができる（三間町曾根・音地、宇和島市豊浦・高串、広見町内深田）。遠足や登山にでかけるわが児に、このような注意をうながして見送る風はつい最近まで見られたという。城辺町中緑にあらわれるジキトリまたはガキボトケもよく人間に憑く。するとその人はにわかにけだるくなる。ガキに自分の腹の中のものを吸いとられてしまうためであるという。あるいは神様の羽風に打たれたためであるという。そういうときは太夫や法印にオハライをしてもらうとなおる。このように人に憑く魔物と考えられているかぎり、ジキトリはあきらかに憑きものの類に属するけれども、その正体はまったく不明であって、人獣の区別はもちろんついていないし、また妖怪でもない。しかしながら、同類は憑き神として、現在でも峠や山道の傍に篤く祀られているのである。そこでこの得体のしれない路傍の神をとくに問題として取り扱ってみたいと考えたしだいである。

ジキトリ・ガキボトケを山の神と考えているところもある。南郡の一本松村や城辺町の山間部落では、山で弁当を食べるとき、まず一番箸でとった飯粒をかならず山の神に供えるという風がおこなわれている。それは山の神をひもじゅうさせないための呪いだという。もしそれを怠ると、山仕事の最中に腹が減って手足がうごかなくなる。それは山の神が人間にとり憑いてその食物を奪いとるからである[40]。あるいは、山道を歩いたり高山へ上ったりするときも、突然に空腹感が襲いかかり、貧血をおこし顔面蒼白になって倒れてしまうことがある。これはダリが憑いたためである（一本松村小山）。あるいはガキが憑いたためである。そういうときは持っていたムスビを山の神へ供えるとよい（同上・御荘町猿鳴）。ダリもガキも山の神と同じものだといっている。同じ伝承が隣接の高知県にも多く語られていることから見ると、南予でジキトリといいガキボトケといい、またダリというも、みな同じ性質のものであろう。かつそれらが山の神とも深い関係をもつことから、姿を変えてあらわれた山の神の化身であるとも考えているようである。

ジキトリ・ガキボトケと似た性質の憑きものを神としてあがめ、石仏・石祠などを建てたり、自然石を立てかけたりしてまつっているところも多い。その場所も一定していて、これから峠へかかろうとするところ、峠の頂上、あるいはジキトリ・ガキボトケのよく出現するといわれている所などとなっている。そういう神様には、いろいろの名称がついていて、その発生に因んだ伝説なども物語られている[41]。憑き神の性格をあきらめるために、そうした幾つかの類例を眺めてみることとする。

写真9　オクヨサマの森（三間町音地中之畑）

オクヨサマ

北宇和郡三間町には、この名称をもつ神が二、三散見される（梅ガ峠・音地中之畑など）。音地中之畑には以前大きな松林のはずれの道傍に木の祠が建ててあり、これをオクヨサマとよんでいた。現在は、松林を伐採したので野天に祠のみが露出している。そこを通って山仕事へ行く人は、誰でも草花を手折ってその前に供え拝んだものだという（現在、この風は廃れてしまったが、心あるものは手を合わせて拝んで行く）。当時、ここは子供心にも大変淋しい場所で気味悪く思っていた。よく老婆などにガキボトケがつくから夜遅く通るものではないと教えられていたところである。ところが、三間町の梅ガ峠を越えて行く三叉路（地名なし）にも、オクヨサマとよばれる高さ七〇糎くらいの自然石が立っている。どういう神様か知らないけれども、ここを通って行く人は草花を挿したり、柴を折って供える。ときには団子などの供物がなされていることもある。村の人は、いかなるいわれがあるかをおぼえていないが、聾や眼病を癒してくれる神様だという。また祈願をこめるとその御利益で疣をとり去ってくれるともいう。(42)

オシオリサマ

城辺町内には、オシオリサマとよばれる神が各所にまつられている。一本松村へ行く途中の長谷地蔵、樫床から城辺駄場へ行く途中の樫床坂、また楫郷（かじごう）から風神様への途次、内海村柏へ通ずる道の柏坂（かしわざか）にも見られる。つまり、周辺を山で囲まれている盆地のなかに集落を形成している部落などでは、そこから峠を越えて他部落と連絡しなければならない。そうした場合、その連絡通路にはかならず二つのオシオリサマが安置されている。一つの通路が峠を挟んで二つの部落を結んでいる場合、それぞれの部落側に一つずつ、合わせて二つの神様が置かれているわけである。地蔵菩薩を刻んだ石仏の場合が多いのと、道行く人がこれに柴を折って行く風があるので、「柴折り地蔵様」とよばれることもある。村の人はいうまでもない、すべて旅するものは、このオシオリサマに草や柴（多くは榊、ないときに椎・樫でもよい）を折って供える。すると疲れた足も癒り、重くなった足も軽くなるという。

柴神様・柴折様・足軽様

同様の性質をもつ神様は、ところによって多少の相違をもちながら、それぞれの性質を表わす名称をもってよばれている。なかでも最も多いのに、柴を折って供えて祀るからという意味の柴神様・柴折様がある。宇和島市豊浦からエビガ峠を越えて津島町岩松へ出る

写真10　オシオリサマ（城辺町）

山道がある。その峠の中腹に石仏が安置されているが、それは柴折様とよばれている。狸や山犬やノツゴなど妖怪のよく出る所であり、またとかく道に迷う所でもある。ところが、この神様に青草を手折って供えて行くと、そういう憑きものにとりつかれないし、また道に迷うこともない。そういう供養をしないと、帰りがけにひもじゅうなって歩けなくなる。あるいはひだるくなって動けなくなる。それを防ぐためにあらかじめおがんで行くのだという。内海村油袋（ゆたい）・平碆（ひらばえ）などにも同様な神が峠に置かれているが、それに青草を折って手向けると急に足が軽くなってくる。それで、柴神様のことをとくに足軽様（あしがる）と称するようになったといっている。柴神様に供養を捧げると足が軽くなるという信仰は、以前から伊予南部の各地に広く行なわれていたらしい[43]。

旅人や村人の手折って供えた柴は、そのまま積み重ねられて放置されてある所が多い。したがって所によっては、かなり堆高く積もり、そのために石仏が蔽われてしまっているのも少なくない。部落によっては、これを取りはらって焼き棄てる。その日がきまっていて、城辺町中緑の樫床などでは、お盆の墓掃除を行なう日（旧七月一三日）に部落中が集まり、オシオリサマの柴を掻きあつめて燃やすことになっている。東宇和郡などでは、毎年旧一〇月一〇日に柴神に挿してある柴を集めて焚く風があるという。それはこの神が、片目でびっこであるから、出雲の神様寄合に行ってもなかなか帰ってこない。そこで柴を焚いて自分の家が焼けているように見せかける。そうすると驚いて飛んで帰って来るのだといい伝えている。[44] この理由はいささかこじつけのきらいがあるが興味を惹く伝承である。

ヒダル神

南北両宇和郡とも、土佐に接近した地域には、ジキトリ・ガキボトケに似たものをヒダリガミとかダリガミとよんでいるところがある（北宇和郡では三間町・広見町の山間部、南宇和郡では城辺町・一本松村の高知県寄りの山村など）。あるいはたんにダリが憑いたともいう。山中の道で空腹を感じたり冷汗が出てきて歩けなくなる。そういう状態になることをこの地方でヒダルくなるという。それは、ダリとかヒダリガミという魔物が憑いたためである。これに憑かれたときは、何でもひと口食べるとなおる。そこで常日頃弁当を最後まで食べ尽さないで一粒でも二粒でも食べ残し、いざというときにヒダリガミに供えうるように心掛けねばならない。そういう呪法もまたさきに述べたジキトリやガキボトケと同じである。憑かれたときには、身に着けているものは手拭なり前掛なり草履なり何なりともかまわずすぐ背後へ投げつけるとよいという（一本松村）。まさにノツゴや山犬などの憑きものを避ける呪法と同じである。

このような憑きものを、ヒダルガミとよぶところは日本全国かなり広いようである。[45] 四国一円のうちでも、高知県下は全般にこれをヒダリガミ・ヒダルガミ・ダリ・ガキといっている。また徳島県の祖谷（いや）山ではフダル神、那賀郡などではダリとかダルとよぶ。[46] 海を渡って本州に入ると、若干名称を異にしながらも各所に分布している。奈良県多武峰地方のヒダル神はたいてい四つ辻になった所にいる。人が山路を豆腐・蒟蒻などを持って通ると、いつの間にかそれが失われている。それをヒダル神にとられたという。(47)またこの神に憑かれると冷汗をかいて道に倒れるのが普通だという。携帯の食料をとられるというところをみると、南予地方の山犬やカワソ・エンコと似た性質のものとも考えられる。三重県鳥羽付近でも「ダリにつかれる」という。山登り徒歩旅行などに際し、その厄難を避けるため

写真11　南方熊楠

慶応3年和歌山県に生れる。明治19年アメリカに渡り、数奇な境遇のなかで粘菌学を研究し、世界に知られた。明治33年の帰国後はもっぱら郷里にあって隠花植物の採集に従事、昭和初頭天皇に進講した。奇行逸話に富み昭和16年死去した。時に75歳。

出発前によく腹ごしらえをさせる。「ダリに憑かれるといかんで、よう飯を食え」などと注意を与える[48]。そのダリとかヒダル神を和歌山県下では、ガキともいった。今はなき碩学、南方熊楠が、明治三四年の冬より二年半ほど那智山麓に居住し雲取山を歩いたとき、いわゆるガキに憑かれたことがあった。寒い日など行き疲れて急に脳貧血を起こし、精神茫然として足が進まないことがある。こんどはそれのひどいのに襲われた。一度は仰向けに仆れたが、幸いにも背中に負うた植物採集の胴乱が枕の代りになって岩で頭を砕く難を免れた。それより後は俚人の教えにしたがい、かならず握り飯と香の物を携え、その萌しある時はすかさず少量の食事をとり防衛に心掛けたと述懐している[49]。

愛知県北三河地方では、これをダリ神とかダリ仏といっている。北設楽郡田口町の和市から振草村小林へ越すグミンダ峠に一基の祠が建てられてある。かつて岩茸採が餓死したのを祀ったもので、土地の人はこれをダリ神とかダリ仏とよんでいる。この峠へさしかかると、にわかに空腹を感じて動けなくなるのは、このダリ神に憑かれるためだという。その時は何でも食物を路傍に供えればよいという[50]。また山口県大島では、このような神をヒモジイサマとよぶそうである（「民族」二の五）。

憑き神信仰の意味

このようにみてくると、宇和地帯に見られるジキトリ・ガキボトケ・ダリ・柴神様・柴折様・オシオリサマ・オクヨサマ・ヒダリガミなどは、名称こそ異なれ、ほとんど性質を同じくしている憑きもの、または憑き神様であるといえよう。そして同質のものが、日本国内の諸地方に多少名称を異にしながらも数多く存在していること上記の通りである。ところで、これらの名称のうち、ジキトリ（食取り）とかガキボトケ（餓鬼仏）というのは、通りがかりの空腹の人に憑くとか、通行人について腹中の食物を吸いとってしまうなどといわれているように、餓鬼亡者の貪欲な性格を象徴している。またダリとかヒダリガミなどという名称は、人間が脱力感・虚脱感をもったときに、そういう状態をだるいとかひだるいなどと形容することと思い合わせて、これまた妖怪亡霊のとり憑いたときの状態をあらわす語から発生したものであろう。上述の二つが、ともに憑き神の性格や憑かれた人間の心的状態を示すことばから発生してきたと思われるのに対して、もう一つの柴神・柴折・オシオリ・オクヨサマというのは、どういう意味をもつ名称であろうか。柴神・柴折・オシオリが、憑き神をまつるときの祭の方式を示すことばからきたことは容易に察することができよう。つまり、憑き神の神体や神祠の前に柴を手折って供えるという動作から出てきた名称である。オクヨサマはどうであろうか。これはお供養様ということだといわれている。もしそうだとすると、現在眼病や疣の神様でもあるこのオクヨサマは、本来の柴神的性格からしだいに、厄病神的存在にうつしかえられて行ったものと思われる。つまり、第二次的発生の神の性質に付与された名称と判断されるのである。

以上のごとく、憑き神としてのヒダリガミ・柴神が、ジキトリ・ガキなどの強烈な憑きものとどういう関係をもっているか、大いに興味の惹かれるところである。まずジキトリやガキボトケなどが人にとりつく亡霊であったという性格である。岩茸採が墜死したり、炭焼きや山仕事のものが横死した、その亡霊が出てとり憑くのだという所は少なくない。そういうところはたいてい巨石怪岩が屹立しているか、千仭の絶壁を形成していて、雪崩・山崩などの惨事のおこりやすそうな箇所である。さきに述べたノツゴの例などから見て、そういう所は亡霊出現の条件と機会とが十分に整っているということができよう。ところがいっぽう、ジキトリとかヒダリガミ・柴神様は山の神だという伝承も強く残っている。山の神は、山に漂う山霊の象徴である(51)。山仕事をする者や山中を行く旅人がこれに注目しないはずはないのである。そういう山霊をまつり崇めることによって、わが身を安全ならしめたいという願望は、山霊の霊威を深く信じた原始未開の時代ほど強烈であったと考えられる。そういう神をとくに信仰する気持があって、柴神様・オクヨサマ・オシオリサマなどの神祠が建てられてきた。つまり山霊の分身であった。ところが、その信仰の衰えてくるにつれて、人々は、そういう神々の存在理由を忘れかけてくる。そういう段階になって、さてどうしてこのような神様を祀るのかという疑問に応えて、いろいろの説明がとび出してくる。荒唐無稽な伝説や奇想天外な縁起がつくられてくるのもこの段階である。実際に何某が足をすべらせて横死を遂げた、どうもその亡霊が出てきてとり憑くらしい。

あるいは、実際生理的に空腹のために気持が悪くなったり倒れたりすることがある。すると、何かの祟りではないかと思案する。憑きものの多いこの地方のことであるから、すぐ人間にとり憑くものが空想される。それがジキトリとかダリガミ・ガキボトケとかにつくり上げられて行くのはしごく自然な成り行きである。このようにして、山中で憑く恐るべきジキトリやガキボトケが成立してくるのである。けれどももとをただせば、山の精霊を祀るための祭や信仰から出てきた副産物に過ぎないものである。その信仰が零落して、人の腹まで探しまわって食を求める哀れな姿になり下るまでには、その間にいくつもの変遷の段階がさしはさまれているのである。そういう各段階の諸形態を示す資料が、この地方にまだ残っていたということは、研究者にとってまことに幸運であったというべきであろう。

Ⅱ　地域社会の祭祀と信仰——民間信仰の基盤——

一　神社祭祀と民間祭祀——神社と民間信仰

　ここで民間祭祀というのは、部落または村落以上の行政体を中心に展開する神社祭祀などに対する意味をもつ。すなわち後者においては、かつて村社・郷社などの社格をもっていた神社における祭祀または信仰である。それらは部落または村落など広い地域にわたって多くの氏子をもち、そうした広地域の氏子の崇敬対象となる。いわゆる氏神・鎮守神として祀られているので、これを氏神祭祀、または産土信仰とよぶのが至当であろう。したがって、こうした神社はまた、公的性格をもつことが多い。これに対して、前者の民間祭祀は、そういう公的色彩はきわめて薄い。家または同族によって私的に祀られる場合が多い。だから、その規模は比べる必要もないくらいに小さいのである。また同時に、政治史の表面に出てくるような大問題を惹き起こすこともなかったので、学問の光にあてようとつとめた人も少なかった。けれども、実際は庶民の精神生活に深く喰い込んでいて、かれらがものを考える場合の、判断の重要なグルンドを形成していたものである。これを無視して、民族の原始信仰や民間信仰を云々することは不可能である。ここでは、従来余りとりあげられることのなかったこのような微細な問題に矛先を向けてみようと思う。

1 神社信仰の性格

日本の地域社会では一般に、都鄙を問わず、国家の権力体制に触れない面で、ひそかに小祠を建ててまつりを施行するという風が強かった。したがって民間祭祀を通じて民間信仰の実態を探るこころみは、たいていの部落村落で成功する。しかしながらそれが、中央勢力に擾乱されない辺境において、ことにヴィヴィッドに見られることはいうまでもない。九州地方もまた例外でないが、その北東部、つまり大きな拳を瀬戸内海へ突出せしめて一つのまとまった地帯を構成する国東(くにさき)半島に眼を向けてみることにしたい(1)。

国東半島に伝承されてきた多彩な信仰を、民族信仰を究明するための手がかりにしようとした場合、われわれは幾つかの問題につきあたる。宇佐八幡を中心とする、いわゆる宇佐信仰が、この半島に滲透してくるにつれて半島在来の固有な原始信仰とどのような接触交渉を行なったのであろうか。つまり、在来信仰と八幡信仰との間におこった接触融合の問題がそれである。また天台密教を土台とし著しく修験道的性格を帯びながらも、なおそれとはかなり異なった独特のおもむきを呈している六郷満山(ろくごうまんざん)の成立およびその信仰の伝播、さらに先行既成信仰としての八幡信仰との交渉過程の問題が、つづいて考えられなくてはならない。あるいは、以上のような歴史的推移の過程において培われてきた民間の信仰生活が、各時代ごとにどのような様相を示してきたか、またそのような状態に導かれ来った事情はどう説明したらよいのであろうか。こうした問題も決して軽視することはできないであろう。

国東半島の信仰史を構成するためには、きわめて重要な如上の問題をまずもって解明しておかなければならない。文献資料を駆使して編集された『国東半嶋史』や『西国東郡誌』なども、貴重な素材を提供してくれるのであるけれども、民間信仰や原始信仰についての領域はなおほとんど未開拓であるといってよい。そこで、本稿では、もっぱら視点を常民の信仰生活におき、半島全域から採集された民間信仰資料にもとづいて、とくに本地域の民俗的特徴をあらわしているものに焦点を向けてみることにしたい。そうした原始素朴な民族信仰が、新しく導入されてきた八幡信仰や仏教信仰、とくに天台宗系の密教信仰などと、どのような交渉過程をもったか、その交渉史を考察する場合の基礎的資料を発掘したいからにほかならない。

民間の固有信仰を究める場合に、まずそのメルクマールになる一つの要素は、神社（氏神）信仰である。神社と、それを崇敬する氏子との間に行なわれてきた神社祭祀は、この半島においても永い歴史をもっている。したがって、こんにちにいたるまでには、その間に幾多の外来信仰が入りこんできているので、純粋に固有な神社信仰の姿を見出すことはもはやとうてい不可能であろう。だから、神社の現状、氏神祭祀の現況から昔日のその姿を復原することは、とうてい望めないという悲観論も出てくる。しかし、それは民族生活内に果たす伝承的信仰の底力を知らないものの言であると思う。とくに国東半島においては、こうした常民の信仰伝承力はきわめて強度であったように思われる。現在、半島の各地で催されている神社祭祀のなかには、かなり古くからの礼式がそのままに守られているのが多い。われわれはそれを知ってしばしば歎声を発したのである。(2)

そこで、私は、そうした神社祭祀を通じて半島における氏神信仰の特質を摑むために、まず現在する神社の性格を知ることにつとめてみた。さいわいに、大正一五年、東国東郡神職会によって編集された『東国東郡神社大鑑』を見る機会をえたので、それを資料にして考えてみたい。(3)これは、当時の県社(三社)、郷社(九社)、村社(一〇〇社)合計一一二社についての調査であるが、その祭神に着目して集計をとると、つぎのごとき結果がえられる(4)(2表参照)。

すなわち、社数の多いものから並べると、山神社(二一)、八幡社(一六)、八坂社(一三)、年神社(一三)、天満社(九)が順に五位までを占めている。社数の多寡によって機械的に断定することは、かならずしも最良の策ではない。また2表においては、村社以上の社格を有するもののみを対象としている。庶民と最も親密な関係におかれる無格社が除かれているので(この点については後にふれる)、この統計はいっそう民間の真相から離れているといわれるかも知れない。

2表　神社の分布状況（大正15年）

社名	数
剣社	1
八幡社	16
熊野社	5
八坂社	13
小松（御霊）社	1
山神社	21
貴船社	1
賀茂社	1
地主社	1
大柱社	1
事代主社	1
関大神社	1
竜神社	1
田中社	1
伊美崎社	1
稲田姫社	2
御祖神	1
年神（大歳）社	13
直日社	1
天神社	1
稲荷社	1
許波多（古幡）社	2
天満社	9
厳島社	3
大国主神社	1
伊勢社	1
白石社	1
住吉（恵美須）社	4
日吉社	3
武多都社	1
比売語曽社	1
直日社	1

社格の決定は、その時の政治的事情——たとえば有力な神職や地方自治行政官（市町村長）の所在——や神社（したがって氏子の住む地域社会）の財政状態などによって左右されることが多い。だからその由緒なり歴史的な古さが条件となっている場合が必ずしも多くない。けれども、だいたいの傾向は汲みとることができよう[5]。そういう了解が得られるとすると、この表からは、とにかく半島の東側において、上掲の神社の分布が比較的濃密であることが読みとられる。とすると、ここにおいては、山の神・八幡・八坂・年神・天満天神などの信仰が、とくに根を深くおろしていると予想される。このうち八幡信仰が宇佐八幡の系統を継いでいることはいうまでもなかろう。八坂信仰は、もちろん京都の八坂神社を中心として広まったものである。それが仏神としての牛頭天王を祀ることによって、霊験を深め、御霊信仰と結合して、いわゆる祇園崇拝をおこした。この信仰の伝播にとも

なっていっそうの霊異を諸国に押し広めて行った(6)。そういう波及が、近畿地方を中心に、西の方へ向っては、瀬戸内海を通って国東半島に到達したのである。この伝播経路が何故にかかるコースを辿ったか。その理由は、以上の実情からみて容易に納得することができよう。天満社が、大宰府に悶死した悲遇のひと菅原道真の霊を祀る大宰府神社の分身として、北九州一円に広く分布していることは、説明するまでもない(7)。こう眺めてくると、上掲の三社は、ともにその発生が宇佐とか京都とか、とにかく国東半島の地域外におかれている。そこからこの半島に伝来して、村々町々に滲透していった神々である。いわば「外来神(がいらいしん)」とよんでよいものである。

2　民間祭祀の性格

これに対して、他の二社――山の神と年の神――については、どういうことがいわれるであろうか。山神社は、いうまでもなく山の神を祀っている。この山の神は、必ずしもすべてが、山岳信仰・山岳崇拝にもとづいて生まれてきたものではない。なかには、聚落に近接した森林とか雑木林などにも祀られていることがある。きわめて日本的な民間信仰神である(8)。また、年(歳)神社についてはどうであろうか。これは、神社明細帳に祭神として大年(歳)神・御年(歳)神・若年(歳)神などと記載されているけれども、決していわゆる人格神の範疇に属するような個性味豊かな神でない[9]。山の神とか田の神などといわれるような、普遍的性格について命名された神である。そういう性質の神が、二つまでも数において最高位またはそれの近くに位置していることは、深く注目しなければならないであろう。この現象は、村なり町なりの、より狭い地域社会に限ってみると、いっそう鮮明な姿相を露呈することになる。

『朝来村郷土史』[10]によって、旧朝来村鎮座の神社を整理してみよう（3表参照）。この表にあらわれたものが、民間の神社信仰の実況をそのまま示しているとはいえないと思う。なぜならば、明治政府によって施行された神社合祀政策の影響が明らかに看取されるからである。しかしながら幸いにも、神社明細帳が残っていて、それから合祀前の社祠名を知ることができ、合祀以前の旧態を復原しうるのである。まず社数を見ると、山神社が圧倒的に多く、これにつづいて日吉神社、八坂・八幡・年（歳）神社となっている。本社に合祀されたものも、小社ながらかつては各小字に属し独立していた氏神社であった。それが明治以降の地方自治体統合政策によって、町村併合が行なわれ、かつ神社合祀の国策の犠牲によって廃社となったものである。そういう小社こそもっとも素朴な民族信仰を支えてきているのであるから、これを無視することはできない。その点に注目して眺めるとき、仏教信仰の影響をうけたとみられるものを除くと、山神・今日霊（こんにちれい）・塞神（さえのかみ）・大杉社・大御神（おおみかみ）などとよばれる神社名が注目されてくる。そのほかに八坂・金毘羅（こんぴら）（琴平）・貴船（きふね）・天

3表　旧朝来村の神社分布

	本社名	所在地	合祀社名（　）内の数字に社祠の数を示す。
1	山神社	諸田字尾園	八坂社（3）今日霊（1）金毘羅（2）百太夫（1）
2	日吉社	中野字宮永谷	ナシ
3	日吉社	〃字峰	生目八幡（1）塞社（1）
4	山神社（扇神社）	〃字扇ガ平	琴平（1）天満社（1）
5	日吉社	小俣字不動山	天満社（1）大御神（1）山神（1）貴船（1）
6	竜頭社	〃字宮の平	山神社（2）大杉社（1）
7	山神社	〃字中園	ナシ
8	歳神社	久末字大石ガ平	大御神（2）貴船（1）琴平（1）
9	八坂社	弁分字宮園	五（御カ）霊（1）八幡（1）郷分社（サイの神）（1）大御神（1）山神（1）
10	吉田社（旧山神社）	〃字横畑	ナシ
11	生目八幡社	〃字白ハゲ	善神王（1）
12	山神社	〃字下油原	ナシ
13	山神社	矢川字新涯	溝山八幡（1）加藤社（1）
14	山神社	〃字宮の山	ナシ
15	山神社	〃字下矢川	ナシ
16	山神社	〃字宮谷	ナシ

満・八幡など、中央の名神霊社の勧請神が多い。中央の霊社を勧請して祀るにいたった経緯は、比較的その由緒が判然としているので、ことあらたに問題とする必要はない。重要なのは、山神・今日霊・塞神以下の、民間信仰にもとづいて成立したと見られる小祠に対する崇敬の態度である。[11]これらのうち、大杉社は境内の神木、杉の巨木を崇拝する自然信仰から起こった名称である。大御神社は、オオミカミと発音し、すでに人々の記憶から薄らぎかけているが、伊勢御師によって勧請創設された神明社らしい。とすると、伊勢信仰の普及の波が、この地にまで到達していたことが知られる。[12]山神・塞神については、もはや論及の必要はあるまい。そこで最もわれわれの興味を牽くのは、最後にのこった今日霊である。この信仰の本体は何であろうか。

神社明細帳に「今日霊」と記載される社祠は、普通には「コイチロウサマ」とよばれている。「小一郎様はよく祟る神様である」といわれ、村人の間で大いに畏敬されている。あるいは先祖神だともいって、祖霊をまつる墓石同様に崇められているところもある。とにかくその本体を確実に摑むには、かなりの調査をつづけなければ判明しない不思議な存在である。しかしそれだけに、この半島における民間信仰の特徴を解明する鍵を握っている神であるようにも思われる。こんにちでは、もはや、その社祠すら明らかでなくなったものが多い。また早くから郷社・村社に合祀されてしまって氏子の記憶域から遠く離れてしまったものも少なくない。[13]しかし、民間信仰の実態を探るためには無視しえない重要性をうかがうことができる。

3　コイチロウ信仰

国東半島から大分県の速見郡・大分郡にかけ、広く分布するコイチロウサマ（小一郎様）という特異な民俗信仰の存在は、かなり早くから学界の関心を集めてきた。けれども、その信仰の本質をまともに分析して、この問題を徹底的に究明したという論考はまだあらわれていない。[14それというのもきわめて複雑にして難解な多くの課題をふくんでいるからであろう。かつ、これまでは、主としてその分布地域が上記の大分県下に限られると見られていた。ところが、各地の調査が進むにつれて、そう限定するわけにはいかなくなってきた。すなわち熊本県下から北九州一帯に、その存在が拡がろうとしている。[15] さらに調査を丹念につづけて行くとその地域はいっそう拡まるかも知れない。そうなってくると、この問題を早急に解決してしまうことはできなくなってくる。結論を出すまでには十分に慎重を期さなくてはならないであろう。そこで本節では、国東半島で見聞したすがたをありのまま伝えて、後考の資にしたいと念願するしだいである。

こんにちでは、郷社・村社といわれる鎮守社の境内に集められてしまったものが多いが、[16] 以前は、部落・村落の家の屋敷のなかや集落に近いところの一隅に、土地の人に「小一郎様」とよばれる石祠が建っていた。そこの多くは、榎・椿・タブ・ヤマモモ・松などの古木が立っているか、その種の樹木がうっそうと茂り、いかにも聖地を思わせる森となっている。そこで、それを「小一郎森」とよんでいるところも多い。この小一郎様は、実によく祟る神様で、社地を動かしたり、境内の木を伐ったり、また奉仕を怠ると、その家や家族にたたって、あるいは病気をおこし、あるいは家運を傾けさせたりする。まことに恐ろしい神ということになっている。そこで家人は、これに触れることを極力避けるので、社地の多くは、樹木の生え茂るにまかせ、神域一帯はますます畏怖凄絶感を増すことになる。そういうところから、また多くの奇怪な伝承が生まれてくる。

前述のように、小一郎神の石祠や神殿の多くは、村社・郷社の境内に集められたため、今では昔日の面影を知るのに、はなはだ困難となってしまった。さいわいに江戸時代の中期頃の状態を示す文書を披見したので、それによって、神社合祀前の状態を偲んでみたいと思う。東国東郡国東町(くにさき)、旧来浦郷(きのうら)の惣鎮守として名高い八坂神社の神主宮崎氏は、同時に郷内諸社を支配して永くその祭典を主宰してきた。その所蔵文書中に「来浦氏神牛頭天王宮并下末社由緒記」の外題を有する書冊があって、郷内諸部落に鎮座する氏神の由緒・縁起、社祠の形態、社地の面積等を略記している。(17) それによって部落所在の神社名をまとめてみると、4表のごとくになる。

この表によると、来浦谷の長野・下中・上中・浜の旧四ヵ村に鎮座する神社としては、木（貴）船以下四八の諸社が数えられるのであるが、それらのうち、圧倒的に多く分布しているのは今日霊、すなわち小一郎神である。したがって小一郎神に対する信仰は、想像以上に強力であったといわなくてはならない。これらの今日霊祠の大部分は衰退し、あるいは他社に合祀されてしまったものもある。けれども、だいたいの遺構は知ることができる。たとえば国東町大字来浦字長野の末藤組では、猪俣氏イットウ一一戸で小一郎様を祀っている。猪俣百合吉氏の元屋敷に「今一霊」と刻んだ石祠が建っているのがそれである。祭は旧暦一一月中におこなわれるが、そのときは甘酒をつくって組中に振舞う。その米は、末藤組共有の小一郎田の収穫をあてることになっている。この神様はまた末藤明神ともいわれ、それがまた村組の名ともなっているについては、ひとつの伝説が語られている。昔、

4表　来浦郷小祠鎮座状況

社名＼部落名	長野村	上中村	下中村	浜村	岩戸寺	合計
木船	三	二	一	○	○	六
夷三郎	一	一	二	一	○	五
天神	○	○	○	一	○	一
末藤	○	一	一	○	○	二
北山	○	一	○	○	○	一
さやの神（塞神）	○	一	○	○	○	一
今日霊（小一郎）	六	五	五	一	一	一八
山の神	四	一	三	一	○	九
歳之大明神	○	○	一	○	○	一
宿神（蘇民将来）	○	○	一	○	○	一
三崎（猿田彦）	○	○	一	○	○	一
郡明	○	○	一	○	○	一
明見（妙）	○	○	○	一	○	一
合計	一四	一二	一六	五	一	四八

猪俣イットウの主家の夫人が、藤の若枝の芯をとってきて、それで鉄漿をつけた。もし自分がこの家に永く止ってよいのであれば、この若枝は芽をふくことになろう。そう念じて若枝の芯を土に挿したところ芽が出て、やがて藤の大木に成長した。その藤の精を祀ったために、それを末藤明神とよんだのであるという。小一郎神と祖霊とを結びつけ、この信仰をいっそう高めようとした意図が明らかに見える。この種の信仰伝承をともなった小一郎神は、まことに数多く分布し、いちいち列挙することは煩に堪えないので、[18]つぎにもっ

写真12　コイチロウの祠
（大分県竹田津町）
昼なお暗い屋敷の一隅に鎮座する。よく祟る恐ろしい神様で、注連縄をめぐらし手あつく祀られる。

とも典型とみられる一例を示すことにしたい。

東国東郡国東町富来地区には、来浦と並んで多くの小一郎神が祀られている。その一つ字池田の場合を眺めてみよう。池田には甘酒祭で有名な小一郎様が鎮座する。この地区は東デイ（土居）一〇戸、西デイ四戸の二つの組に分れている。小一郎を祀る、いわゆる甘酒祭は各デイごとに別々に行なわれる。けれども、葬式に際して協力する無常講とか部落共同の村仕事などには、両者共同で参加することが多い。

小一郎様を祀る祭組として東デイの場合を眺めることにしよう。この祭組は、さらに二つの班に区分されている。この区分されたさらに小さい組を何とよんでいるかは明らかでない。二つの班は、祭の際の職務分担を区分する必要上分けられたようである。すなわち、一つはナイショ（料理を調達する台所仕事を指す）組であり、他のもう一つはお客の組である。毎年交替で組変りとなる。今年度、祭礼のために甘酒をつくったナイショ組は、来年度にはお客の組となって饗応されるというわけである。

ナイショ組にあたった班では、一年おきに順番で座元を勧めることになり、一切の祭祀は、この座元の責任によって行なわれる。デイには共同で所有している祭田として、「膳田」とよばれる二〇〇平方メートルほどの水田が二枚ある。この田の耕作から収穫・脱穀・調整にいたるまで一切の作業はすべて座元の責任であり、座元の労力奉仕による。ただし時期によって多くの労力を必要とする場合に、座元の要請によって、ナイショ組が加勢する。たとえば田植・草取・稲刈・稲扱・籾すり・精白のときは、各家から一人ずつ出て作業に従事する。以前は作業の大部分を、座元で引き受けて行なったらしいが、負担の公平を望む組内の要望により、この頃では労力を過不足なく平均に提供するようになった。同時に収穫を均等に分配するためにかなり神経を使わねばならなくなった。これも時勢がせちがらくなってきたためだと古老は歎いていた。

夏祭

小一郎の夏祭は七月二一日に行なわれる。しかし、子どもたちが楽しみの一つに数えているので、現在ではそれを顧慮して定日前後の日曜に催されるようになった。ダシマイ（出米）として、家ごとに小麦粉一升と野菜若干を座元へ届けておく。座元で用意するのは小一郎様に供える神饌物のほかに、直会用としての清酒（もとは濁酒）一升とセゴシ（魚を骨のついたまま輪切にしたもの）の吸物と酢合である。以上の費用はすべてマンパチといって、各戸平均に割当てられる。ただしオゴク（御供）一升と塩気、つまり調味料と燃料とはすべて座元の負担である。

当日は、村人にホシャドンとよばれている神官を招く。この司祭者には、ホシャドンでなく天台の盲僧・法印様（修験者）を招くところもある。神官は御幣を切って、あらかじめナイショ組が綯っておいた注連縄といっしょに小一郎神に供える。べつに組内の屋敷荒神に供える御幣を、その戸数だけつくっておく。これは祭が終ってから各人が一本ずつもらって帰り、自家の屋敷荒神へ供える。西国東郡下などで、屋敷荒神の祭が別個に独立して行なわれている様式と比べてみると、ここでの荒神祭は、最初からのものではなく、後世、なにかの機会に小一郎祭と結合したものと考えられる。準備が整うと、両方の組とも家族ともども小一郎神の小祠の置かれてある祭場に集まる。このとき座元で、供物として、清酒一升、各戸から二合半ずつ集めた小麦（これは神主へのお礼となる）、オゴク一升（座元の負担、飯鉢に入れる）を持参して、神前に供える。

神官による神事がすむと、その場で、持ってきたお鉢のなかのオゴクを、箸でひとすくいずつ氏子に配る。氏子は掌で受けたり、里芋の葉に受けたりしたが、このごろでは手塩皿を持参し、その中へ入れてもらうようになった。こうして祭がすむと、一同は再び座元の家に集まって、直会の祝宴を張る。このとき必ず出す御馳走が、御飯でなくて饂飩ときまっているので、この夏祭はまた、別名をうどん祭ともいわれる。

冬祭

小一郎祭の本領は、夏祭よりむしろ冬祭にある。冬祭の特徴は、夏祭のうどんに対して甘酒を出すところにあるので、別名をまた甘酒祭ともよぶ。祭日は旧暦十月三一日と定まっている。祭礼の次第はほぼ夏祭に準ずるが、若干の差異がみられる。すなわち、(1)

写真13　小一郎様の甘酒祭　（大分県国東町）
収穫した米から甘酒をつくり、組中集っていただく。子どもにとって楽しい行事となっている。

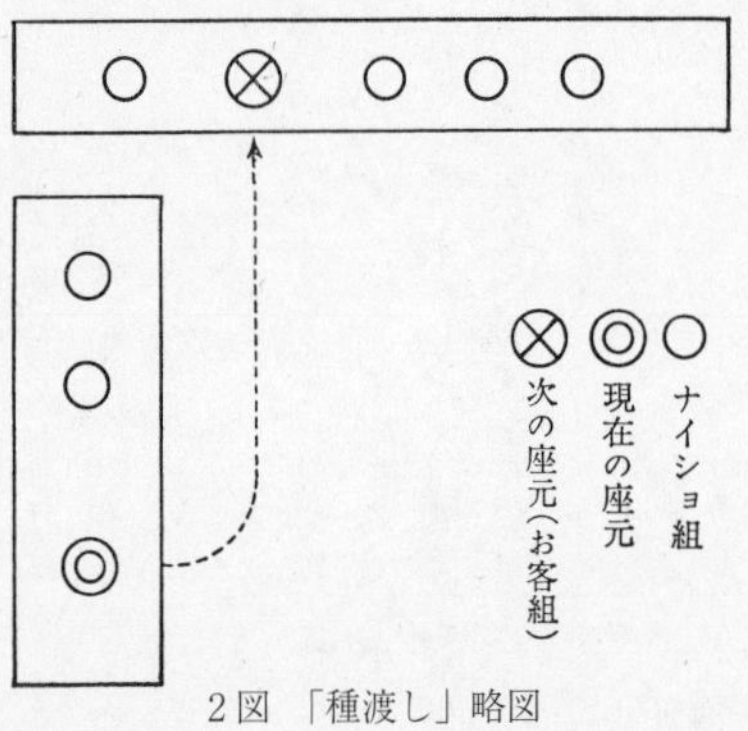

2図　「種渡し」略図

「小一郎様のミキン（御衣）を変える」といって、神官が白紙でミキンをつくり、それを御神体に着せるわけである。毎年繰り返すので、次々と重ねられて、着膨れている。（2）神酒は甘酒一升である。また供米は夏の小麦に変って、膳田で穫れた籾二合半ずつが供えられる。これが神官のお礼となるのは夏祭と同様である。（3）直会は二段にわかれ、最初の本座では各戸の主人のみが列席し、神酒と甘酒に御飯の御馳走が出る。つぎに家族の座が開かれる。このときは、主人を除いた家族全員が集まる。アチャラ一つがつくのみで、もっぱら甘酒を飲むわけであるが、これが子どもたちの楽しみの源であり、またにぎやかな集会であった。最後に、（4）お座元を譲り渡す「種渡し」の行事が展開される（口絵参照）。これをもって一切の祭事は幕を閉じる。

以上の祭礼次第のなかでとくに注目すべきは、甘酒の醸造にあたっての物忌と、お座元を譲るときの「種渡し」の式法であろう。まず甘酒は、膳田で穫れた白米七升に麴一升をまぜて醸すのである。祭日の三、四日前に座元の触（ふれ）によって、ナイショ組の男衆が集まってくる。ハンギリ（盥（たらい））に麴と御飯を入れてレンギ（擂木（すりこぎ））で搗き、搗いたものはハンド（瓶）の中へ入れて、つくりこむ。こうして搗き終ったあとで、トウジ（杜氏）をきめる。杜氏は、ナイショ組のうちで赤火・黒火の忌みがかりのない、火のきれいな者から選ばれる。いったん杜氏に定められた者は、爾来別火の生活にはいり、精進潔斎に気をつける。そして毎日座元におかれたハンドの甘酒をかきまぜに通う。祭の前日を「小口明け（こぐちあ）」といい、やや堅くでき上がった甘酒を少々とり出してきて出来ぐあいを試す。こうして祭日を迎えるのである。

つぎに「種渡し」というのは、座元を譲り渡すための儀式である。甘酒祭が滞りなく完了すると、その晩、ナイショ組の主人が座元に集まって、祭費の勘定など、いっさいの清算をすます。そうして、座元渡しの式にはいる。まず長膳を2図のごとく配置し、「膳ごしらえ」をする。今年度はお客組であるが、来年度は逆にナイショ組となる班から、次の座元一名がこの席に連なって、食事がはじまる。その途中、種籾三升ほどを藁スボに入れた種俵が持ち出され、座元から次年度の座元へと渡される。次年度の座元は、これを受けとって、床の間に供え、同時に一合入りの盃を同様に当年の座元からうけ、なみなみ注いだ神酒を、ナイショ組全員監視のなかで飲み干してしまう。そしてその盃を組内に廻して、種渡しの式は終了する。

この種俵は、翌年のノウトコ（苗代づくり）の時期まで貯蔵しておき、膳田に植える稲の苗に仕立てるわけであるが、以前は膳田のノウトコ（苗床）にも田にも注連縄を張り、神田たることを標示したという。

このように見てくると、富来地区に展開する小一郎の甘酒祭は、一般にこの地方に広く見られる部落祭祀の様式ときわめて類似する。頭屋渡しの「種渡し」といい、また夏冬に行なわれる「うどん祭」「甘酒祭」といい、ほかの神社の祭礼や年の神祭・先祖祭・荒神（こうじん）

祭・屋敷祭などの民間祭祀におけるそれとまったく同じ系列の中に含まれてしまう。それならば、小一郎神信仰独自の特色はみられないのであろうか。大いに懸念されるところである。

総じて小一郎神のよく祟る神であることはしばしば言及した。はっきりした石祠や神殿を有するものと、そうした一切の痕跡を残さない零落した型とあるけれども、ともに住民に祟って禍をもたらすという恐怖の念は、今日でも強く意識されている。後者のごとく衰頽して祭祀儀礼のまったく消滅してしまった場合でも、あるいは小一郎森・小一郎藪と称されてのこっているところがある。しかもそこは不入の聖地として、今でも村人の信仰生活の内面に深く喰い入っている。そういう小一郎神の信仰が、比較的はっきりした形でのこされているところでは、屋敷神的性格と先祖神ないし氏神（同族神）としての性格が強く出ている。

半島の西に位置する西国東郡の香々地町夷では、さかんに先祖祭が行なわれているけれども、その先祖神として、妙見・山の神・木の神などの神々と並んで、小一郎神を祀っているところがある。安岐町大字塩屋字白石の小一郎様は、津山家の先祖様だといい伝えられているし、同じ大字恒清字中谷の友広則利氏がまつる小一郎様もまた、友広イットウの先祖神だと信じられている。真玉町大畑には采原イットウの小一郎様がまつられている。この石祠の扉には「奉㆓寄進㆒　貞享四年卯十一月吉日」と刻まれ、燈籠にも「正徳貳壬申

年十一月吉日　奉㆓寄進㆒　大畠村　采原新兵衛　采原七左衛門」と刻印され、その成立年代の古さがしのばれる。ところが、この采原イットウの祖先は采原小一郎正徳という人で大友時代にこの地を占拠して現在におよんでいる。つまり、先祖の小一郎を祀ったから小一郎様とよんでいるのだというわけである。また杵築（きつき）市年田（としだ）でも川野イットウ六戸でまつっている小一郎様がある。オモヤ（本家）の屋敷の背後に位置する小一郎藪のなかに石祠が建っている。その献燈に「奉㆓寄進㆒　中山運平家内　川野嘉門之進　戌二月吉日」と銘が刻まれている。これがどういう事情で何時建立されたのかは一切不明である。その祭日は旧暦一一月二四日と定められ、当日は「小一郎宮」と墨書した幟を立てて祀る。神田があって、そこからの収穫で祭礼費を負担する。お座前はイットウ六戸が廻り番でつとめる。ところで、この川野家には系図があり、それに「拾四代嘉助、父ハ五郎兵衛、貞治元年相続、年田村名主相勤、応永十年十一月十三日卒、前代ヨリ住居城、殿畑城跡号名付也。先祖ヲ小藪小一郎ト小社ヲ建祭。十一月廿四日祭リ日ト相定也」とある。この系図が偽書であることは明らかであるが、現在でもこの小一郎様は川野イットウの先祖であると信じ、その祭をかかさずにおこなっている。

　このように、イットウの先祖を具体的に小一郎某であると、あたかも実在人物であるかのごとく考えている例は、ほかにも多い(19)。しかしこれは、イットウの先祖を史実の上に求め、ことさらに実在性をたかめようと意図し捏造した後世の仮託である。われわれは、その事実を詮索する必要はないのであって、そういう考え方のなかに、村人たちが先祖神をまつろうとした信仰上の真実を汲みとればよいのである。

このように、家族や屋敷を守護するために、神威をもとめた村人たちは、まず第一に日本列島に広く見られる屋敷神・地神と同じ性質の神々を、屋敷や住家の近くに、その守護神として勧請した。小一郎神が屋敷神として祀られている例がかなり多いことも、それを示している。いっぱんに地神・屋敷神がそうであるように、小一郎神もまた、これを祀っている家の発展変遷につれて、その神格を変えてしまう。だから次の段階では、同族の形成・進展につれて、それはイットウつまり同族の守護に任ずる同族神となり、同時に先祖神としてまつられるようにもなる。あるいは、強力な族長に指導されながら、未開拓の地域を開創して、そこに勢力を扶植したというような歴史をもつ領主や豪族などは、はじめから祖先神を定立して、それを同族結合の精神的徴表としていたかも知れない。そういう例も少なくないのである。あるいは開創の祖を先祖神として祀った場合も多い。とにかく小一郎神の成立と発展の過程には、このようにいくつもの段階がその中に介在したと見られるのである。ただ、この神をなぜ小一郎とよぶようになったかは、いまだ明らかにすることはできない。天台の盲僧や修験者がこの祭に関与した例のみられることから、かれらが創作したようにも思われる。[20]はなはだ残念ではあるが、決定しうる資料は何も見つかっていないのである。

二　物忌みと潔斎

国東半島に広く分布する神社について、その祭儀を丹念にしらべてみると、いろいろの点で際立った特色をもつことに気づく。たとえば、祭礼にあたって、神楽を奉納するところとしないところ、弓射を催す神社とそうでない神社とある。また、同じ神楽にしてもいわゆる岩戸神楽が多いのであるけれども、その次第や式法に若干の違いがみとめられる。弓射についても、これを流鏑馬（やぶさめ）とよぶ所もあるが、また歩射（ぶしゃ）といい、百手祭（ももてまつり）・弓祈禱ともいう。あるいは、国見（くにみ）町古江（ふるえ）の岩倉八幡社のようにケベス（ケビス）祭といわれる奇想天外の特殊神事を行なうところなどもある。しかしながら、これらのなかでも特に氏子の神社崇敬を中心に考察するとき、大きくクローズアップされてくるのが人びとの潔斎観念と、それに伴う斎忌習俗であろう。

1　ケベス祭の潔斎

東国東郡国見町古江に鎮座する櫛来（くしき）神社は、古くから岩倉八幡社とよばれ、近郷に名の聞えた霊社である。その大祭は旧九月一四、一五の両日に行なわれる。あるいは九月祭ともいわれるが、一般にはケベス祭とよばれ、奇祭の一つに数えられている。約二四〇戸の氏子を一二組にわけ（組はだいたい地域ごとに固まっている）、各組は一年ごとに祭礼の当番を引きうけるから、組トウバは、一二年に一巡するという仕組になっている。

トウバモト（当番元）にあたった組では、取締にあたる大世話人（神事奉行）のほかに御供係としてのオカヨ、ケベス祭の主役であるケベスドン、これを加勢する若者などの神

写真14　百年祭の弓・矢・的
（大分県国東半島）

部落の厄除けを目的とし、選ばれた若者が精進潔斎ののち鎮守社の境内で弓射を行なう。弓祈禱とも、御祈禱ともいう。

事役が、籤できめられる。ただし、ケベスドンに加勢して、火をハネル若者には、六歳以上に達した少年と若者組に加入しているすべての男子が参加する。いうまでもなく一切の穢れを避けるために、婦女子はすべてこの祭に関与しないことになっている。また神事役にあたるものは、黒火・赤火などの忌みがかりの家を避けるよう配慮されることはいうまでもない。一旦神事役が決定しても、のちにそういう事情が起こった場合は、該当者は即刻神事役からはずされ、新たに別のものが選ばれることになっている。

祭は、表面に現われたところでは、九月一四日のヨドケベスといわれる宵祭からはじまるが、実際はそれより一週間前の七日からすでに開始されている。すなわち、神事役にあたった者が、七日から潔斎にはいるわけである。ケベスドンとオカヨはもちろんのこと、加勢の若者が、この晩から、毎晩、浜に出て「潮掻き」つまり潮垢離をとる行に入るのである。こうして七日間を過ぎた一四日の晩になると、とくに念入りに潔斎した彼らは、すべて新調した白木綿の浄衣(白ムクという)を身に着け、頭には晒木綿の鉢巻をしめ(「烏帽子冠り」という)、そして注連縄に御幣のついた襷を掛ける。そうして心身を清浄にきよめてからはじめて神事に奉仕することになる。神祭の行なわれる祭の当日は、もちろんであるが、その七日前からの潔斎期間にも、「火をまぜん(火をまじえない)」といって、自家での別火生活に終始する。つまり忌籠りの精進生活を送るわけである。神饌米や氏子中に護符として配る「お沓形」「お縄餅」、また御神酒としての甘酒、御供などを準備するの

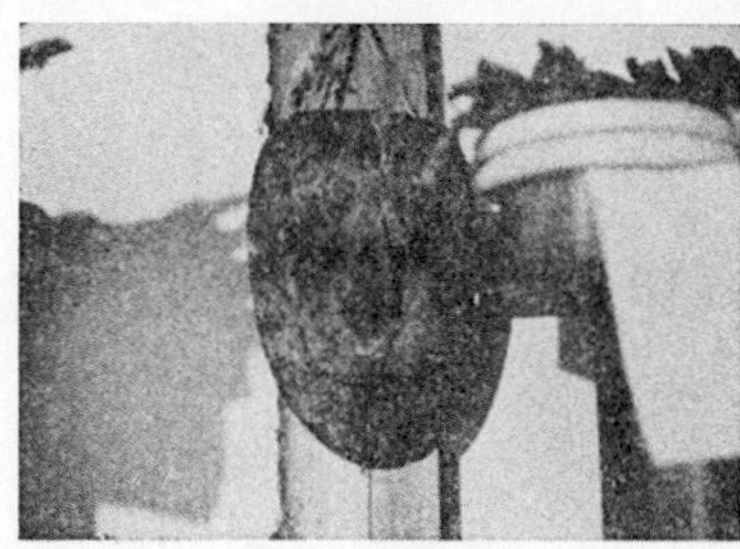

写真15　ケベスの面（大分県櫛来神社）

旧暦9月15日氏神様の祭礼で、写真のごとき面を冠ったケベスが、山高く積まれた燃えるシダの火のなかに突っこむ。

写真16　潮かき（大分県国見町）

氏神の例祭に神事役を引きうけた村人が海水に浴し身を清める。

は、オカヨとよばれる神役である。このオカヨの責任はまことに重大である。したがって、その潔斎もまた神事役のうちで最も厳粛であり厳格である。そういう料理調進の場は御供所といわれているが、その地区には注連縄が張られ、神役以外の者は誰も入ることができない。そこには昔からこの祭のみに用いる特別の井戸があって、ふだんの使用は厳禁されている。炊飯の火も燧石で発火したものを移すようにする。餅を搗いたり御供を炊いたりする者は、みな白衣に身を固め口にカミシバをくわえているので、口を開いて他人と話をすることもできない。すべての行事が無言のまま厳粛に進められて行く。

とにかくいまどき、このように潔斎をやかましく言っているところは、全国でも珍らしいが、さらに神饌米・御供などの稲を栽培する場合にも厳粛な物忌が要請されていた。この神社には一町二反ほどの田、一反七畝くらいの畑、それに五反ほどの山林が付属していた。これらは、トウバにあたった者が管理し耕作することになっていた。なかでも、ケベス田とよばれる御供田の耕作がとくに厳重であった[21]。下肥を使わない、注連縄を張って神田たることを標示する、婦女子は入ってはならない、などの禁忌が強く要請されていたのである。

こういう例を求めて行くと、程度の差はあるけれども、ほかにもいくつか見出すことができる。まず祭礼の開始前にあたって潮掻などの潔斎を重くみる例は、海浜の村でなくとも見られる。安岐町油留木の山神社は、一二月一三日が冬祭のヨド（宵祭）である。御座元にあたった組の、ヤモウド（山人か？）とよばれる若者二人がもっぱら祭礼の準備にとりかかる。なかでも大事なのが「御供ごしらえ」である。この二人のヤモウドは、翌一四日の未明に起き、真裸になって油留木川へ飛び込んで、潮垢離をとる。そうして裸のまま家に帰り、風呂にはいってから、浄衣を着て御供を炊く。また餅を搗くのである。その間中一言も発せず、ひたすら沈黙を守ることは前者の例と同じである。忌みを避け厳重な潔斎に身を持するのが、この地方古来からの風であった。

2　田原荘八幡社の物忌み

西国東郡大田村大字永松に鎮座する若宮八幡社は、かつて田原荘八幡ともよばれ、荘園時代からの霊社として、その名が近在に知れわたっていた。今でも氏子の座制が厳然と定まっていて、一七軒の定まった家のみが祭礼の座元を勤める。[22]たとえ新しく分家して一家を構えても、ただちに一つの屋敷（村株）を得ることはできず、したがって、座元役を担うことも許されなかった。一七軒のいずれかに付属して座元に加勢するというにすぎなかった。彼らが、寄子とよばれているのを見ても、宮座における隷属的な地位を偲ぶことができよう。大きな権限をもっていた座元には、いろいろの座元役がつけられているけれども、その中で最も重大なのは、いうまでもなく旧暦九月に行なわれる秋祭の神事負担であ

写真17　田原荘若宮八幡（大田村永松）

る。

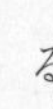

オハケ立て

この祭祀儀礼はまことに複雑で、その期間も一三日のオハケタテから始まって二一日のイタジキバライ（板敷払い、つまり直会のこと）にいたるまで、九日間にわたり、息つく暇もなく、次々と行事がとり行なわれるのである。[23] とくに潔斎の面に焦点を合わせて眺めてみると、まず一三日の「オハケ立て」である。このオハケは、侍官（じがん）の家、つまり座元と神社の境内にある馬場の二カ所に立てる。竹二本を門口の両側に立て、その間に注連縄を張るのであるが、竹は座元が山中から伐ってくる。また注連縄の藁は、当年、御供田から刈りとった新しい稲藁を用いなければならない規定である。この「オハケ立て」にさき立って、未明に起きた当年の神役全員（祝元一人、宮役三人）が、桂川の上流、成瀬川に入り、水垢離をとる。これが済んでから、清浄な身となって、オハケ立ての作業にとりかかる。終って座元の家で朝飯を食べる。これを「オハケ立てのお座」とよんでいる。

潮かき

翌一四日が潮掻である。祝元となる座元と宮役三人が、遠く、西の場合は豊後高田市、東の場合は杵築市の海浜まで歩いていって、オキシオ（沖潮）を浴びてくる。時には寄子の随いて行くこともあるが、潮掻をすることはない。潮筒とよばれる竹製の筒をもって扈従する人夫役である。この潮は座元の家や境内を浄めるためのもので、この行事を潮汲とよんで重視している。つづいて一六日にはウチヤク（内役か。祝元・宮役・庄屋・弁指をあわせた称。神主を正座にすえて着座するなかに「お籤とり」がなされ、次年度の座元が定められる）の座が設けられ、籤によって次年度の座元が決定すると、トウゴウワタシ（「登供渡し」だと俚人はいう）・ミタネワタシがいとも厳かに執行される。(24) 一八日は、未明におきた宮役と神官が、成瀬川で川ゴウリ（垢離）をとり、トウゴウアゲ（他の地方で「宮のぼせ」といわれる行事に同じ）にあたる。一九日が御供あげ、二〇日は祝元（座元）でオヒマチ（日待）をする。神事に奉仕したものは寄子ともども集まり、神主が神おろしをして、翌年の豊穣を祈念しつつ、夜を徹してオットメを行なう。終って夜食のオザ（お座）につく頃は、夜も明け初める。こうして翌二一日は夜明けとともに、オハケアゲの祝宴を開く。これはオハケタオシともいわれ、祝元と馬場との二カ所に立てたオハケを取り払い、そのあとで、板敷払いの宴会を行なう。こうして前後九日間にわたる祭は終りを告げるわけである。祭礼の一切の費用はすべて、神社づきの神田一反三畝ほどの収穫でまかなうのである。その神田耕作にあたって、多くの禁忌が伴っているが、これもまた前例と大同小異である。

氏神の祭礼にあたって、多くの忌籠りや潔斎の要請が強くなされているところはほかにも多い。西国東郡の町村に多く分布する身濯（みすすぎ）神社などでも、祭祀執行にさきだち、たいてい川垢離（かわごり）をとってミソギをする（身濯という神社名の生じた所以であろう）。またそれ以外にも、正月に行なわれる流鏑馬・歩射・百手祭に厳重な物忌に服する祭儀を保っている所がある。[25]あるいはまた、別当寺の仏教行事や六郷満山の山伏修法などと習合していることも多い。たとえば、満山の主要な寺々で今なお見られる修正鬼会（しゅじょうおにえ）の執行にあたって、松明を捧持するタイレシが、あらかじめ川または泉に身を投じて垢離をとり潔斎するなどがそれである。[26]こういう例を挙げて行ったら止まるところを知らないほど、その数は多い。

三　屋敷祭と荒神祓

1　外荒神と内荒神

国東半島では、どの家にいっても、屋敷の敷地のなかに荒神様とよばれる屋敷神をまつっている。ところが屋内の釜場・釜屋にもまた荒神様をまつっている。この両者を区別するために、ふつう前者を屋敷荒神、または外荒神とよび、後者をカマド荒神・釜屋荒神、または内荒神とよんでいる。外荒神が屋敷の守護に任じていることはいうまでもないが、内荒神は主としてカマド・釜屋を守護して火災を防ごうとの意図をもっている。つまり火伏せ神としての性格が強くにじみ出ている。そのため前者は金神信仰と混淆し、後者は三宝荒神の信仰と著しく習合している。荒神様の供養まつりには、次の三つの様式がみられる。すなわち

（1）内荒神と外荒神を全く同一の期日に同様な様式でまつっている所。

（2）別個に催している所。

（3）外荒神を主体とし、内荒神の場合は、ほかの水神などとともに外荒神をまつるときに、ついでにすましてしまうという所。
しかしどちらかというと、東日本に内荒神が多いのに対し西日本では屋敷荒神（3）の場合が圧倒的に多い。したがって、屋敷祭といい荒神祭というも、その主眼は、屋敷荒神の供養におかれている。内荒神は、むしろたんなる付属的意味をもつに過ぎないものが多

写真18　屋敷荒神
外荒神ともいう。荒々しい神で、祭日以外は手を触れたり、なかに入ってはならない、など厳しい禁忌をもっている。

い。釜屋荒神・内荒神が、とくに強く表面に出てくるのは、家を新築または改築して、新しくクド（竈）を築いたりまたは改装した場合である。このときは、とくに神官を招いたり、天台の盲僧をよんで、念入りな祈禱をしてもらう。これはしかし、日本列島の他の地域でも広く行なわれていることで、決してこの地方独自な方式ではない。やはりその特色は、屋敷祭・外荒神祭に見られるようである。

2 祭祀の展開

豊後高田市大字嶺崎（みねざき）字原部落は、七家・原・西ガ平・大平・弓切の五組からなっている。その地域に散在する渡辺姓一五戸は、一つのイットウと称する同族団を形成して、盛大な先祖祭を催している。[27] ところがそれとは別に、七家と原とが一組、西ガ平・大平・弓切とが一組で、二つの講組をつくっている。この講組がそれぞれの単位となって屋敷祭を行なっている。先祖祭が同族の結合を基盤に成立しているのに対し、屋敷祭では、あくまで地縁関係を結合の紐帯としていることが明らかである。七家と原の講組は全体二二戸からなっている。そこの屋敷祭は旧暦一二月二〇日に行なわれる。祭の世話はいっさい座元が引き受けるが、座元役は一年任期の交代制をとっている。その順番は籤引で決定し、それによって面付（めんつけ）がなされる。これを座元籤とよんでいる。

祭の当日、神官または法印が座元の家に来て、祭典の準備にとりかかる。まず各戸の屋敷荒神に供える御幣をその数だけ切る。つぎに白紙でミキンガエ（御衣換え）に使う御衣をつくる。毎年この屋敷祭のときに一枚つくり、神体である石祠のなかの石に着せてやるのである。年ごとに上へ上へと重ねるので、数年経つと着ぶくれとなり、収容し切れなくなる。すると、氏神へ持って行って納めてくるか、あるいは各家で焼き捨ててしまう。そのほかに各戸のオカマサマ・水神様、また個人が特別に勧請してある神々にも御幣を供えるので、その分も製作しなければならない。その数は家ごとにきまっているので、座元で面付した帳簿に個々に記入されている。それにしたがって、神主は数を整えておくわけである。そのほかに、屋敷の外荒神をまつるものとして、注連縄がある。これは家ごとに、当年穫れた新藁でつくっておく。さて準備が整うと、座元の案内で、神主が各家を廻ってお祓をする。その順番は面付の順序にしたがう。屋敷荒神の石祠の前に、七島藺(しっとうい)の茣蓙(ござ)を敷き、ミキンを換え、注連縄を張り、御幣を祠前に立てかける。オクマ（御供米）一升を膳の上に載せて神前に供えるが、これは神主の得分（報酬）となる。こうしておいて、神前でノット（祝詞）をあげる。順々に各戸の屋敷神を祭って一巡すると、座元で「お座」が開かれる。正座に神主が席をとり、あとは年長順に左右に分れて着座する（席順は面付の順序ではない）。一二戸を各戸ごとに巡回していると、どんなに簡略にしても夕暮までかかるので、お座は夕飯となる。各戸より米三合ずつ出し合い、ほかに神酒・吸物・煮しめ・酢合・煮豆などの御馳走があるけれども、その費用はすべてワリダシ（平等割のこと、マンパチに同じ）にする。お座が終ったあとで、座元籤を抽く必要のあるときは、籤を引いて、次年度以降の面付をしてから解散する。

だいたい、祭の様子は上述のごとくであるが、ところによって若干の異同がある。まず祭日は各一回のみのところが多いけれども、夏冬二回行なうところもある。その場合の夏

写真19　荒神祭（大分県国東町）
神主を頼むこともあるが、天台宗の寺僧を招くこともある。イットウ（同族）がこぞって参加する。

祭は旧暦六月となっている。

香々地町夷では、各ドイ（土居）ごとに荒神まつり・屋敷まつりが盛んに行なわれている。いずれも廻り順番で、他村でみられる座元役のことをとくに施主とよんでいるのは、仏教信仰の影響が少なくなかったためであろう。冬は御飯、夏はうどんで宴会を催す。御幣を立てることは豊後高田市の旧田染地区で眺めた例と同じであるが、屋敷荒神のほかに水神・稲荷様・小一郎様・金毘羅様など、屋敷内に勧請した諸々の神々に供えるので、その数はほかにくらべてはるかに多い。たとえば板井和一郎氏方では、屋敷荒神のほかに、クドの神様・亀石様・天王大神様・宮地嶽様・水神様、さらに板碑やグリン（五輪塔）まで合わせて八本もつくらねばならない。ただし、幣の大きさは屋敷荒神のがもっとも大きく、ほかはなべて小さくなっている。いうまでもなく荒神祭に便乗して他のものが加わってきたことは、この一事をもってしても明らかであろう。

西国東郡真玉町では、春秋の二季に荒神祈禱がなされている。海岸沿いの部落では、春は旧二月中、秋は旧九月中に行なわれるが、春は米初穂、秋は小麦でつくったうどんでまつることになっているという。ホシャドン（神主）が部落中の荒神持の家を巡回して祈禱して行く。ホシャには、米初穂・麦初穂をいずれも一升ないし五合くらいを礼として差し上げる。ここでは荒神様を持たない家があるので、部落全体が座元をきめてお座を開くということはない。まったく個人の自由意思によって行なわれるに過ぎなくなっている。

同じ真玉町でも山奥の小河内・上黒土などの部落になると、荒神祭の様式が、東国東郡下に見られる方式と似てくる。まず祭日は旧六、一〇月の一四、一五日となっていて、六月には麦初穂、一〇月には米初穂を捧げる。この小河内部落では講組が二組あり、上の東組は古くはカサデイ（上土居）、下の西組はシモデイ（下土居）とよばれていた。この二つの組はそれぞれ小講組をつくり、葬式のときの無常講の役割を果す。ところが大規模な葬式などになると、二組を合わせた大講組が中心となって諸事万端をつとめることになる。部落はこの小講組と大講組と二重の構成をなしていて、それらを統轄するのがベザシ（弁指）、さらには庄屋である。ところで、ここの荒神祭には氏子全体が鎮守のお宮（氏神、山神社）に集まり、そこでホシャドンがつくって祈禱してくれた御幣をもらって家に帰り、各人の屋敷荒神にその御幣を供えるのである。終ってから小講組ごとにオヒマチ（お日待）をして解散することになっている。しかし以前は、東国東郡で見られた場合のように、ホシャドンが各家を巡回して、いちいち祝詞をあげ、御幣を立ててお祓をした。順番に座元がきめられていて、そこでお座を開いたこともあったけれども、近年そういう行事は、まったく中絶してしまった。この真玉川の流域をとってみても、上流から下流にかけて、少なくとも上述のように三段の変化が見られるわけである。この地方では、各所に荒神藪とか七荒神・荒神森などの地名がのこっていて、往時の屋敷荒神の痕跡をみとめることができる。また中国地方の脊梁山脈の腹背に分布している特色ある荒神信仰にも近い機能をあらわしている。両者に類似様式の多いことはとくに注意しなければならないであろう。[28]

釜屋荒神・内荒神のみを屋敷荒神と別個にまつるところもある。新しく釜屋を建てたり、あるいは竈を造って新たに火入れを行なう場合に、とくにお祓をしたり祈禱をしてもらうことは、ほかと異なるところはない。また、毎朝、オカマサマに潮水を汲んできて供え、燈明をあげ、柏手を打って礼拝するというところも多いが、これとて他と特別変った風を保つわけではない。あるいは真玉町小河内部落のように、風呂にはいるとき、オカマサマの方に向って手を合わせ、カマヤ荒神を拝むだけのところもあって、カマド荒神に対する村人の接しかたは、いろいろである。極端にいうと家ごとにそれぞれ礼拝のしかたが固定しているほど千差万別である。屋敷荒神が部落とか講組をひとつの単位として行なわれ、およその統一がその間に見られるのとははなはだ対照的である。[29]

このようにカマド荒神の祭りかたが、地域的特色をもつことなく、むしろ個々の家ごとにいわば家風ともいわれるほどに千差万別に行なわれているのは、どういうわけであろうか。わたくしは、その理由として、荒神祓の影響を考えてみなければならないと思う。荒神祓というのは、国東半島一帯では、天台の盲僧「座頭どん」によって導かれた、釜屋荒神の祈禱である。[30] いったいにこの地域では、早くから天台の盲僧の活躍がみられた。この地方の盲僧は、いっぱんに「座頭どん」とよばれ、それぞれに檀家株をもっている。毎年この檀家を廻って祈禱をする。正月の松配り、年四回にわたる土用行(どようぎょう)、さらに荒神祓、御(ご)

神入れ、犬神・トウベエ・狐つき・ガワタロウ（河童）などの憑物落しの祈禱など、かなり多忙な一年を送っている。

3 荒神祓

荒神祓というのは、いうまでもなくカマド荒神の供養、火伏せの祈禱をすることである。

写真20　荒神祓の盲僧

杵築市年田などでは、土用経に廻ってくる座頭どんに頼んで祓ってもらう。まず、床の間で蠟燭をともし、線香をたき、琵琶に合わせてお経を誦み上げる。それからお釜様の方を向いて礼拝をする。西国東郡大田村永松でも、ほとんど同様な方法でおこなわれるが、正月のお初穂廻りの際に、同時に荒神祓をしてもらうことがあったという。速見郡日出町豊岡では、荒神祓に廻ってきた座頭を泊めておいて、その晩、もろもろの占いをしてもらった。新しく井戸を掘る場所の選定、嫁・婿の方角やその決定、あるいは、生口・死口をよび出す巫女の役割までも兼ね行なっていたといわれる。このように本来は天台の盲僧として天台密教の普及と荒神祓のごとき加持祈禱に専念していたものが、村人のもろもろの要望を容れて、あるいは卜占をおこなったりして、しだいに余業に手を出すようになってきた。それが民間の諸信仰に大きな影響を与えたわけである。(31) しかもかれら盲僧は、国家の権力組織の上にのっかって、上から村人たちを摑もうとしたのではない。ひろく民間を巡歴し、直接個々の家へ入り込んで、そこに信仰を植えつけて行ったのである。それが荒神祓の祭祀方式に家ごとの個性を強くおし出す結果となったのである。だから、荒神祓には、著しく仏教の影響があらわれている。これに対して、荒神祭・屋敷祭には、仏教との接触が全く見られなかったといい切るわけにはいかないが、民族在来の古風な祭りかたが、いっそう強くのこされているということはできよう。

Ⅲ

村落寺院の信仰的機能——仏教と民間信仰——

序　民間の神仏関係

神仏習合に関する従来の研究には、次の二つの視点からの追求がないがしろにされてきたように思われる。すなわち一つは、単に教義史・教理史の面から追跡するのみにとどまり、それを国民全体の宗教信仰生活の歴史のうえに実態的に位置づけることを怠たった。そしてもう一つは、神仏習合が少なくとも維新の神仏分離・廃仏毀釈の段階まで、継続的に推移した現象であるという事実を忘れ、その意義を習合思想の成立発展期とくに本地垂迹説の段階にとどめてしまったことである。こうした狭い見解では、この問題を正しく把握しえないことは当然である。

しかしながら、歴史の長い時代にわたって現象し、かつ国民の各層に滲透した習合の実態を、新視点から把えるということは、口で言うほど簡単ではない。方法論的に幾多の難関を予想しなくてはならない。外来宗教としての仏教信仰はいちおう措くとしても、神道信仰とは何かと問われたときに、その本質を適確に衝く解答は容易に出されそうもない。神道もちろん教派神道ではない。古神道といっても、その多くは古典によって表現された教説であって、かならずしも古代人の信仰生活を如実に示すものかどうか甚だ疑問である。

そうした場合に、一つの手がかりとなるのは、地域社会に重出する現象をもって祖型を想定する民俗学的方法である。この祖型をもってただちに古代の様態と断定する早計は厳につつしまねばならないけれど、そういう予想のもとに仮説を立てて実検してみることは、かならずしも無意味でない。

そこで、神仏習合現象の実態的内容を究めるために、文献的に限界のある領域を、民俗学的方法によって処理してみたいと思う。日本民族在来の信仰を神道という語で一括することは、妥当でない。むしろ民族在来の信仰習俗と称すべきではなかろうか。たとえばこんにちの地域社会の信仰的核心を形成する氏神に対する崇敬、氏神をめぐる祭祀儀礼のなかに、われわれは最も具体的な神道の姿態をみることができる。あるいは死者埋葬の民俗的儀礼のなかに、もっとも典型的な民族信仰を見出すことができよう。あるいはまた、死者に対する常民の供養習俗のなかに、民族的祖霊信仰の祖型を想定することは、決して無意味なしごとではなかろう。

そこで、わたくしは、外来宗教としての仏教が地域社会へはいってくるとき、決して教義とか教理として住民に接触するのではなく、宗教行事、信仰儀礼として具体的な生活実態に触れてくる事実にかんがみ、そういう仏教信仰の導入によって、在来の信仰習俗がこれをどのように受けとめたか、あるいは相互にどのような影響を示し合ったか、そういう点からこの問題を検討してみたいと考える。

一　村落における寺院の機能

まず仏教寺院が村落社会においていて具体的にどのような機能を果たしているか。その一例を瀬戸内海の東部海上に横たわる淡路島について検証してみたい。

1　仏教寺院の分布

本島における仏教諸宗派の寺院分布を瞥見すると、5表のごとくである。(1) すなわち圧倒的に多いのが真言宗で全島寺院総数二〇〇ヵ寺のうち一四一ヵ寺を占め、これは全体の七一%にあたる。(2) これにつづいては日蓮上人開創の日蓮宗を指摘することができるけれども、その数はわずかに二七ヵ寺で、はるかに劣り、全体の約一四%にすぎない。また浄土教系では、浄土宗と浄土真宗との二宗を合わせても、ようやく日蓮宗の法華寺院と同じ数に達するにすぎない。比較的に真宗門徒の多い兵庫県下としては珍らしい現象であろう。けれども、もっとも注意しなくてはならないのは、全国的にみて、中世以降に開拓された比較的歴史の古い地方の村々に、広くかつ濃密に分布する傾向をもつ曹洞宗寺院が、この淡路島において、臨済宗・黄檗宗と並んでわずかに一ヵ寺しか数えることができないという点である。

いうならば、まさしく真言宗地帯である。このことは、さらにその分布地域を微細に検討することによっていっそう明らかとなってくる（3図参照）。まず第一に、真言宗寺院は、各町村にほとんど万遍なく配置されている。また各村落にはいっていくと、たいてい一ヵ寺か二ヵ寺の真言寺院を見出さないことはない。なかには津名郡五色町のごとく、町内に所在する一九ヵ寺の寺院が、すべて同宗の真言寺院であるという例も見られる(3)。かりに部落に寺院が建立されていなくとも、そのなかで真言宗の檀徒のいないところを発見するのは、非常に困難である。そして第二にいえることは、真言宗寺院はいずれも広い寺域をもち、伽藍の構えも他宗にくらべ比較的壮大で、古刹の風格をそなえている点であろう。ながい期間にわたって全島民の宗教的帰依をうけていたことが十分にうかがえるのである。

5表　淡路島宗派別寺院分布

宗派別＼地区分	洲本市	津名郡	三原郡	合　計
法相宗	1	0	0	1
律　宗	0	0	1	1
真言宗	28	68	45	141
浄土宗	3	0	12	15
真　宗	3	5	4	12
臨済宗	0	1	0	1
曹洞宗	1	0	0	1
日蓮宗	3	20	4	27
黄檗宗	0	0	1	1
合　計	39	94	67	200

二位以下の日蓮宗・浄土宗・真宗も、全島にわ

たっての分布をみせている（4図参照）。けれどもその密度は、前述の真言宗とはとうてい比較することができない。この三宗のなかでは、日蓮宗が頭角をあらわしている。ことに分布上の特徴のうえでみられる顕著な事象は、津名郡一宮町郡家および同郡東浦町釜口・仮屋を中心とした地域に密集し、そこが一つの日蓮宗地帯を形成していることである。これには、日蓮宗の布教伝道について特殊な歴史的事情が介在しているもようである。[4]

以上の二宗をのぞいた微々たる存在の浄土宗・真宗さらに禅宗の諸宗派などは、まったく偶然的因縁から寺院の建立がなされ、かつ布教がすすめられたもののごとくである。いろいろの例証をあげる煩は避けたいが、その若干を拾ってみると、たとえば島の最北端淡路町岩屋の真宗巌松山円徳寺は、本島の真宗寺院としては比較的古い歴史をもっている。けれども、祝融の災に遭ったりして草創の頃の事情を明示する文献を欠く。ただ俚人の伝承によると、いつの頃にか当地の庄屋であった関太郎太夫という人が、殺生を家業とするこの浦の漁夫の気風の荒々しさを是正しようとして、本土から真宗の僧侶を招いて道場を建てたことにはじまるという。また島の南西部西淡町阿那賀にある真宗永願寺についても、その創立の由緒は明らかでない。もし『味地草』巻三記載のごとく、勝田坊をもって現住の祖先とみるならば、あるいは天正一三年（一五八五）の創建と断定してもよい。[5]しかし、そのように判断する証拠は、かならずしも十分にそろっているとはいえない。当地には、古くから産土春日神社の別当寺として真言宗春日寺が鎮座し、はやくから君臨していたと

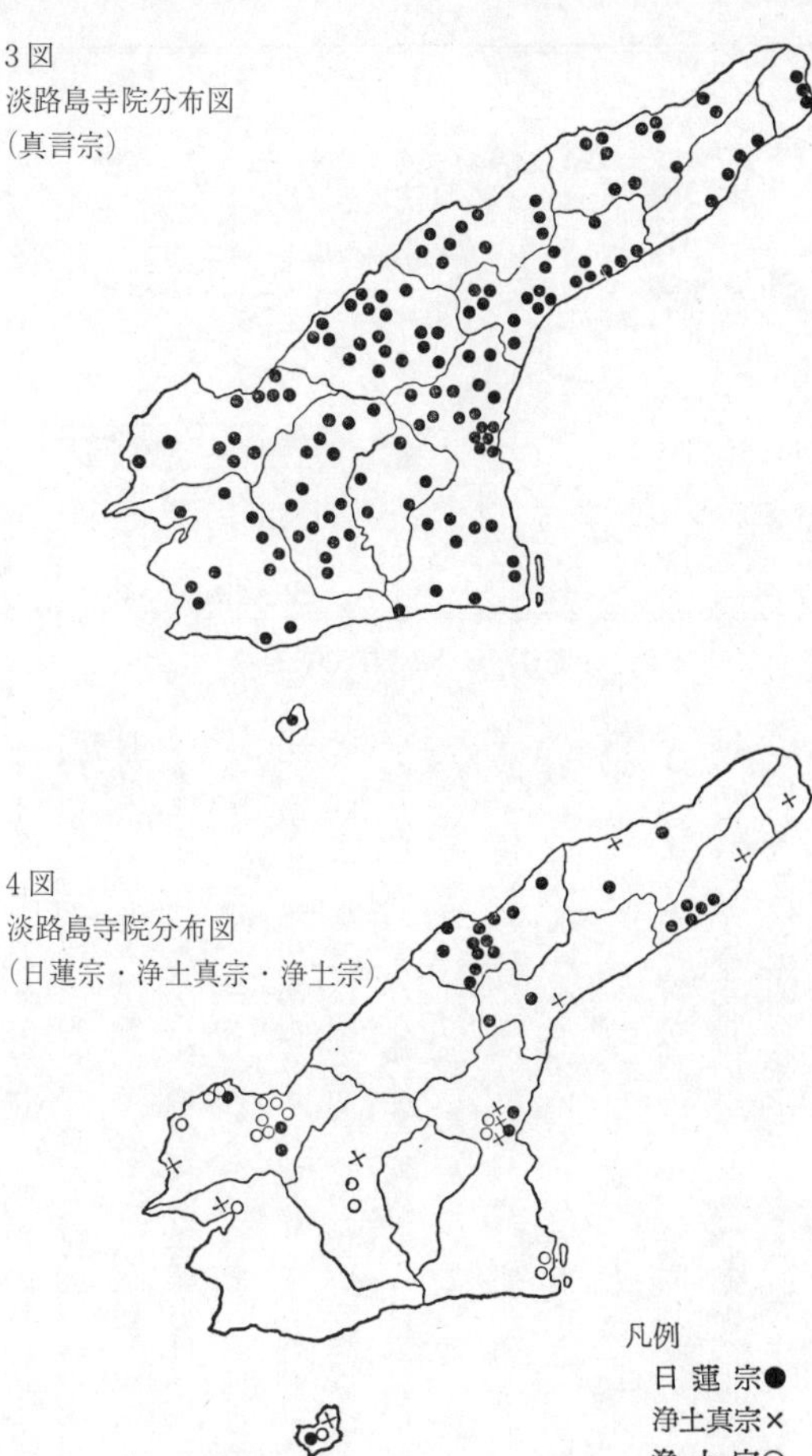

3図
淡路島寺院分布図
（真言宗）

4図
淡路島寺院分布図
（日蓮宗・浄土真宗・浄土宗）

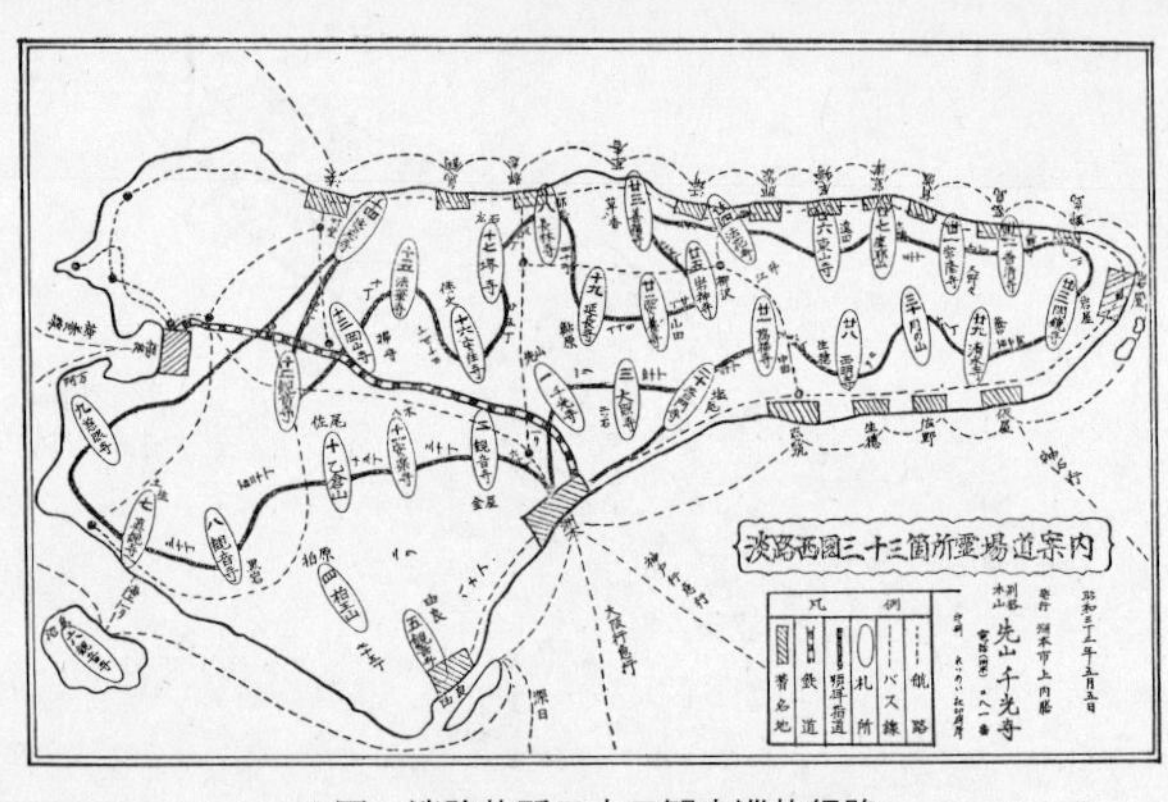

5図　淡路札所三十三観音巡礼経路

ころである。真宗寺院は、その勢力に圧倒されて、現在でも民家のたてこんだ村邑内の一隅に、目立たないたたずまいでひっそりと建っているにすぎない。だからその宗教的影響力はまことに小さいと断ぜざるをえない。おそらく近世の中期頃に、播州あたりから巡錫してきた勧進僧が、無住の草庵に住みこんで、念仏読経をつとめながら、わずかな門徒の帰依をうけるにいたったものと思われる[6]。したがってこの地に真宗寺院が建立された動機はきわめて偶然的なものといわなければならないであろう。こうした事情をもつ寺院は、他の禅宗などにもみられる。

　このような寺院勢力の大小、分布地域の広狭は、同時に、本島における仏教諸宗派の渡来伝道にいたる歴史的形勢をそのままに示すごとくである。すなわち、もっとも古くこの島に渡来し、島民の教化にあたった真言宗は、はやくから村々の氏神・産土神（その多くは八幡神社）の別当寺となった。[7]そしてその勢力は、神仏習合の機運につれてますます強まり、ながく歴史時代を生き抜いて栄えてきた。これにおくれて入った日蓮宗は、室町時代の京都に栄えた本門派の末流が多く、かなりの勢力を扶植するにいたった。[8]なかには、津名郡一宮町多賀に鎮座する淡路一宮、現在の伊弉諾神社の別当寺となった妙京寺のごとき名刹も存在する。かくして、本島の第二勢力を形成するまでに発展をとげたのである。

以上のごとき仏教諸宗派の布教と伝道によって、仏教信仰は非常ないきおいで地域社会のなかに浸透していった。あるいはそれに刺激されて民間に流行した淡路札所三十三観音巡礼、四十九薬師詣り、あるいは両者を合わせた八十八ヵ所巡礼などによって、いっそうの活況を呈するにいたった。本島が日本列島のなかでもことに寺院の分布が稠密で、また古跡旧蹟にとみ、碑塔堂庵の類がいたるところに散見できるのも、こうした歴史的事情のためであろう。[9]

けれども、そうした活況、仏教諸寺院が村落社会のなかで果たしてきた役割には、もはや昔日の面影はみとめられない。その衰退の傾向はいたるところで見聞しなければならなかった。この点仏教は、その当事者や関係者に対して一つの転機を迫っているかのごとき観を与えている。しかしながら、いっぽうその遺風が、いまもなお強く村人の生活のなかに刻みつけられていることは否定しえない。そして機会あるごとに表面に出てきて、もろもろの機能をあらわしている。そこで、仏教寺院が地域社会のなかでどのような機能や役割をはたしているかを検討するとともに、それによって醸成された仏教的信仰が、地域社会本来の在俗信仰と接触することによって、どのような変化を示したか。その変容事情を探究する努力も尽くしたいと思う。

2 寺院行事と檀家

真言宗寺院の寺中行事

別当寺と葬式寺

真言宗寺院が本島内に占める宗教的優位についてはすでに述べた。そしてその優位が、かかって歴史的にもっとも早く伝来布教された事情に原因しているという点にも触れた。いうまでもなくこれら真言宗寺院の古刹のなかには、古くから島内に創建された石清水八幡の別宮の別当寺として栄えたものが少なくない。しかもそうした神仏習合の時代には、八幡神社の神事にその別当寺の寺僧があまねく関与していた。いなむしろ別当寺やその寺僧によって神社の主導権がにぎられていた。その事情は現在の宮座や神社祭祀の組織・頭屋制についてもうかがうことができる(10)。したがってこれらの別当寺が檀家をもち、その要求に応じて埋葬の儀に参ずるようになったのは、近世もかなりの年数を経た中期ないし後期からではなかったかと思われる。すくなくとも江戸幕府の制定した寺請制度創始の段階には、別当寺が庶民の葬式に関与したと思われる証拠を見出すことは困難である。

しかしながら、同じ真言宗にあっても、神宮寺・別当寺のごとき由緒をもたない寺僧のあいだでは、庶民の葬式法要に比較的早くから参与した形跡をうかがうことができる。つまり、今日では広く真言宗という枠のなかに包括されているにもかかわらず、深くその沿革に思いを馳せるときに、上述のごとく明確に性格の異なった二つの系列の存在をみとめなくてはならない。そうした二系列の成立の事情を、町内全体を真言宗寺院で占めている津名郡五色(ごしき)町の例で眺めてみよう。

五色町の旧の鮎原村には(11)、1延長寺、2萱相寺、3薬王寺、4西泉寺、5竜雲寺、6地蔵寺、7西光寺の計七ヵ寺の高野山派真言宗寺院が現存する。このうち大字河上鎮座の延長寺は、他の六ヵ所に比べて寺構も壮大で、みるからに勢威をふるった往昔の面影をつたえていて、古刹たるの様相をうかがうことができる。他の六ヵ寺は、それぞれ南谷・塔下・下村・宇谷・栢野・小山田の六部落にあって、およそ七〇～一四〇戸の檀家をもちながら、葬式寺院の機能をはたしている。これに対して延長寺は、依然として高い格式をもち他の六ヵ寺の上に立ち本寺としての威厳を保ち、檀家の数も一四〇戸という最高数を保持している。しかしながら、このような延長寺と他の六ヵ寺との間に展開している現況は、けっして本来の姿を示すものではなかった。まず古刹延長寺は、当時の鎮守社河上天満宮の別当寺として古く栄え、その末坊として幾つかの子寺をかかえていたのであった。こんにち町内の各部落内に建つ寺々は、かつてはこの延長寺の末坊であって、以前は延長寺境内のなかに建てられていたものであった。だから村内の葬式や法要には、主としてこの末坊の住僧があたっていたのである。ところが、近世末の復古神道の主張などで神仏分離の運動がすすみ、習合体制が崩壊するにつれて、別当寺存立の根拠は大きく動揺した。そしてまた一方では新しく寺請制度の施行にともない、経済上の理由も手つだって、別当寺もまた檀家を保有することとなった。同時に末坊の寺僧もまた本寺のきはんを脱して各独立し、各部落へ転住して一寺を構えるにいたったのである[12]。

現存の真言寺院を、その成立当初の事情にさかのぼって眺めてみると、このように二つの類に分けることができる。けれども、それらの寺院が村落内の住民に対してはたしている機能に眼を向けると、さほどの差異を見出すことはできない。ほぼ大同小異であるといってよいのである。以下こころみに若干の寺院について検討してみよう。

寺中行事

三原郡三原町社家(しやけ)の真言宗南隆山覚住寺は、いうまでもなく霊社上田(こうだ)八幡宮の別当寺として近在に知られた名刹である。その檀家区域はだいたい旧上田村一円に及び、ほぼ上田八幡宮の氏子圏と合致する。若干の差異のみとめられるのは、近来生じた偶発的な特殊事情によって変更を余儀なくされたためである⒀。この別当寺も、かつては、おのおの五ヵ寺の寺院と末寺をもち、かつ末寺にはさらに二〜五ヵ寺の小寺が付属していた。すなわち近世後期の成立と思われる当寺所有の『寺院明細書上』によると左のごとく記されている。

聖徳太子創建伽藍之分

一、覚住寺 本堂太子七世所持之如意輪観音、為本尊

一、護摩堂 不動　一、金泉寺　一、五重之塔

一、三宝荒神　一、求聞持堂虚空蔵　一、鐘楼

依勅詔建立社之分

一、八幡宮本社　一、東之御前西之御前　一、拝殿　一、長之屋

一、松堂　一、武内　一、竈殿　一、若宮殿　一、門守戸

一、二王門、

己上覚住寺寺内在之

一、本覚院　中生院　十蔵院　正覚坊　十如坊　右五ヶ寺覚住寺門前有

一、仏眼寺小寺三ヶ寺　求願寺小寺四ヶ寺　来迎寺小寺五ヶ寺　上御堂小寺二ヶ寺　下御堂

己上覚住寺寺外之末寺（傍点筆者）

この文書の示すところによると、上田八幡社がその別当寺覚住寺の境内に鎮座していると記してあって、その中心が別当寺におかれていた事情を知ることができる。現住職の池田竜宝氏の御示教によると、子院・末坊・子寺などのうち、旧寺名のまま現存しているのは仏眼寺のみであって（それも現在は無住）、他は、その遺址すら明らかでないという。ただこんにち浦壁部落にある瑞祥寺は、往昔の求願寺であろうといわれる。昔日の偉容は、いかにしても偲ぶことができないほどのさびれようである。かつて広大な寺田（神田）を所有し、多くの寺百姓の夫役によってささえられた経済的基盤は、戦後の変動で跡形もなく崩れ去り、住職一家もまた帰農して、仏事執行の余暇をみては農耕に従事しなければならない状態にたちいたった。別当寺として維持されてきた権威は、水泡のごとく消え去ったけれど、そのかわり、帰農した住職家は、部落の一般構成員に編入されることによって、皮肉なことに村びととの距離が接近してきた。地域社会の一員に同化する結果を招いた。部落の諸集会に顔を出し、部落の人びととの日常的な交渉を交わし合う間柄となった。このことが宗教伝道者としてプラスであるかマイナスであるかはにわかに断定できないであろう。しかしながら依然として寺院本来の仏事を執行する本務をもつかぎり、その宗教的機能は消滅したわけではない。それどころか、宗教としての仏教本来の姿に立ち還ったともみられよう。そこで、こんにちどのような仏事が行なわれているか。それを地域社会との関連の上に視点をおいて眺めてみたい(14)。

正御影供　元　旦　本堂で行なう。近所の篤信者がお参りにくる。

荒神祓い　正　月　中　古くからの檀家一二、三軒くらいを廻る。そのとき祈禱札（般若心経、仁王経、家内安全）を配布。

涅　槃　会　二月一五日　結衆の寺で順番に施行する。現在では一〇ヵ寺が合併しておこなう。釈迦涅槃像を飾り、法楽、回向する。近隣の檀家から拝みにくる。

布薩法会　二月下旬　所属の七教区中が集って輪番に実施。シキビの花を持って参る。この花を死者の棺に入れてとむらう。月々の懺悔の法会であるが、現在は年一回。

彼岸法会　三月下旬　これを機会に檀家では死者の年忌法会を催す風があるので、そのため廻檀する。寺中での特別な行事は行なわれない。

隆　誕　会　四月八日　一般には花祭り。会場は郡内を町村単位で廻る。西淡町→緑町→三原町→南淡町の順。現在は公民館を会場とし、各宗派合同で執行。

十善会　五月五日　檀家に十善戒を授けるための法会。七教区全体が集る。大般若経転読ののち、「息災知命」と刷った祈禱札を授ける。

誕生会　七月一五日　弘法大師の誕生会、六月は農繁期なのでこの月まで延期して執行。

七月末日までに寺惣代が檀家から麦初穂（二～三升）をあつめて寺へ納める。

施餓鬼会　八月一六日　初盆の家の火トボシは一～七日に済ましてしまう。寺では一六日に行なう。八月七日頃から一二日頃まで寺の本堂で余興を開きにぎわう。参観者はお灯明料を納める。

牛祈禱　九月二八日　牛馬飼育の檀家で執行する。最近は酪農が盛んになったので、住職一人では廻りきれぬ。そこで結衆寺の僧を頼む。部落によっては日待と重ねて実施するところもある。寺から配る祈禱札は、牛小屋に貼って家畜の息災延命の守りとする。

五日三時（ごにちさんじ）の大法会　一一月二〇日～一二月二〇日　檀家の先祖（死者）の永代供養。結衆（五ヵ寺）で順番にするので、五年に一回廻ってくる、初日は開白法会、二～四日は理趣三昧、五日は結願会と五日間催す。一日三座ずつ一五座を勤める。檀家のうち五年間に新仏の出た家が寺に集り、仏事のあと庫裡で斎食を摂る。村では「過去帳入り」とよぶ。もっとも盛大かつ大規模な行事となる。

以上のほか、住持池田氏が、とくに仏教に対する檀徒の信仰心を涵養するために、そのことをことに意識して戦後に企画立案した行事が若干ある。

子供会　日曜学校とも称し、毎月一回子供たちを寺の本堂にあつめて、幻灯や紙芝居によって仏徳の礼讃、祖師の行実、篤信者の霊験などを説いている。

戦没者供養　今次大戦で戦病死者を出した家の遺族を、四月・九月の春秋二回招待して供養会を開く。主として戦死者の未亡人が中心である。体験や苦悩を披瀝して互いに慰め合う。法話をしたり、法会終了後は、一日を愉快に遊山する企てもある。

寺院と檀家

また、如上の諸行事とは異なり、住職がとくにイニシァティブをとるわけではないけれども、永い間の慣習で、地域社会の檀家が自主的に執行している仏教行事もある。そうした宗教行事は、完全に地域社会の行事として民間に定着している。

御大師講　部落全体（ホンムラ、つまり本村をいう）を四組に分け、各組ごとに、ヤドを順に廻りながら、毎月二〇日に法会を開く。各戸から一人ずつ夕食後参集し、チョウショウ（導師をいう、年長者が任ぜられるから長上の意）の指揮のもとに、オットメにはいる。まず弘法大師（お大師様）の図像をかかげ、大般若経を誦み、真言呪を唱える。オットメが終わると、お寿司などの御馳走が出て、法談・世間話・農事談に花が咲く。深更にいたって解散する。一年中では正月二〇日の初大師と一二月のシマイ大師がもっとも盛大で、御馳走も多くにぎやかに振るまう。楽しいセチビ（節日）の一つとなっている。

金剛講　また御詠歌講ともいう。毎月二一日に檀家から寺に参集し、本堂の本尊の宝前で大般若経を読誦し、御詠歌を唱和し、真言呪などを唱える。現在は信徒の熱意がたかまっていないために休止している。他の地方の念仏講のごとく、葬式の出た家にあつまって御詠歌をうたって死者の供養をする風もある。これをヤマテツダイという。この仲間は、毎年一回おこなわれる高野山参詣の講中でもある。

ケツケの日待　田植えがすむと、区長が日をきめてフレを廻わし、部落全体の休息日とする。それを泥落しという。八幡神社の神官を招いてキュウケの祈禱をしてもらう。この祈禱は、以前は、ことごとく覚住寺の住職の管掌であった。現在でもその旧慣を守り、住持の池田氏を招聘する部落がある（小井・円行寺）。これをケツケのヒマチという。[15]宵と翌朝の日の出前と二回祈禱する。部落中のあつまるヤドの床の間に日天・月天の掛軸

写真21　春日寺（西淡町阿那賀）

を吊し、その前で真言呪などを唱えて拝む。いうまでもなくケツケ（植付）の無事済んだことを感謝し、当年の稲作の豊稔ならんことを祈念する祈願行事である。そうした農耕行事に別当寺の寺僧が関与していたことは注目すべきことであろう。

真言宗寺院が地域社会に対してはたしている機能は、ほぼ以上の諸行事でつきる。全島を通じて、寺中年中行事といい、檀家との関係といい、実施上行事日をちがえるとか、法会の手順に前後があるとかして若干の異同はあるにしても、それはさほど問題にする必要はない(16)。ただ注目しなければならないのは、四国巡礼・西国三十三番の霊場めぐり、また淡路島四十九薬師巡りなど、いたずらに多い巡礼の風に刺戟されて、同じ村内や部落内に真言宗の檀那寺が主唱して霊地をつくり、そこを巡村させるという風が流行している。そうした巡礼は毎月催される大師講の行事日に多く行なわれる。また、真言宗の寺が檀家に対し頻繁に祈禱札を発行することも無視できない。いっぱんに民間在来の呪術信仰と結合する傾向の強かった真言宗としては、全国的な現象であるが、真言王国と見られる本島において、ことに顕著である。祈禱札を刷る板木を所持していない寺は皆無であり、その数もその種類もともに多いのが特徴である。

西淡町阿那賀（あなが）の春日寺は、当所の鎮守春日神社の宮寺（別当寺）であり、由緒ある古刹であった(17)。淡路島に見られる典型的な真言宗寺院の一つと称してよかろう。この春日寺が、檀家のために発行し配布する祈禱札を、こころみに列挙すると左記のごとくである。

歳暮祈禱（俚人はセキフダと称する）年末に発行する。檀家では除災のため大晦日の晩に、戸口などに貼る。

節分祈禱（節分の札という）これにはクチフダ（口札。水神様・荒神の所在する井戸・台所などの柱に貼る。仁王経の経文を刷ったもの）とブクフダ（服忌札。蘇民将来子孫円満などと書き玄関口に貼る。）ヤナイフダ（家内札。家族の数だけ配布する。家内安全の守護札である）の三種がある。

船祈禱　フナフダ（船札）船を所有する家でもらって舟に貼る。航海漁業の安全を祈禱したもの。「奉誦多門品船中安全祈所、南無春日大明神、南無住吉大明神」と刷ってある。経典と並んで春日、住吉などの神々を勧請している点、神仏習合の典型とも称すべきであろう。

星祭り 節分の近くにおこない、厄星の檀家に厄除けの祈禱札を出す。守り札となる。

虫祈禱 七月土用の入りから五日間にわたっておこなう。本来は、五穀豊穣を祈願する豊稔祈禱であったが、現在では虫祈禱を兼ねてする。但し、農業を主業とする檀家では、虫祈禱の方を重視する。寺で施行する虫祈禱法会のあとで、もらってきた祈禱札を竹の先にはさみ、苗代田や畑のクロに立てる。もって病害虫を駆除する呪法としている。

以上のほかにも、家屋新築の際の地祭り（地鎮祭）、新造船の舟オロシ、雨乞い祈願などに、寺僧の活躍する行事は少なくない。

日蓮宗寺院の宗教行事

法華信徒地帯の中枢に位置する一宮町多賀字中村の妙京寺は、古くからの名刹で、郡家郷一宮の別当寺としてその勢威をほこった(18)。これは日蓮宗寺院としては稀なケースであるこんにちでも、淡路日蓮宗の中本山として五カ寺の末寺をしたがえている(19)。その直（じき）檀徒は居村の多賀を主としているが、信徒は旧郡家郷全域に及び、かつては郡家千軒ことごとく、

写真22　妙京寺

この寺の管轄するところであったという。つまり昔から郡家八ヵ村の郷寺として君臨していた。往時のその面影はわずかに信徒の制度に残っているといえよう。

檀徒組織

直檀徒と信徒の二重組織となっている。直檀徒はいうまでもなく埋葬や法会に際して直接に印導をうけ位牌を本堂に安置しうる資格を有する檀家であって、妙京寺と直接の関係に結ばれている。また、盂蘭盆の棚経には、本寺の寺僧が直接に廻檀して読経をする。こうした直檀家は現在、旧多賀町の井出・中村・河合を併せて約五〇〇戸を数える。これに対して信徒というのは、直接には、その末寺の直檀徒であって、葬式法会はもっぱらその末寺の所管に属している。けれども同時に、本寺の仏事や寺中の諸行事に参加しうる資格をもつ間接檀家をさす。妙京寺の檀家はこのような広狭二重の結びつきで組織される、いわば重層的構成をなしている。だから、たとえば本寺に対して行なう正月の年頭挨拶を、信徒の側から眺めてみると、まずそれぞれ直接に所属する菩提寺（妙京寺にとっては末寺である）へ元朝に出かける。そして次に正月一三日に本寺たる妙京寺へ参る（本寺参りともいう）。つまり二重の勤仕が約束されているわけである。こうした重層的構成が生じたのは、おそらく妙京寺発展の歴史的背景によるところであろう。すなわち郡家一宮の別当寺として、初めは庶民の葬式法要にタッチしなかった旧刹の本寺が、寺檀所有の必要が生じて、かつての所轄区域からその一部分を割いてみずからの檀徒とした。ところが檀越のなかには、旧来の慣行さらには古刹との信仰的繋がりをそのまま保持しようとする願望などもあって、それらが一般信徒として直檀徒とともに檀家の中に加えられたのであろう。親寺とその子寺または末寺との間に、かかる関係を維持している例は、真言・真宗・禅宗など他宗の場合にもみられる。[20]

日蓮宗寺中行事

本寺において現在施行されている年中仏教行事を、おもに檀家や信徒との関連に主眼をおきながら列挙してみよう。

元旦法会　一月一日、早朝直檀家から年頭の初詣でにくる。末寺の寺僧が参上して新年の祝祠を言上する。むかしは郡郷村の庄屋檀徒惣代が威儀を正して年始の挨拶に参上したという。

牛王書法会（ごおうがき）　正月一三日全信徒が集ったなかで招福攘災の祈念祈禱を執行する。そして参詣した信徒に祈禱札を配布する。このあとでオセチエ（御節会）といって膳椀酒つきの御馳走がふるまわれる。このため寺では直檀徒から飾付けや炊餐のための助力を頼んだりして大へんな取り込みとなる。信徒はこの祈禱札を各家に持ち帰り仏壇や仏間などの壁に貼りつけ、日夜拝む。なかには額縁におさめて家の入口に掲げたりする。この札は直檀徒・信徒のみに配布するもので、これを所持しているかいないかによって信徒たる資格がきまる。きわめて重要な札である。

開山忌　二月二五日　御本山たる京都の本能寺開山日朗上人の御正当日をいう。盛大な法会を営む。日蓮宗としては三大法会の一つに数えられる。しかし配下の檀徒の参詣するものはかえって少ない。

彼岸会　春秋とも中日に挙行する。民間ではさほど深い関心を示していない。

大覚会　四月三日、本寺開創の大覚大僧正の御命日。付近の檀徒が参る。さほど重要視されていない。大覚は淡路に法華を伝流した最初の人で、淡路法華の祖師としてあがめられている。しかも本寺の開山でもあるのでとくに力を入れた仏事となった。法楽入りの大供養法要を営む。三〇〇人ほどの信徒が一堂に

会し壮観である。(21)

二夜三日　四月一一～一三日。淡路の日蓮宗は現在二七ヵ寺を数える。このうち古くからの一四ヵ寺を「淡路同末」といい、この同末はとくに緊密な結びつきをもっている。その一四ヵ寺が順番に当番となり、一年に一ヵ寺ずつ廻るから、したがって一四年に一回めぐってくることになる。二夜三日にわたる大法会を営む。それで、淡路同末法要ともいわれる。また法楽を奏で稚児の行列が組まれるので、別名「音楽稚児の大法会」ともよばれる。全島の日蓮宗徒が参集するために会衆数万人という大集会となる。

藩政時代には領主の武運長久を、明治以降は鎮護国家天皇の聖寿万才を祈禱したけれど、現在は天下泰平と信徒の息災招福を祈願する。ことに当番寺院の配下檀徒にとって、先祖代々の供養法会を興行し、一四年間に新しく仏籍に入った新仏が「過去帳入り」をする仏事でもあるので、きわめて重要な法会と意識されている。阪神方面に転出している兄弟姉妹・縁者・親戚もかならずこのために帰省するという慣習がある。

その期間中は早朝の震朝法要に始まり、午前二回、午後三回と併せて五回の法会を開き、一二日の夜はお通夜をする。そして一三日の午前二時頃終了解散する。水塔婆（経木）に檀徒の戒名を墨書したものを本尊の宝前に供えて、その名をいちいち誦み上げる。これが「過去帳入り」で、これの済まぬうちは、新仏も成仏することができぬといわれる。(22)

虫干会　七月二八日宝蔵を開けて寺宝および仏具什器の虫干しをおこなう。この開封・封印には、住職のほかに檀徒惣代が立ち会う。その鍵は惣代が保管する。日蓮上人や開山上人の絵像があるので、拝観のために参詣する信者もある。

施餓鬼会　八月一六日、棚経には、直檀徒のほか信徒の家にも廻檀した。これは、切支丹時代の遺風で、その検閲の意をふくめたものであったという。現在はその必要はないし、また煩雑でもあるので、信徒のばあい、希望者のみに限っているとのことである。その代り一六日には本堂で施餓鬼会を営む。

法難会　九月一二日、日蓮上人が竜口で遭った御法難を記念し、その冥福を祈るための供養法会である。参詣者はきわめて少ない。

御会式（また御会式講）　一〇月一三日、日蓮宗寺院のもっとも重要視する仏事であることはいうまでもない。本寺においても、この御会式・大覚会・開山会を合わせて三大法会と称している。けれども信徒の一番力を入れるのは御会式と大覚会・牛王書法会の三つである。本堂の壮厳、法会の準備などはもっぱら末寺の寺僧があたる。清掃・除草・生垣の手入など主として外廻りの雑役やオトキの御馳走の調理には直檀家のなかからユウシ（有志）格の家があたる。

本寺は淡路島中本寺の寺格をもつので、全島の日蓮宗寺院が洩れなく集会する慣例であった。けれども今日では、その制錠もゆるみ、せいぜい同末一四ヵ寺のうちとくに交際しているところから一〇ヵ寺くらいが集るのみである。しかし、大町の西光寺、久遠寺、津名町中田の妙安寺、洲本市の真浄寺とは組寺仲間を組織しているので、それらの組寺は、かならず参加する定めとなっている。

直檀家はもちろん信徒のすべてが「惣参り」して、オトキにつくのでその雑踏は相当なものである。門前には出店が小屋をつくりテントを張り、二、三の見世物興行も催される。娯楽慰安の機会に恵まれない村びとたちにとって、楽しい年中行事ともなる。

日待法会　一二月一八日、五穀豊穣の感謝と祈念をする法事。直檀徒や信徒からはお初穂米を奉納する。それを機会に折角だからというので法会を開くこととした。それが日待行事に発展したものである。本堂で法会が済むと、参会の各人に膳部を出して御馳走する。お初穂米に対する報謝の気持をあらわすものである。以前は徹宵題目を唱えて仏事をおこない、翌早朝、太陽の出を拝んでから解散した。その際配布された祈禱札は、各自家に持ち帰り田畑に立てて、病害虫駆除の呪法とした(「虫除け札」という)。

以上、寺院内で執行される仏事法会を瞥見しても明らかなように、中本山と称される本寺においてすら、日蓮宗本来の寺院行事そのものが、地域社会の要望につれて大きく変容し、かつ土着化している。さらに日待法会のごとく在来の村落行事であったものが寺院のなかにとりいれられて寺中年中行事化してしまったものさえある。地域社会在来の行事と仏事と、この両者の習合はかなり進んでいるとみるべきであろう。この傾向は、地域社会の仏教行事・仏事信仰をみるとき、いっそう強化されていることに気づく。

村落生活のなかの法華信仰

いっぱんに日蓮宗信徒のあいだでは、真宗門徒などとならんで、村むらの在来習俗や信仰に対し冷淡な態度を表明する傾向が強いといわれている。したがってそういうところでは概して虫除け・雨乞い・諸々の禁忌などに対する呪法は成立発展しないといわれる。呪術信仰にもとづく祈禱や祈禱札の発行なども見られないのが普通である。ところが本島の日蓮宗地帯では、そうした一般論は通用しない。その檀家では、家内のいたるところに、真言宗の場合に劣らず多種の祈禱札を貼りつけている。

まず津名郡一宮町井手部落を例にとって眺めてみると、仏壇のなかに日蓮様、お釈迦様（曼荼羅）、先祖様（位牌）の三者が安置されているのは、いずこも同じであるが、それと並んで「御祈禱宝牘守護」と印刷した紙札が貼られている。そしてこれを御祈禱札とよぶ。また釜屋（竈小屋）のエベッサンや大黒柱のダイコクサンにはそれぞれ「受持法華名者福不可尽」「奉勧請大黒天神守」の守護札を貼りつける。そのほかオクの間（座敷）には「諸天昼夜常為法故而衛護之処」、セトロ（裏口、裏の出口）に「我此土安穏天人常充満」、牛小屋に「遊行無量如師子上」、玄関の戸口に日天・月天の梵字を並べたなかに「南無妙

法蓮華経　鬼子母神　日蓮大菩薩　日隆大聖人　十羅刹女」と書したものを、また日天様に対するものとして「奉拝待大日天子　諸願成就　令百由旬内無諸病患」と刷った札を壁に貼りつける。そのほかにも釜屋のヘッツイの三宝荒神に、土蔵の戸口に、という状況で、家の中で、何らかの機能を果たしている部屋や入口には、ところきらわず祈禱札が貼られている。いちいち列挙するの煩にたえないくらいである。

これらの祈禱札は、菩提寺の妙京寺から正月一〇日過ぎに配布してくる。これに対して「カラマブリ（祈禱料を納めないで受けとること）は頂かれへん」といって札料として若干の金子を納めるが、それを年間に総計すると、決して少ない額ではないという。

呪的祈願

前述した妙京寺の直檀家の大部分は農家である。そのため農産の豊饒を祈念しての豊作祈禱も多い。そのなかで例年の行事としておこなわれるのは次のごとき仏事である。

植付題目　ほかの地方の農休み、泥落しにあたる。部落の田植がすべて終った七月上旬の頃、一日全休の日を区長が決めて触を廻わす。この時、部落の各戸から一名ずつが部落のなかの小庵にあつまり、題目を唱える。一宮町井手の場合は尼様とよばれる尼僧の住む浄光庵が会場となる。本寺から寺僧の派遣されることもあったが、最近は庵主が導師となって執行する。若干の御馳走を持ち寄りオミキをいただく程度であるが、その意図は行事名が示すように、稲苗植付けの無事終了を祝い、当年の豊稔を祈るための祈願法事である。

虫除け題目（願ごめ題目）　田植後、稲の害虫のつきかたをみて、七月二〇日頃におこなう。他の地方のように太鼓や鉦をならして田畑を巡行する賑やかな虫送りの風はみられない。浄光庵の尼法師を導師に題目を唱える純仏教的行事である。以前は虫除けの祈禱札を妙京寺より受けたが、最近は一宮の伊弉諾神社からもらう。これを田畑に立てて病虫害駆除の呪法とする。

願ほどき題目　七月末日に、虫除け題目によって念じこめた祈願を解くために、題目を唱える法事を開く。いわゆる願解きの信仰行事である。その所作は前二者と同じである。

部落の法華行事

旧郡家郷の日蓮宗地帯では、仏事法要のため菩提寺を訪れることを「法事参り」と称する。そうした法事参りの多いことは菩提寺と檀家とのあいだに、いまなおかなり強い結びつきが存することをもの語っている。それだけに、この地域の村々には相当根強く法華信仰が滲透している。こうした法事参りとともに、寺と直接の関係はないけれど、村落内で村びとが主体的に施行する法華信仰関係の行事も少なくない。

女中講 この地方で最も古い実施の歴史をもつもの。毎月十三日にヤドに集る。ヤドは直檀徒の家を家並の順に廻わる。小堂庵をもつところは、そこにあつまる。たとえば一宮町井手では浄光庵を会場としている。主として老婆の集会となる。篤信者や年長者が導師となり、昼過ぎから「お題目」を唱え、三時頃には解散する。農繁期などは夕食後におこなう例もある。庵主のおる部落などでは、尼僧のかんたんな説教がみられる。終ってからお茶と菓子などで法談をとりかわすこともある。

ことに盛大なのは正月一三日の初講（はっこう）で餅米、小豆・砂糖をもち寄り善哉をつくって食べ合い楽しむ。とくに熱心なのは厄年（三三歳）にあたった主婦で、この供養を厄逃れのための祈禱と考えるものが多い。

3 堂庵の機能

堂庵の形態

淡路島内には、路傍や街衢のいたるところに堂庵塔碑が設けられ人びとの関心を集めている。それらの多くは、保管する責任者や信者も定かでない。あるいは土壁が崩れ壇扉が破れ、あるいは碑石の欠壊せるものが多く、実に荒寥たる風趣を呈している。けれども、それらはいずれも、ことごとく由緒や古伝説をもち、かつて観音・薬師・地蔵などの仏教的民間信仰が、ことに盛んであった往時の面影をわずかに伝える記念物である。なかでも苔蒸した藁屋根の小堂庵が、むかしのままの遺構でのこり、そこに庵主の僧が常住している村々へはいると、今日でもいまだにこの堂庵を中心にかなり活潑な宗教活動の展開がみられ、仏教の光なお消えずとの感を深くする。そういう所では、仏教信仰は単に外部から押しつけられたものではなくて、地域社会の日常生活に密着し、まったく土着化している。

そうした親近感を村びとにもたれる小寺院や小堂庵は、氏神や産土神社のチョウヤ（神事を協議したり直会をする寄合場）などと同様に、村びとの宗教的行事執行の中心となり社会的な休息所となる。かつ村落自治遂行の中枢的機能を果たす場ともなる。そこにおいては、もはや神仏の区分は解消し、融合一体化された部落行事執行の場所となってしまう。すなわち部落の堂庵は、仏事神事をおこなう宗教的場であるとともに村寄合・若連寄合・農事組合などの協議会の会場として提供される。そしてそれが少しも異様な感を与えないほどに民衆生活に密着してくる。そうした傾向は、藩政時代においていっそう顕著であった。それは、近世後期における本島の地理風俗の類を記載した地誌『淡路四草』に詳しい。一例を『味地草』に紹介された南淡町阿万地区について眺めてみよう。

清水薬師　村（下本庄村）の中央にあり。寛文八年の頃は安楽院と号する事官紀に見へたり。……上本庄村万勝寺の属庵にして境内に弁天の小祠を鎮座す。……里俗の伝説に曰、昔此村の某（作左衛門と称す）失心して薬師の像を福良に負行き売けるが、頓て村内の者行て受返せり、時に福良慈眼寺の住僧、古作の像たる事を知り人をしてかたらひ寺に安す。彼此事を村民知れどもすべきやうなく新造の薬師像を求めて庵室に置けり。今の尊像是也。

大師堂（上本庄村）神宮寺へ向へる山手にあり。堂宇西向、草庵あり。享保中の官紀に畝数二反、貢税を納むると也。西に大日堂あり。

大日堂　上本庄八幡の辰巳川向にあり。享保十五年の官紀に大日庵方境の畝数一畝三歩、官税を収むと也。里俗此地を称して御影堂と云。又東に隣りて大師堂あり。元禄の初年、神宮寺の住僧隠室を設け大日堂を建。傍に先師の塔あり。

観音堂（阿万東村）如意輪像にして堂宇一間半四方、巽向。傍に庵室を結ぶ。

大師堂（同上）中の河内山中、土生街道の左、堂宇二間四方、巽向、厨子の内に高さ二尺許廻り三尺余、石の色白純にして足跡あり。村説に弘法大師当処に遊助ある時石上を踏給ふに、忽ち其跡石面に存し、是を本尊と称す。

これはほんの一例に過ぎないが、それらの記載を整理してみると、

(1) 本尊として薬師・観音・大日などの仏像石碑や古伝をあらわす自然石のごとく由緒ある物件をもち、その傍に草庵が営まれている。

(2) 草庵は、本寺寺院の住僧の隠居所として建立されたもの、あるいはその末寺末坊であったもの、俚俗か古伝説をもとに新しく建造したものなど、その種類は多い。しかしいずれも、一、二間四方ぐらいの極めて小規模な堂宇である。

(3) 弘法大師にまつわる伝説をもつ堂庵が圧倒的に多く、大部分が真言宗の隆盛期に創設されたことをもの語っている。

(4) 本寺の末寺末坊の立場を捨てて積極的に独立したものもあるが、多くは本寺の衰滅によって関係を断ち切られた小堂である。したがってその管掌の責任は寺僧の手をはなれて地域社会住民の手に委ねられている。

(5) なかには、一時孤立した堂庵が再び本寺との関係を復活しその管轄下にはいったものも見られる。

(6) 現在の堂庵の多くは無住である。かりに庵住がいても、身寄りのない他国からの移住者が堂守となった例が多い。諸国巡行の勧化僧が入庵した場合には、朝夕の法事を勤行し、加持祈禱や葬式にあたり、その代りに部落から米塩の喜捨をうけて生活を維持する。

(7) 堂庵に部落の埋葬道具や法事に使う什器仏具を保管させているところがある。ときには境内に多くの墓が付属していることがある。これは、かつて寺院としての機能を十分に果していた時期のあったことを示唆する。

(8) 無住の堂庵が公民館として復活した例も少なくない。庵住のいる場合はそれを管理人として任命し部落との関係を持続させる。

このようにして部落庵のはたす機能には、今日といえども決して過少評価しえないものをみることができる。のみならず、正式に寺格をもつ寺院の多くは、戦後の変動によって檀家との関係に弛みを生じ、急な凋落を示した。これに対し、堂庵の方は逆に上昇して行って、いよいよ部落との関係を深め、寺院に代って地域社会の宗教的関心をあつめている例もある。その一例を津名郡一宮町井手部落の小庵、浄光庵について眺めてみよう。

浄光庵

日蓮宗本門派妙京寺の配下に属している。けれども末寺ではない。末寺は本寺と古くから服属関係を保ち、地位は低いけれど、明らかに寺籍に編入されている。ところが庵住は本寺とそのような立場におかれていない。本寺主催の諸法会・仏事に際しても公式な役を与えられない。正式な法座に就くほどの地位はもたない。当庵住の尼様が、本寺の法会によく出席して、時には井手地区の法要、埋葬の式に列席するのは、そうした法式が許されているためではない。庵住じしん、地域社会に対する布教や仏事奉仕にきわめて熱心であ

写真23　浄光庵境内の墓地

って信徒の信望をえているという個人的な偶然的事情からである。それを黙認する本寺の住職の特別な配慮の賜というわけであろう。庵住の言によれば、「上人様（本寺の住職）の深い慈愛にはらまれて生かしてもらっている」というのである。

この堂庵は、古老の記憶を辿っても、すでに数代変わっている。あるいは老夫婦が管理していたこともあり、また尼様（尼僧）の住んだこともあり、その居住転出はかなりはげしかったようである。現庵住が入庵したのも戦後である。しかし、在任期間が短いにもかかわらず、部落の主婦たちに生け花・茶の湯の作法を教授したりして単に仏事関係のみならず広い領域にわたって活躍している。けれども、庵住の中心関心が仏事におかれていることはいうまでもないから、そうした部落の人びとと深い関係をたもつ仏事奉仕の内容に触れることにしたい。

(1) 女中講　毎月一三日に開く主婦たちの女中講に導師をつとめ説教をする。講中のものは、灯明料として金一〇円、ほかに正月の初講には木炭代（燃料暖房費）三〇円、さらに出来秋に米四升を志納する。これが庵住の尼様の活計の資となる。

(2) 回向　井手地区（全地区が妙京寺直檀徒）の各家を、その命日ごとに回檀して読経をする。これを「回向に参る」という。部落各戸の先祖の命日を一々記憶することは実に煩瑣であるけれども、その忌日を少しも誤たず、几帳面に廻ってくることが、檀家から高く評価されている所以でもある。

(3) 植付題目・虫除け題目・願もどき題目などに招かれて、導師となり読経・祈禱をする。

(4) 盆供養　棚経には、本寺の僧に代って檀家を廻わる。また本寺の妙京寺とは別に八月一九日に庵で施餓鬼会を開く。部落中が集って法事に参加する。

(5) 葬式　以前は葬式の導師はすべて妙京寺に頼んでいたが、このごろは庵に依頼する家が多くなった。しかし寺檀関係はあくまで本寺とのあいだに存する。戒名や位牌は本寺の指示をうけて代行するという形である。

二　仏教行事と民間信仰

さて前章で述べた寺院の社会的機能は、じっさい民間の信仰生活の上に、どのように反映しているだろうか。この点を具体的な村落行事や伝承的信仰に則って眺めてみることにしよう。

1　弁天まつり

回り弁天祭

真言宗の檀家によって構成される村落では、村落の人々が、檀那寺の住職と一体となって弁財天を勧請し、盛大な宗教行事を行なう。この弁財天は、島内を次々と回りながらまつられて行くために、いっぱんに「回（まわ）り弁天」と称される。その行事の規模の大きいこと、けたはずれな信徒の狂信的行為が人気をよんで、島内名物のひとつになっている。

成立と展開

この弁天祭が何時から催されたか、その時期を、文献上で明らかにすることは困難のようである。けれども、俚人に回り弁天とよばれるこの行事が、近来の創案でないことだけは断言できる。すなわち明治六年二月二日付兵庫県庁から津名・三原両郡役所管内の区長・戸長にあてた布達（番外第三号）[23]に、

洲本猟師町厳島神社、毎年村々ニテ神輿相迎へ祭礼到来リ、中ニハ種々ノ混雑ヲ醸シ怪我モ有レ之哉ニ相聞、云々（傍点は著者）

とあることによっても知れる。幕末維新期の国学者安倍喜平翁の編集した『厳島神社誌』には、天正年間に弁財天奉祭の妙音講が開かれたこと、また享和四年（一八〇四）以来明治二一年にいたるまで巡遷弁天の行事が全島隅なく挙行されたように記載されている。[24]おそらく近世初頭には、弁財天を信仰する妙音講から出発した本行事が、全島内を巡遷するという慣行に固められたものと推察される。[25]文献のなかで、その盛況をもっともあざやかに描写しているのは、幕末における洲本の戯作者、角力都南辺家（すもとなんべや）である。その著『末代噺能種（まつだいはなしのたね）』所載の文久三亥年十月十五日の条[26]によると、

妙音天女、山田中村自内膳邑ヱ御迎那里。山田中村ニハ両隣なれ共上内膳邑ヱ迎込、在処ヱ来候得共洗シ如ク誠ニ上々ノ天気也。不思議ナリ。其賑ハ敷事近年ノ群参也。何レノ店方茂ヨク売捌申事洗シ如シ。諸事大当リ、云々

とあり、当時の殷賑ぶりをうかがうことができる。このように幕末に近づくにつれて人々が熱狂し、何となく騒々しくなってきていることは、封建幕藩体制の行き詰まりを何とか収拾しようとした体制側の動きとそれに対する民間の反撥、あるいは世直し運動との関連を思わせるものがある。けれども今は触れない。

かかる民間の弁天祭が直面した重大な危機は、幕末の動乱期を通過した明治初年にも将来された。すなわち神仏分離・廃仏毀釈の運動の擡頭である。復古神道家安倍喜平らが先頭に立ち、弁財天は実は市杵姫命（いちきひめ）つまり天照大神の三女であるという神道説をかかげ、それまで寺院管理の弁財天をとりあげて厳島神社の所管としたことにはじまる。[27] 淡路島における一種の宗教革命であって、島内仏教徒を混乱と憤怒の坩堝の中に投じこんだ。これに周章狼狽した徳島県（当時の所管）では、明治四年辛未年十月十七日付布達で、県の東出張処大里長宛に次のごとき触を出している。[28]

弁財天祭ノ儀、旧講中ノ者共願出ニ付、神祭可レ致旨先日相達有レ之処、兵庫県寺院共彼是申立候旨趣モ有レ之、神仏判然取調ニ可レ及筈ノ処、最早祭日相迫居候故、当年ノ義ハ社人立合不レ及、従来ノ姿ヲ以祭事取行可レ申。猶兵庫県示談取調ノ上、自後ノ処置可二申付一事ニ候条、此段至急可二触知一也、云々（傍点は著者）

そして六日後の十月二十三日付で

弁財天ノ儀、神祭ニ被二仰付一候処、故障有レ之ニ付、当年ノ儀ハ是迄掛リノ祭事相取行候ヘトモ、今後兵庫県御掛合ノ上、神祭ニ指居、厳島明神ト号候様被二仰渡一云々

と、なお未練がましい方針を伝え、結局、村々で行なわれる巡遷弁天の行事は、神社や寺院と切り離し、「諸村浦ニテ弁財天ト号シ祭有レ之分ハ、従前通リニ候条、此段心得違無レ之様、別テ被二仰渡一候」と、従前の慣行通り実施してよいと、消極的肯定の態度をとることとした。[29] 爾来民間の弁天祭はほぼ間断することなくつづけられ、こんにちにいたっている。

さてここで本行事のもつ意義について、その要点のみを記すと次のごとくである。[30]

行事内容の問題点

こんにちではまったく真言宗の独占場となり、真言寺院の一手販売の観すら呈する本行事も、その内容を子細に検討してゆくと、初めから仏教行事として出発したものではなく、地域社会に発生した在来の民俗行事が中途で仏教信仰と習合し、ついで換骨奪胎して寺院中心の仏教儀礼と化した、そうした事情があきらかになる。その経緯は、行事内容そのものの分析によって証明されなければならない。

まず第一に、巡遷弁天祭を主催する真言宗寺院のあり方である。本島の真言宗寺院は、その境内かまたはこれに近接して、弁財天もしくは市杵姫命を祭神とする厳島明神を奉祀する。呪術宗教化した真言宗が、はやくから弁財天などの信仰を通じて民間に接触したことはいまさら説明の必要はない。しかしながら真言宗と無関係な弁財天の存在もある。たとえば、本島では農耕地の灌漑のために、大小の溜池・用水池がきわめて多い。ところがそれらの溜池を守護するための守り神が水の取入口か清水の湧き口に祀られている。その守護神のなかには弁財天も多いけれども、ほかにも薬師あり観音あり、また神社の小祠などがある。そしてそれらはすべて水の守り神として祀られている。これらをみると、明らかに初めは素朴な水神信仰から出発した水の守護神が、仏教信仰の影響をうけて、薬師とか観音とか弁財天に変えられたことがわかる。ことに弁財天の濃密な分布は、瀬戸内海の

写真24　巡遷弁天奉迎の鳥居

沿海地方や島々に見られる全般的な傾向で、厳島信仰の伝播普及が大きな力をいたしていることは明らかであろう。宮島の厳島神社などはその巨頭であった。

第二は、弁天祭を施行するにあたって、会場となる寺院の入口に、山から伐ってきた杉・檜・松など常緑の樹木で鳥居を新造し、それに注連縄を張りめぐらす習俗である（写真24参照）。しかも、この注連に用いる藁は、当年新しく収穫した稲の新藁をもってしなければならないとしている。またその製作の作法や過程も、氏神神社の例大祭や正月元朝のときのごとく、穢れのない氏子惣勢が身を清浄に潔斎してあたる。これらの慣行や作法は、どのように解釈しても仏教風だと断定するわけにはいかないであろう。民族在来の古風な神社信仰にもとづくものである。

第三は、直接祭礼にたずさわる信徒物代や弁財天背負人などの白装束員は、その名の示すとおり、すべて浄衣をまとって参加する。かつ弁財天奉送迎の祭礼当日までは、七日前より一週間にわたり別居別火の潔斎精進に服さなければならない。祭礼期間中の不祥事や不測の事故はいっさい、こうした祭礼奉仕者の責任とされた。すなわち物忌み潔斎が十分行なわれたかどうかに帰された。かくして祭礼にあたり穢れや忌みを極度に避ける風は、司祭者のもっとも心掛くべき事柄として古くからの制禁とされていたのである。

第四に、祭日が陰暦十月亥日を卜していることを挙げなくてはならない。今日では、弁財天奉迎の執行日は、そのときどきの都合により新十二月中の適当な日と定めているけれども、以前はかたく陰暦十月の第二亥日の定めであった。この十月の亥日が、農業従事者にとって稲の収穫祭を意味する重大な祭り日であったことは説明を要しないであろう。[31]とくに亥日が月に三回めぐってくる年は、第一を武士の亥、第二を百姓の亥、そして第三を乞食勧進のそれと区別した慣行がこの地方にも存在する。その第二の百姓亥が、この巡遷弁天奉迎の祭日と合致しているのは、意味なしとしない。今日の仏教的色彩の強い弁財天祭も、その発端にさかのぼると、明らかに百姓の収穫祭である亥の子行事にはじまったことがわかる。まさしく両者習合の典型的形態とみられるのである。

なおこのことを示す証拠は、単に祭日のみに限らない。弁財天を勧請奉迎する行事次第のはしはしに現われている。そこで第五に、そのことを述べよう。弁財天が、これを奉迎する部落のなかに入ると、すぐに奉迎会場たる寺院へ向かわずに、氏神神輿のオタビ（遊幸）のごとく部落内を巡行する（「地下廻り」ともいう）。これは村人総体の息災を祈念する意を示すものといわれる。ところが同時に、部落内の田畑など、およそ農作物を栽培している地内を、すべて隈なく巡回することが鉄則とされる。この時、道々に参列している村人たちは、背負人の背に負わされた弁天様を幾重にも包んだ白木綿の布片を、あらそって千切りとろうとする。その意図は、その布片を竹などにはさんで田畑に挿しておくと病虫害の駆除になると信じているところにある。弁財天信仰が、古くから農業豊産を祈念する在来習俗と接合する端緒はここに存したというべきであろう。つまりそうすることによってその呪術性をいっそう強め、地域社会に広く受け入れられてきたのである。これが一種の豊作祈願であることは、奉迎大祭の祭場に、当年穫れた新藁をいちめんに細かく刻んで撒布し、あたかも田畑のごとく見立てた祭場の藁を踏みながら諸儀式が行なわれることからも立証できよう。

最後に挙げるべき特色は、全島を巡遷しながら奉祀して行くという方式である。なぜこのような方式が出現したのであろうか。これについては諸説ふんぷんとして定まるところがない。それらの多くは、現在の祭祀方式にもとづいてその妥当性をみとめるためにつくりあげられた虚構ないし理由づけが多い。それらの臆説が学問的に信憑しえないものであることはいうまでもなかろう。しかしいっぽう立証する資料は乏しく、いたずらに伝説・伝承の類のみにたよらねばならないのが現状である。そのなかにあって源流・淵源を正確に浮き彫りにすることはほとんど不可能にちかい。

一夜弁天祭

わたくしは前述のごとく、本習俗の起源論はとにかくとして、これを今日まで維持してきた原動力が、町村の小地域社会ごとの豊饒祈念にあったことにかんがみて、はじめから全島を巡遷する風が存したとの説には左袒しがたいのである。各地域ごとの小奉祀サークルがまず成立し、それが成熟し発展するにつれて、しだいに奉祭地域の拡大をみた。かくして全島に及んだものと推測する。この予想を裏づけるものに、一夜弁天祭が存在する。(32) この一夜弁天方式は、今日では大規模な巡遷方式の勢いに圧倒されて、ほとんどその姿を没してしまった。また存在しても、後者の圧倒的優勢に気兼ねをしてか、なるべく表面に立たないようにする。その発見に力点を注いで採訪したにも拘らず、ほぼ一〇日にわたる本島調査期間中わずか一例にしか遭遇できなかった。(33) その一例においてすらも、当事者は行事内容や沿革推移を外来者に説明することを極度にきらい避けていた。

しかしながら、この一夜弁天の祭祀方式は、問い窺えばうかがうほど、地域社会の年中行事や生産生活にもっとも密着している。また行事内容は、民間のエノコ習俗そのものであり、氏神・産土神で執行する新嘗祭のミニチュア版と断定しても差しつかえない。それほどに多くの類似点が存する。しかしながらそうであるからといって、これをただちに巡遷弁天の原型と断ずるわけにはいかないが、その予想は十分に可能性をもっていると思う。

いったいに日本の島々では、何かにつけて「島めぐり」という方式によって信仰心を表出する傾向が強い。伊豆諸島や南西諸島などはその典型で、もの日・せち日に島内の神社旧蹟をめぐり、御饌米をそなえ念仏などを唱えて巡拝する。あるいは安産・病気平癒の祈願、他出のものの無事息災、出漁者の無為豊漁の祈願など、いろんな動機で行なわれる。その巡拝の際にも、各部落に休息するヤドがあり、それも譜代的に定まっていて、両者は親戚同然のつきあいを結ぶ。また祭礼なども、ミコシを部落から部落へと受け渡してまつる風が強い。(拙著『人間の交流』一九六五年、参照)おそらく離島などでは、古くからそうした方式のもとに部落間の交際が生じていたにちがいない。そういう古い方式を基盤として「島めぐり」の風が生まれ、またそれが発展して巡礼の風をつくり出したのではなかろうか。本島の巡遷弁天においても、このような島めぐり様式をもとにして成立し、かつ時代とともに幾段もの変遷を遂げながら、今日にいたったのではないかと推察するわけである。

死者の五七日忌をトして、親類縁者知友がこぞって付近の山へのぼり、持参の団子を山の中腹から谷間に向かって転がし落すという風がおこなわれている。それを「団子コロガシ」とか「オ山ヲスル」などという。その役目を、地蔵講中・観音講中・念仏講中など地域社会のとくべつな講中組織に委任するところもある。けれども団子をころがす所作はいずこも同じである。

2　団子ころがし

行事の特徴

瀬戸内の明石須磨と相対する津名郡淡路町岩屋、その家並みのつづく町並みの背後に、標高一二五・三メートルの開鏡山が立っている。山頂の観音堂は無住の庵寺であるが、(34)正月四日に農作物の豊稔や魚藻の豊漁を祈願する祈禱行事「オコナイ」が執行されるので、古くから有名である。ここはまた、山麓の石屋神社の別当観音寺に対して奥の院とよばれ、本寺と密接な関係を保っている。けれども元来は、山麓の里宮石屋明神に対する山宮であり、その判然たる証跡がのこっている。(35)したがって古くからの山宮・里宮の関係が成立していた上に、仏教信仰がとり入れられ、今日のごとき習合体制をとるにいたったのである。

岩屋の町内では、宗旨の相違を問わず、団子コロガシの慣行がみられる。忌日を五七日ときめてない所もある。およそ一ヵ月以内の適当な日を選び（その日をタチビという）、死者に近縁の人々が握り飯を三個つくって、開鏡山の「奥の院参り」をする。その一行が山の中腹に達すると、顔を山頂に向けたまま（つまり進行方向に向かったまま後を顧みずに）持参の握り飯を谷底の方に抛り投げる。それから一路山頂をめがけて登って行き、観音堂にいたり読経をして帰る。この行事の由って来るところを俚人に問うと、たれでもが次のごとき説明をする。すなわち亡者が冥土へ行く行旅の途中、幾多の悪鬼が出てきて、その行先を遮って苦しめる。そこへ団子が転がっていくと、その悪鬼どもは団子を拾おうとして気を抜く。その隙に、死者は難なくこの関門を通り過ぎることができる。つまり死者の往生を助けるための補助手

写真25　**地蔵講中の本尊**（阿那賀）

段であり、その介添役である。それが死者に対する何よりの供養になるのだという(36)。三原郡西淡町阿那賀部落、その背後の阿久谷を地蔵山に向かってさかのぼって行くと、その中腹に「奥の御堂」がある。宝暦の村絵図にも記載されている地蔵堂である。そして、これを管理するのは地蔵講中である。この地蔵講は、全部落を第一組から第三組までの三組に分け、それぞれを一ノ地蔵講・二ノ地蔵講・三ノ地蔵講とよぶ。これらの講中は、八月二三日の地蔵盆のとき堂前に参集し仏事を営み、終ってから順番に定めたヤドに寄り合い講ゴトをする。堂内には、部落講中各戸の位牌が安置されている。また地蔵盆の当日には、各家ごとに行なう盂蘭盆会の門火のごとく、堂前で先祖の招魂の火を焚く供養儀礼が施行される。かかる講行事の特徴をみて行くと、この堂の建立が祖霊慰撫のためのものであったことは明らかである。

当部落の人々は、人が死んでから五七日忌をすますと、その霊魂は家をはなれて奥の御堂にいたり、さらに山道をたどって山頂にのぼり、やがて冥府に赴くものと考えていた。そこで、死後三五日目にイッナノカの供養を済ますと、ミ(血)の濃いものが団子をつくって奥の御堂に上って行く。そして「早く上んなさいよ」と心に念じつつ、持参の団子を谷に向って抛り投げる。それをやはり団子コロガシとよぶ。冥道には多くの鬼どもが出現して死者の行旅を邪魔する。その時団子を転がすと、それに心をとられて油断する。死者はそのすきに前進することができるというのである。

三種の形態

かくのごとき習俗を団子コロガシとよんで行なう地域の分布は、ほぼ全島におよぶ。主として真言宗檀家やその部落が中心である。けれども他宗の間でも追随施行する所がある。それらを通観すると、施行の形式からみておよそ三つのタイプの存在することがわかる。すなわち第一の形態は、部落近傍の山や丘にのぼり、そこから持参の団子や握り飯を転がす方式である。この形式がもっとも広く分布している。次に第二にみられるのは、前条で紹介した岩屋の開鏡山奥の院や阿那賀の奥の御堂のごとく、山中安置の堂庵や地蔵尊の石仏などに登拝しておこなう方式である。場合によっては、地元の檀那寺や大師山に登拝する。なかには三原町大久保の愛宕山、東浦町釜口小井の妙見山のごとく山頂という例もある。この行事は、すでに解説したごとく、仏教ことに真言宗の影響を強くうけている。そしてその規模は、岩屋の例が示すように、広く寺院の檀家仏徒が参加するので、第一の場合よりも大きくかつ広い分布をもつこととなる。つまり数部落を包含する場合も少なくない。

以上の二つの形態に対し、さらに広範の地域から参加する例が存する。島内でも名の通っている先山とか南辺寺・常隆寺・月ノ山観音などの霊山名刹に登拝する方式である。これが第三の形態で、ところによっては「高山参り」とも称する。[37] 登拝者の分布のもっとも広いのは真言宗千光寺の置かれる先山で、全島全部落に隈なく及ぶとみてよい。[38] これに比べると、南辺寺や常隆寺などはやや狭くなってくる。けれども、それらでさえも各霊地を中心に数ヵ町村を含んでいる。

行事の意義

いうまでもなくダンゴコロガシは、死んだ仏の死出の山路を助けるという供養行事である。また真言宗の寺院やそれと関連ある堂庵塔碑が本行事施行の中心となっていることを考えると、明らかに仏教行事である。したがってその起源は、あくまで仏教の教説や宗義をもとに出現した仏教儀礼とみなすべきであろう(39)。けれども全島の該行事を子細に検討すると、そのように断じえないことに気づく(40)。

まずその施行の期日は、死後の三五日とするのがもっとも多いけれども、かならずしも一定しているわけでない。あるいは七日以内、四九日以内とし、あるいは一ヵ月以内とする。ところによっては、埋葬後墓築き(はかつき)までならいつでも都合のよい日でよいとしている。また登拝の山を、とくに霊山や霊刹とせずに、墓地か部落内の名もなき山または丘とする例もある。これらをみると、本行事の淵源は、これを高山まいりの在来信仰と祖霊信仰との結合した形態に求めることができないであろうか。

死後に幾多の供養をうけることによって死者の霊魂が清まり、やがて山頂に上って祖霊と化する。こうした信仰伝承は、広く日本列島に分布している。供養をうける期間は、一(いち)

七日(しち)・五七日(ごしち)・四十九陰・百ヵ日・一年・三年……などと一定していない。けれども亡者は何時かは清まった霊となって家を去り、やがて祖霊となって来迎するのである。団子コロガシは、他の地方でみられる札打ち(ふだう)・位牌納め・位牌送りなど、霊山へ上って死者の供養をつとめる葬送鎮魂儀礼と同義のものであった。それが、冥土へ行く亡者を遮る悪鬼どもを追い払う意味だとされたのは、いうまでもなく仏者の解説や仏教の潤飾が加わって原型を歪曲してしまったからであろう。

3　高山(たかやま)まいり

淡路島では、何かというと高山にのぼって祈願をこめるという風が強い。島在来の山岳信仰・高山崇拝に淵源していることは明らかであるが、前節の団子コロガシ習俗にも見られるように、仏教によって潤飾されたものが多い。島の人々に、高山とよばれるところを数えあげてもらうと、諭鶴羽(ゆづるは)山・摩耶(まや)山・常隆寺山(伊勢の森)・南辺寺山・月の山などが列挙される(6図参照)。

これらの山々はいずれも、霊山として古くから近郷近在の住民の崇拝の対象となってきた。そして人々は、その信仰心を達成するために、それぞれの山へ登拝する。つまり先山参り・諭鶴羽山参り・摩耶山参り・常隆寺参り・南辺寺参りなどがそれである。そうして、

6図　高山信仰分布図

これらの霊山登拝を総称していっぱんに「高山参り」とか「お山をする」と称している。

ところがそれらのなかで、もっとも有名なのは、真言宗千光寺の所在する先山である。だから今では先山参りが高山参りの典型ということになっている。この先山崇拝の信仰が、その山麓に住む人々と直接結びつくのは、しごく当然である。けれどもそれが、遠く離れた南端の沼島や福良の町々、最北端の岩屋の浦々にまで及び、ほとんど全島にわたっている。これはまことに注目すべき現象であろう。ここにおいてもまた、在来固有の習俗を、仏教がとってもって自家薬籠中のものとした事情をうかがうことができる。

歳暮参り・正月参り

先山千光寺には、歳暮の三一日夜から正月三日までの間に数万人の登拝者があつまる。これを「正月まいり」と称し、寺でも在郷でも重要な行事の一つに数えている。この正月参りは、部落における鎮守産土神への暮まいり・初まいりの在来信仰行事を、先山が独占集約してしまった気配が強い。三原町周辺では、先山参りもするけれど、諭鶴羽山参りの方がさかんである。また「三つ山」(41)をかけるといって、先山のほかに諭鶴羽山・南辺寺山の二山を合わせて三山に登拝するという風もある(南淡町賀集)(42)。このように正月に高山まいりをする風に多くのバラエティがみられるのは、先山が統轄する以前に、各地でいろんな形式の正月参りが存在したことを示すものと思う。

正月まいりのなかでもことに重視されているのが歳暮まいりである。部落の人々のうちには、オオツゴモリに千光寺へ参詣する歳暮(せいぼ)まいりが、人間としての重要なツトメの一つだと思っているものさえある。オオツゴモリには、先山の奥の院が開帳される。その際にたく護摩の火は、最南端の沼島(ぬしま)と最北端の岩屋の人の見えないうちは、点けてはならないとか、奥の院の扉は、両方の信徒の来ないうちは開けてならぬ、などといっている。要するに、全島全町村からかならず参詣に来るものだというわけである。恐らく寺院側の宣伝が広く全島に伝わったために、村や町にこのような鉄則めいたものが醸成されるにいたったのであろう。そういう気持が期せずして全島に普及し、ついにかかる準則を生むにいたったものと考えられる。

先山のごとき高い霊山の火で焼いた餅を食べると一年中風邪を引かない。そうした民間信仰から登る人も多い。だから登拝者は、山頂の焚火で焼いた餅を家族のために持ち帰る。また大きな線香に千光寺の護摩火を点けてもらって家に帰り、元朝の雑煮をたく火の原とする習俗も広い（洲本市内膳・五色町・一宮町・三原町など）。大晦日の晩は夜通し歩いて先山にいたり、そこに参籠して祈念をこめ、携行した蠟燭や線香の先に先山の火をつけてもらう。そうしてその火を消さないように再び在所に持ち帰る。そしてそれを元朝における神棚の神灯に点火し、また雑煮などの神供を炊く薪の火種（ひだね）ともする。古代の人々が火を神聖視したことは、発火の容易な現在では想像だにできないところである。古霊社において今日でも発火の式が重要な神事となっている。そうした在来の古儀が、仏教寺院によって管理されてしまった現在なお、昔日のまま伝えられていることに注意しなければならないであろう。

ケツケ参り

島内の農村では、ケツケ（田植え）が済むと、講社の代表者または全員が揃って先山へ「ケツケ参り」に行く。そして護摩を焚いたあとの木灰を拾いあつめて貰って帰り、講員の田畑にその灰を撒布する。あるいは祈禱札を勧請してきて、家の門口・軒先や田畑などに立てておく。いうまでもなく病虫害の災を除くための呪法である。同様なことは漁村でもおこなわれていて、それを豊漁祈願の除災呪法とする所もすくなくない。

行事の形態

三原町社家の農家では、田植えが終りに近づき、これがさいごの苗取りだというときに、シマイ苗を小束にたばね、ミックロ（三束）にして家にもち帰る。それからカマヤの荒神に供えてまつる。その晩はかなりの御馳走をしてテツナイ（手伝い）に来てくれた人たちを招く。このサノボリが終ると、部落中でキュウケの祈禱をおこなう。鎮守の上田八幡宮の神主が、社殿に日天・月天の図像を掲げ、祈禱をしたのち、その祈禱札を各自がもらって帰り、自分持ちの田畑に立てて虫封じの呪法とする（ケツケの日待）。いうまでもなく虫除け祈禱である。以前は、神主でなく別当寺の寺僧（オジッさん）の所管であったという。ところが部落には、別に先山信仰の講中組織があって、よく先山まいりをした。その講中では、ケツケ終了後の一日を、先山へのケツケまいりのために割く。講中全員の参加する総まいり・総祈禱もあるが、多くは代表者の代参である。千光寺の住職が焚いた護摩の灰をもらってきてツクリモノの田畑に撒くと、デキがよくなるといわれる。それは、先山から「ツクリモノをいただかせてもらった」ためという。先山信仰は、実にかかる形態で農業地帯に浸透している。

農業部落である社家では、上述のごとく、田植え後の農作祈禱が、じつにサノボリとケツケ日待と先山への高山まいりと三つの要素から構成されている。同様のことは、島内の他部落にも広くみられる。

洲本市郊外の下内膳は、先山山麓の農業部落であるから、当然ながら先山信仰の影響を強くうけている。ここでもケツケ後の七月一〇日前後にケツケ祈禱が行なわれるが、まず各家ごとに田植え終了の晩にサノボリの祝宴が張られ、つぎに檀那寺に行き御祈禱をうけ御神酒を頂いて帰る。[43]と同時に鎮守の住吉神社でもほぼ同様のケツケ日待がおこなわれる。そして部落の社寺で祈禱行事がおわると、こんどは全員が先山へ登拝し、護摩を焚いてもらい、跡の灰をもらってきて田畑に撒く。つまりここでは寺・社・先山と三ヵ所を一日のうちに次々と参拝して廻る。しかも部落全員の総詣り・総祈禱であるのは、地理的に先山に近く比較的登拝が容易であるからであろう。

これと似た方式は津名郡内に多い。その一つ、五色町鮎原は半夏生（はげし）がケツケ参りの日となる。この旧鮎原村には、村内を統轄する氏神天満宮河上神社があり、その管内各部落には延長寺・菅相寺・薬王寺・西泉寺・竜雲寺・地蔵寺・西光寺などの真言宗寺院が建立されて、それぞれの檀家をもっている。そして半夏生の際のケツケ祈禱は、各部落の寺社がともどもに執行する。ただ部落内の小字には、この地方に広く見られる堂庵が存在する。その小庵（たとえば南谷なら菅相寺末の薬師庵）において本寺から見えた住職が導師となってケツケ祈禱がおこなわれる。すなわち、護摩祈禱ののち、全員で真言呪を唱え、あとで持ち寄りの御馳走で御神酒を飲みかわす。ただここでは、部落惣参の先山参りはみられない。

行事の発展段階

ケツケ祈禱の第一段階が各家ごとのサノボリ祝いに始まり、第二段階では、部落内の氏神鎮守社や檀那寺でのケツケ祈禱もしくはケツケ日待でクライマックスに達し、そして第三段階の高山まいりで終結となる。この三段階の執行方式は、全島を通じて広くおこなわれる普遍的形態とみてよかろう。そして、この各段階はまた同時に、ケツケ祈禱成立の過程をそのままの順序に即応して示すものでもあった。つまり、元来は民間在来のサノボリ行事が示すように、田の神に対する豊作祈願の民俗が根型であり、その上に仏教寺院の干渉をうけた虫封じのケツケ祈禱がのっかり、さらに仏寺に対抗する必要上神職の手によるケツケ日待がおこってきた(44)。そして第三の高山参りの段階で明らかなように、山岳信仰が仏教的（真言宗的）呪術信仰と結びつきながら、さらに農業信仰と習合した高山登拝のケツケ参りが形成されるにいたったのである。このような層序的信仰構造を推察することができる。

先山の信仰統制

高山まいりが先山の専売特許のごとく思われているのが現状である。けれどもこの現状がそのまま過去の実状をもの語るかというと、そうは断定できない。団子コロガシの高山まいりが如実に示すように、先山が高山まいりを独占するまでには、なお幾つかの曲折があった。まず部落や村を中心とする在来の民間習俗が基盤となり、次に、部落や村の幾つかを包含する近郷の霊社名刹を中核とするより広い地域社会内での発展がみられ、そして最後に、全島的に先山に集中していったものと考えられる。この在地信仰の中央吸収化は、やはり交通機関の発達にともない地理的に全島のコミュニケーションが成立し、政治的に島内の統一が実現し、宗教的には真言宗の全島征覇の完成、ことに先山千光寺の権威が確立した時期とみなされよう。

われわれは、こんにちでもなお、千光寺の勢力の波及しない地帯に、先山中央集権化達成以前の古風な形態を、わずかながら瞥見することができる。在地のケツケ祈禱や日待などがそれであり、また、高山まいりに先山以外の霊刹に登拝する風の遺っていることがそれを示す。只今は、幾つもの例をあげて証明することはできないが、三原町以南の南淡路地区に見られる南辺寺山へのケツケ参りなどもその一つである。史的に有名な賀集(がしゅう)八幡に近い南辺寺山には、山頂に越智泰澄作と伝える（史実にあらず、単なるいい伝え）仏像を安置する地蔵堂があって、古くから近郷の尊信をあつめている。死後五七忌におこなわれる団子コロガシや「三つ山」をかける正月まいりの霊地としても著名である。[45]その賀集の鍛冶屋部落では、前述の各地にみられるように、田植え後にケツケ祈禱・ケツケ日待をする。その際に、南辺寺山へのぼって立毛祈禱の護摩を焚き、祈禱札（7図参照）をもらってきて耕作地の田畑に立てる。いうまでもなく病虫害駆除のための呪法にもとづく民間信仰であるが、先山の南辺寺版と称してもよいほど、その方式は類似している。こうした例はほかにも多く見られるのである。

仏教にもとづいておこった民間信仰、仏教によって大きな影響をうけた在来習俗は、以上のほかにも、多くを数えることができる。巡礼をはじめ、庚申講・観音講・地蔵講・大師講・オコナイ講などの講中集団による部落行事、歳時儀礼・人生儀礼、ことに葬送習俗や墓制・盆行事などをめぐって論ずべき個所は多い。しかしそれらの一々についても、原理は同じである。そこで最後に、それらをふくめて若干の問題点を指摘し、全体のまとめ

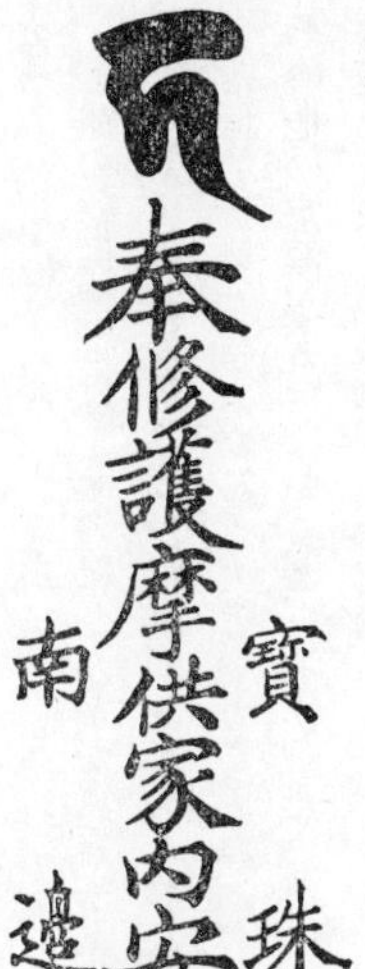

7図　ケツケ祈禱札
南淡町護国寺が発行する虫除けの祈禱札

としたい。

上述の信仰習俗は、そのほとんどが真言宗地帯を中心に執行されている。他の日蓮・浄土・真宗・禅宗の部落では痕跡がみとめられないというわけではないが、その影響度はむしろ低いといってよかろう。[46]ということは、真言宗が在来の民間信仰に強い関心をもち、その他の宗派がもたないことを示す。だいたいに日蓮宗とか真宗の部落——何れもここでは極めて狭い地域に限られているけれども——では、どちらかというと、所依の宗派の仏教行事がドミナントである。そして在来の習俗や信仰には冷淡である。たとえば日蓮宗地帯の農家では、山の神・田の神などの信仰に憑依する在来習俗を拒否する傾向が強い。これに反して、御会式・御正当会・要品講・女中講（尼講）など、寺院や宗旨につながる宗派行事に強い関心を示している。ただ浄土真宗のばあいは、本島ではまったく微力な存在であるうえに、真言宗の巨大な勢力に囲繞圧倒されて、むしろ立宗の宗風に反し真言宗の影響に左右される傾きをもつ。たとえば団子コロガシ・高山まいり・回り弁天などの真言宗行事に参加して少しも違和感をもたない。盂蘭盆会の棚経などには、真宗の寺僧が真言僧に同行してともに檀家廻りをする所さえある。墓制なども真言宗檀家と同様に土葬による両墓制をとる所が多い。[47]

要するに、日蓮宗のばあいにとくに強く現われているように、若干の異端者がなくはないが、圧倒的勢威を示す真言宗的色彩が濃厚である。だから、寺院を中心とする部落の宗教行事そのもののなかに真言宗的呪術性が強く見られる。とともに、在来固有の民俗信仰と習合する領域もきわめて広くかつその度合はひじょうに深い。真言宗寺院が地域社会に深く根を下ろして、いまなおかなりアクティブな機能をあらわしている所以であろう。

Ⅳ 民間信仰伝承の成立と展開

一　ノツゴ伝承成立考──民間信仰の歴史・民俗学的考察

　歴史を研究する態度としてたいせつな点は、現代的感覚によって過去を捉えるということであろう。いかに綿密に過去の事情に精通しているといっても、それがどういう歴史的意義をもっていたかを洞察するのでなかったら、その知識は、たんなるディレッタンティズムの域を出ないで止まってしまう。そういう立場が歴史研究のオーソドックスな態度だと思っている頑迷な研究家は、さすがにもはや存在しなくなったように思われる。

　ところが逆に、歴史を現代人の感覚のみで捉えて、それでよしとする態度も反省されなくてはならない。そういう立場を固執すると、また、過去の歴史像を正しく把握しえないところとなる。あくまでも、いったんはその時代の人になり切ることが大切である。これは、少なくとも歴史の研究を生涯の仕事として心に決めたほどの人なら、釈迦にする説法のごとく自明の理である。至極簡単なこの原則が、とかく軽視され勝ちなのはどういうわけであろうか。

　この二つの立場は、日本民族のものの考え方、人生観、世界観などがどのようなものであったか、またそれが時代によってどう遷り変ってきたかを考える場合に、忘れてはならない重要なことだと思う。つまり、思想史、信仰史などのように、民族の内面史を構成する際にとくに重要となってくる。民族の思想や宗教や信仰は、他の政治、経済、社会の諸現象のように、直ちに外面に表出されて具体的行動形態をとってあらわれることが少ない。これに反して後者は、きわめて陽動的である。たとえば政権争奪にともなう戦乱、経済利権確保のための一揆騒動、階級闘争のための社会運動などはそれにあたる。したがって、そういう場合は、現象面をみただけで事件の真相を把握することが比較的容易である。ところがデリケートな人間の心理的動きは必ずしも物理的合理的なプロセスをへて表出されるとは限らないために、その真相を摑むことがいっそう困難となってくる。それだけに、史実の断定にあたっては、より慎重でなければならない。まず、できる限り過去の歴史時代人になりきって考えてみる。と同時に、現代の精神生理学や心理学の諸成果を活用してみることも忘れてはならない。それでもなお、解けない問題は残るかも知れないが、とにかく両者の立場や方法を縦横に駆使するだけの慎重な態度と努力とを惜しんではならないであろう。

しかしながら、われわれがとにかく曲りなりにも、過去の歴史時代人になることができるのは、少なくとも該時代のことを示す素材がのこっているからである。それをたよりにして初めて過去を類推することができるわけである。ところが、その素材は、かならずしも必要にしてかつ十分に備わっているとは限らない。ことに思想史、信仰史の領域については不足がちである。日本民族の信仰史を考える場合、神話とか古代伝承のなかには、そういう資料は豊かに包含されている。また、説話文学とか物語文学などにも豊富な材料が含まれているように思われる。けれども、それらは概ねフィクションである場合が多い。文学や神話がそのまま歴史になりえない限界はそこにある。いっぽうまた、これらの資料は、どちらかというと天皇、貴族、武士などの支配者層に関する記述が多く、民間の一般民衆の生活は、ほとんど触れられていない。そこでわれわれは、こんにち民間に伝承されている庶民の信仰生活を探ることによってえた成果と、歴史時代の該資料とを比較研究して、日本の民族信仰の特徴や変化の過程を明らかにすることが可能であるかどうかを考えなければならない。たとえば、平安時代の貴族社会に横行した怨霊思想をとり上げてみよう。(1)これを文献に記されているものに求めても、その数には限りがある。それによっておよその見当はつくかも知れないが、くわしく内面に立ちいたって知ることは難しい。ところがいっぽう、こんにちの民間では、無名の小神祠を中心に、御霊神信仰、若宮信仰と称される祟り神の信仰が広く行なわれている。その実態を究めることによって、往時の怨霊思想もまた、こんにち民間にみられる御霊信仰、若宮信仰と、凡そ軌を一にするものであることを発見する。(2)いずれも祟り神の信仰から発生し発展してきたものと断定することができるわけである。

歴史的文献資料と民俗的伝承資料との契合については、なお多く論じなければ大方の納得をうることが難しかろう。遺憾ながら、その点に詳しく触れることができない。(3) わたくしは、ここで四国地方に横行する「ノツゴ」と称する妖怪伝承を通して、民間信仰成立の民俗学・歴史学にかかわる問題を具体的に処理し、その方法論を展開してみようと思う。まずこの怪異の本態を突きとめて、その現象が四国のみならず、広く近畿地方にまで発展していること、しかも、それが、わが国民間に消長する民族信仰の変遷を示す典型的な一形態であることを明確にし、その上に立って一つの試論を提示し、いささかこの問題に答えたいと考えたしだいである。(4)

1 ノツゴ伝承の諸類型

愛媛県の南部、とくに南北両宇和郡下の各町村や、これと境を接する高知県の西部幡多郡の村々では、ノツゴと称される妖怪が跳梁跋扈している。夜間山道などを歩いていると、これといった理由も考えられないのに、どうしたわけか足がもつれて歩けなくなる。そういう状態に人間がおちいった場合に、この地方では、いっぱんに何物かに「憑かれたのだ」という。人間にとり憑いて怪異現象を惹き起こすものは、まことに種類が多く、いちいち枚挙しがたいほどである。これらのなかには、山犬(やまいぬ)・川獺(かわそ)・狸・蛇・夜雀・エンコ(猿猴、他の地方でいう河童のこと)などのように鳥獣魚虫の動物の形をとって出現するもロウ（山女薦）ヤマンバ（山姥）ヤマジョのもある。あるいは海坊主、小豆洗い、ヌレオナゴ（濡女子）ヤマンバ（山姥）ヤマジョロウ（山女薦）ユキオンバ（雪姥）などのように異形な人間に化けて人々に襲いかかってくるものもある。ときにはまた、ジキトリ、ガキボトケ、ヒダリガミ、犬神、ミサキなどのように、まったく得体の知れない妖怪である場合も多い。こうした妖怪は、総称してボウコとよばれているが、ノツゴもまたこのボウコの一種と考えられている。
よく人に憑いて怪異な働きを示すノツゴを俚人の伝承からさぐって見ると、その出現の仕方や性質などについて、幾つかの類型が存することに気づく。そこで、論旨を進める便宜上、それらの諸類型を整理してみたいと考える。

人間に憑くノツゴ

ノツゴは、出現してくる際の現われ方によって、次ぎの三種に区別することができるようである。すなわち

a　ギャッという恐ろしい叫び声を挙げるけれども、その本体が何物であるかは明らかでないとするもの。

b　赤子の泣き声を発して出現してくる。その本体についてはさらに、これを赤子の亡霊とするものと、鳥の一種とみなすものとの二類型に分けられる。

c　a、bのように性格がそれほどはっきりしていない。たんなる妖怪と考えられてい

るもの。

である。これらの三種を、実際に民間でいい伝えている伝承事実そのものの内容を示すことによって、実相をつかむこととしたい。

資料Ⅰ

a　愛媛県南宇和郡内海村柏

夜山道を歩いていると、暗闇のなかで、ギャッという薄気味の悪い叫び声を聞いた。その途端に足がもつれて歩けなくなる。これは「ノツゴに憑かれた」からである。ノツゴは、山犬とも夜雀ともちがう魔物である。けれどもそれが何物であるかは、まったくわからない。(5)

資料Ⅱ

b_1　高知県幡多郡橋上村楠山

夜の山路でどことなく幼児の泣き声がしてくる。それをノツゴという。これに出会うと、草鞋のチボ（乳首）をやるか、草をちぎってチボにして投げると退くと言われている。(6)

b_2　愛媛県南宇和郡一本松村小山

ここに出現するノツゴは、影も形も見えないが、オギャオギャとかワアワアとかいう赤子の泣き声を立てる。(7) まことに気味の悪い存在であるが、恐らく幼児の亡霊が発する声であろうという。

b_3 愛媛県北宇和郡広見町深田

母乳の出ないことが原因で栄養失調で死んだ乳呑児をノツゴだと考えている。その亡霊が成仏できずにさ迷い歩き、通行人にとり憑く。夜道を歩いていると、ギャッという悲壮な泣き声を立てて草鞋のチ(乳)に喰い憑く。すかさず、それを千切って投げつけると、どこともなく逃げかくれてしまう。(8)

b_4 愛媛県南宇和郡城辺町中緑

峠を越すために夜道を歩いていると、ギャッという鳴き声が暗闇に響くことがある。それはどんな形をしたものかわからないけれど、鳥の一種であろう。それが証拠に、草鞋のチを切って投げつけると、そのノツゴは驚いて逃げて行ってしまう。それが証拠に、ノツゴの鳴き声はまったく止んでしまうから。(9)

c_1 愛媛県南宇和郡内海村油袋

道を歩いていると「草履をくれ」といって追っかけてくる魔性のものがノツゴである。急に足が重くなってどうしても歩けない。そのとき、草鞋のチ(乳)か草履の鼻緒を切ってやると、ようやく足の自由がきくようになる。夜、屋外へ遊びに出たがる子どもをおどすときなど、「ノツゴが憑くぞ」といえば、かならず言うことをきく。それくらいに恐れられている。[10]

c_2 愛媛県北宇和郡三間町曾根

この土地に育った老婆は、子どものころ夕方遅くまで屋外で遊んでいるとノツゴにかくされてしまうから、日が暮れたらはやく家へ帰るようにいわれた。ことに夜中には決して「隠れん坊」遊びをしてはならないときつくさとされた。ノツゴにさらわれてしまうからだという。子供心に薄気味の悪い怖しい魔物として印象づけられて今日に及んでいる。[11]

資料Ⅲ

c_3 愛媛県南宇和郡内海村平碆

ノツゴは海上にも出ることがある。海坊主は船につくが、ノツゴは人に憑く。これに憑かれると、頭がぼうっとして手足の力が抜け艪を漕ぐことができなくなる。そういうときは大歳の晩に炒った大豆を海上に撒くとよい。漁師はふだんからその大豆を置箱(おきばこ)の中に入れておき出漁のとき船に乗せて持って行く。そして、ノツゴを落す呪いに使う。[12]

以上の資料によって、愛媛・高知の両県に伝承されている妖怪としてのノツゴが、どのような性格をもっているか、またどのようなものと考えられているか、その大要はつかみ得たことと思う。それらのなかで、とくに注意しなければならないことは、資料Ⅱのb_3で紹介した赤子の亡霊をノツゴの本体と考えている伝承についてである。何故そのような伝承が生れてきたかを明らめるために、われわれは伝承成立の背景をなした該地方民衆の生活や習俗に注視の眼を向けなければならない。

南予の御荘町中浦や猿鳴では、幼児が死んだ場合、その埋葬に際し常人と若干異なった方式が行なわれている。僧侶の読経がすみ、いよいよ棺を墓穴に収めて埋めようとするとき、会葬者のうち近親のものが履いて行った草鞋のチボ（乳首）や草履の鼻緒を千切って、その中に抛り投げるのである。そうしてからはじめて土を寄せて埋めてしまう。[13] 土葬方式をとっている地方では、ことに親縁のものが埋葬のはじめに若干の土を手にとって投げ入れるという習俗が一般である。そうすることによって、肉親とか親戚友人に心を牽かれ、それから離れがたくさ迷うている亡霊も、ようやくあきらめて、あの世へ旅立って行くことができるというのである。[14] 幼児の場合は哀憐の情がいっそう深くて別れ難いために、とくべつ草鞋や草履を投げて袂別の人情を示そうとしたのであろう。

この幼児葬法の方式が、憑かれたノツゴから身を放す呪法とまったく似ているということには、なにかの関連が見られないであろうか。この点を少しく探ってみたいと考える。

高知県幡多郡といい、それにつづく愛媛県南北両宇和郡といい、幾条もの山脈に深く囲まれている山村が多い。あるいは豊後水道や豊予海峡に点在する島々や縁海の岬・半島に集落を形成する漁村のどれをとってみても、僻地とよばれる特徴を遺憾なく備えている。日本列島のなかでも特別に生産力の低かった地域といわなければならない。ことに藩政時代にはそういう地理的条件に加えて領主の執拗な収奪政策が強行された。宇和島・吉田両藩の百姓一揆が他藩にくらべて決して少なくなかった事例を見ても、農民の困窮がかなり深刻であったことがわかる。(15) そういう皺寄せは、すべて、かれら農漁民生活の上にふりかかってくる。かくして生活上の困窮から家族を救うために極端な人口制限が行なわれるにいたった。この地方が、間引(まびき)とか堕胎(おろし)とかで早くから著名であった理由は、まったく上述の事情にもとづくものであった。あるいは、正式な結婚によらないでてて、なし子（私生児）を生んだ娘は、生まれた子の口をむして（塞いで）こっそり土中に埋めて世間体をつくろおうとした。と同時にまた、そうすることによって家計の失費を幾らかでも喰い止めようと顧慮した。まことに人間性を無視した悲惨事というべきであった。泣き声がするので掘り返してみたら、まだ生きていたという話も伝わっている。それが育てられて生存した例も少なくなかったという。何処々々の何某媼、誰某翁がそれだと指摘するところをみると、明治初年までも行なわれていたことが推察されよう。

ところが生き返らないでそのまま死んでしまった場合、その霊をこの地方ではノッゴといった。このノツゴには一千四杯の水をかけて弔ってやると、そのまま成仏する。つまり、流れ灌頂を施してやればよいというわけである。供養してやらないと、亡霊となってこの世に出現し、家族や親類や村人に祟る。そういう風にいわれている処が実に多いのである。

日本人の死霊観がいかなるものであったかを明らめる上からも等閑視できない問題である。しかしながら、この霊魂伝承を日本人の精神史の上に位置づけることは、なかなかむつかしい。第一文献にのこる資料が少ない。けれども、各地の習俗に、人間の死の直後に、屋根の上にのぼって本人の名を声高く喚ぶ「魂呼ばい」がみられることから考えると、人間の霊魂というものは、空間にただよっていて、人に憑いたり、家に祟ったりするものだと思われていたのではなかったろうか。[16] もしも、そのような解釈が妥当であるとすると、ノツゴとはまさしく、堕胎、間引などによって非業の死を遂げた嬰児の亡霊であったといわなくてはならない。それを証拠立てる伝承は、数は少ないけれど、ないわけではない。(資料Ⅱ・b1・b2・b3参照)。そうすると、ノツゴとは野の子、つまり、現世に愛着をもっているために、なかなかあの世へ行けないで、田野をさ迷い回る子どもの亡霊だと断定してさしつかえないように思われる。

ノツゴ塚

香川県在住の民俗研究家武田明氏によると、西讃岐地方には、ノツゴと称する地名が数多くみられる。と同時に、ノツゴ塚とよばれる土塚が、踏査しただけでも十数カ所はあるという。[17]『西讃府志』には野津古塚と記載されている(同書、巻之三十九、豊田郡坂本郷植田村、巻之四十四、多度郡三井郷荘村など)。これらの塚がどういう事情のもとに構築されたのかは、確かめることができない。古老の記憶をたどっても不明であるし、由来をかたる伝説も伝承も消えてしまっている。かすかにのこるいい伝えをたずねてみると、丸亀市上金倉では、用水路の溝が壊れたり、溜池の堤が切れたりした時にまつる神様をノッゴという。そして、その神様の鎮座地がノッゴ塚である。とすると、ノッゴ塚というのは、用水池や溜池を構築するときに、それの守護神としてのノッゴ神を祀るために築いた塚だということになろう。また仲多度郡四箇村庄では、もと検地の際の準縄を納めたところだという（『西讃府志』巻之四十四、多度郡三井郷荘村）。これらの塚には、老樹が鬱蒼として茂り、神域を偲ばせるところが多いから、かつては、何かの神が鎮座していたものと考えられる。新しく田や畑を開いた際に、灌漑の必要上、用水池を掘鑿し、そこに守護神を勧請してその保全を祈ったという例はほかにも多い。そういう神聖なところを選んで、開墾、掘鑿作業に重要な役割を果した準縄が、とくに神聖視されて保管収蔵されるということも普通に見られる例である。かつ、それが神体として祀られる例も少なくない。神社の境内にある庁屋や頭屋神主の家などに、神祭の用具などといっしょに、村の重要な書類（掟書、氏子帳、祭礼次第、当番帳、算用帳）や道具（鍵、桝、帳面など）が収蔵され、それが氏神の分霊として崇められるということも、一般に行なわれている。[18] 用水池守護の信仰が衰えてしまった時点において、検地の準縄のみが強く印象づけられてきて、それがノッゴ塚成立の伝承として俚人の記憶に遺ったためであろう。

武田氏の実地踏査の印象によると、ノッゴという地名やノッゴ塚は、海岸近くの水田、あるいは海を見下すことのできる山腹に多く分布している。山間地域にはほとんど見られないという。そういう状況から察すると、ノッゴ神が牛馬の守護神としてまつられていることと思い合わせ、昔新田開発をした折に、犠牲となった牛をまつったものではないだろうか。また、瀬戸内沿岸地域の塩田地帯では、塩田開発に際して、牛を犠牲に供したという開創伝説が多く伝承されている。それらの例からみても、ノッゴ塚が牛の供養塚であるという考え方はごく自然のように思われる。けれども、その断定にあたっては、なお多くの資料を求めなければならないであろう。[19] ただ『西讃府志』の伝える豊田郡坂本郷植田村の東原にあった野津古塚は、堆積の築土が頽れ、なかの石室から武器の類が出てきたという。これが宇和地帯や高知県下にみられるように落武者終焉の地であり、そのときの装具をともに葬った場であるとすると、ノッゴとは、まさしく戦乱の際に非業の死を遂げて、行きつくところに行けなくて巷間にさまようている亡霊であると考えられる。人間であり牛であるという相違はあるが、ともに亡霊の供養塚であるというところに大きな特色を示しているものと思われる。

ノッゴ祭

四国地方では、いっぱんに農耕とか物資の運搬に牛を使っているところが多い。また塩田の開発にも役牛の畜力を利用することが多かったといわれている。農村・海村・山村を問わず牛が重視されていて、それが当然のことながら、年中行事や信仰祭事に大きな役割を果している。そのなかにノツゴ祭とよばれる歳時儀礼がある。次にその資料を掲げてみよう。

資料Ⅳ

a_1　徳島県麻植郡

五月四日の晩を牛の正月、またはノツゴ祭ともいって、虎杖によもぎと萱をくくったものに水を灌ぎ、死んだ牛に供養する村がある。[20]

a_2　同　美馬郡一宇村

a_1と同じ習俗をノチゴマツリとよんでいる。[21]

資料Ⅴ

b_1　香川県三豊郡高室村室本

牛を飼育している家では、五月五日に、鯖を菖蒲でくくり牛の角に掛けておき、後に牛を飼う男にそれを食べさせる。また麦藁で牛の形をつくり、菖蒲の根を角とし枇杷の葉を耳として野津古の祠に奉り、牛のために災を攘わんことを祈る。[22]

b_2　香川県仲多度郡広島村広島

塩飽群島の一つ広島では、五月五日に浜辺の松の木の下へ麦藁で作った牛を持って行く。その時に、芝餅という柏の葉で包んだ中太の形をした餅もいっしょに持って行って、牛に食べさせる所作をする。それが済むと次ぎに自分も食べる。麦藁の牛の人形はそのままにして帰ってくる。この行事をウシハナシという。牛を病災の難から除くためだという。この海岸の近くにはノツゴという地名がのこっている。(23)

b_3 土佐国安芸郡室津村（現室戸町室津）(24)

ノツゴノ宮 モモノ木の内 祭日三月三日、五月五日、九月九日

b_4 同長岡郡定林寺村（現岡豊村大字定林寺）(25)

ノツゴ神 古城山南ノハナ 祭日三月三日、五月五日、九月九日

野津子 定林地山 社地三代、今社無し

b_5 同 長岡郡国方村（現国府村大字国分）(26)

野津子 ヒラメ 社地十七代 七月七日 牛馬祭。

b_6 同高岡郡家俊村（現高岡町家俊）(27)

ノツゴ 兼国 正体 石

（注） 何竜按……兼国、家俊村ニ兼国ノホノギアリ、天王社・野津子社・白子社有。

資料Ⅵ

c_1 香川県三豊郡高室村室本

旧八月一五日、山腹にある野津古の祠に、左義長と書いた大幟が立ち、そこへ牛を飼っている家の人が萱を持って行き、祠の前で火を焚いた。その灰を紙に包んで持ち帰る。その祠をノッゴとよぶ人とサンキチャとよぶ人がある。(28)

c_2　同所

八月一五日の朝、牛を牽いて野津古の祠に行き、方三四尺の藁小屋をつくり火をかけてこれを焼く。それを左義長という。その焼いた灰を紙に包んで持ち帰り、牛宮の口に納めておく。それによって牛の病を去ることができる。(29)

以上の資料によってノッゴ祭の性格を考えてみると、およそ次ぎのようにまとめてみることができる。

(一)　ノッゴ祭の主目的は、牛の病災を防ぐことにおかれている。このなかには、資料Ⅳのように牛の死霊をまつる方式と、資料Ⅴの示すごとく、実際に牛を連れて行くところ、あるいは麦藁で牛の形を象ってつくり、それを牽いて行くところとの違いがあるが、いずれにしても現に在る生ける牛を健全に育てて行くことを祈願する方式と、二つの奉祀形式がみられる。

(二)　祭日に注目してこれを眺めると、五月四日ないし五日、つまり端午の節供に行なわれる地域が圧倒的に多い。けれどなかには香川県三豊郡のように八月一五日のところもある。もっとも後者は、左義長とかサンキチャとよばれているし、同じ村で五月にノツゴ祭を八月にサンキチャを行なうところからみると、両者はまったく別の系統に属する歳時儀礼と断定しなければならない。

㈢　祭祀の名称について検討してみると、ノツゴ祭というのがもっとも多く見られる。けれどもなかには、行事の内容をとったウシハナシなどという名称も見える。

以上の三点から、四国地方で普通ノツゴ祭とよばれている行事は、まず牛に関係した祭で、その行なわれる時期は五月五日の菖蒲の節供であるということになろう。ノツゴ祭という名称に拘泥しないで、ウシハナシのような、五月五日に行なわれる牛に関係した行事を広く探ってみると、あるいは、ノツゴ祭の本質がいっそう明らかになってくるかもしれない。そこで、五月節供の行事にあたって、牛にまつわる習俗が全国的にどのように展開しているかを眺めてみることにしよう。

資料Ⅶ

a1　岡山県和気郡吉永町八塔寺

五月五日をまた牛の菖蒲といい、牛を洗って清潔にし、菖蒲の根で牛の角に似たものをつくって牛の頭に結えつけた。牛の角を四本にしたなどといいはやした。(30)

a2　同　勝田郡

美作地方では五月六日が牛の菖蒲といわれている。牛小屋に菖蒲を葺いて災害除けにする。五月五日が人間の行なうショウブであるから、それより一日後れて牛の祝い日があるわけである。(31)

a_3 広島県高田郡

郡内いっぱんに五月五日、または一六日を牛の休み日と称している。この日はどんなことがあっても牛を使わないで休ませなければならないと言っている村が多い。(32)

a_4 山口県

長州には、五月五日、牛を使ってはならぬという戒めが今でものこっている。(33)

資料Ⅶによると、五月五日の端午の節供に牛を休ませたり、牛の角の形につくった菖蒲をその頭に結えつけたりして、牛の災害除けの呪法としようとする習俗は、人間の社会で行なわれてきた菖蒲節供の慣行を、家畜である牛に転用したものと考えられる。徳島県麻植郡のノツゴ祭で、虎杖に蓬と萱とをくくったものに水を灌ぎ、死んだ牛に供養するというのも(資料Ⅳa_1)、また香川県三豊郡で、麦藁でつくった牛人形に菖蒲の根を結びつけて角に見立てて祠に飾り、牛のために災をはらおうと祈ったこと(資料Ⅴb_1)も、これとまったく同じ系列の行事であったということができよう。このようにみてくると、五月五日を中心に展開しているノツゴ祭が、牛の菖蒲とか、牛の正月などとよばれ、蓬や菖蒲をその中にとり入れているのは、さほど重要視する必要はなくなってくる。この祭の秘密を解く鍵は、全く別のところに置かれているようである。

2 ノツゴ神とノ神

四国地方に点在するノツゴ神の伝承ないし信仰は、およそ上述のごとくである。これを大胆に結論すると、一つは、ノツゴ祭の神祭がよく示すように、牛神ないし農耕神もしくは作神としての性格が強くあらわれている。そして、そういう信仰の痕跡を示すところとしては、徳島県から香川県に及ぶ、いわば東四国地方が挙げられる。換言すれば、紀伊水道や東瀬戸内海を隔てて本州の畿内、中国地方に接近している地域ということができよう。これに対して、もう一つのタイプは、愛媛県の宇和地帯から、高知県の幡多郡にかけてみられる妖怪化してしまったノツゴである。第一のタイプと第二のそれとの間に何か関連があるのか、あるいは全く系統の違った存在なのであるか。もし関係があるとすると、二つのうちのどちらかがもう一つのどちらかに、どのような影響を及ぼしたのであるか。そういう点が疑問として湧いてくるのである。二つが全く別物であるならば、この問題はこれ以上発展する余地はなかろう。しかしながら、同じ地域、あるいは近接した地域に同じ語が使われているのである。そこで、いちおう両者の関連をみとめ、系統を同じくするものの変化の相であると前提した場合にどういうことがいえるかを考えてみたい。

香川県、徳島県下に分布するノツゴ神を検討するときに、われわれに大きな衝動を与えるのが『南路志』に記載されてあるノツゴ神と野神とである。(32)野神とか野宮が、ノツゴとどういう関係にあるのか。その点に少しく触れてみたいと思う。

資料V、b_3・b_4・b_5によると、『南路志』が編集された文化年代には、土佐国一円にノツゴノ宮、ノツゴ神、野津子などの小祠がまつられていたことがわかる。あるいは、野津高と記載されていたり、また野津天王と書き記されているものもあるが、(33)いずれもノツゴ神を示していることには異議を挟む余地はない。この『南路志』の記述にしたがって野津子神の性格を追究して行くと、およそ次のことが明らかとなってくる。すなわち(一)、前述の資料Vのb_5に示されているように、それが牛馬祭の対象となっていること、換言すれば牛馬の息災を祈願する神として民間に広く信仰されていたことである。そして次に(二)、その祭日が三月三日、五月五日、七月七日、九月九日などの節供日と重なっていることである。牛馬の神とあるけれども、この地方の役畜は原則として牛が多く、馬は武家の間で飼育されたにすぎないので、実質的には牛と見て差支えないのである。また節供ごとにおこなわれる野津子祭は、三月、五月、九月の三節供の場合が圧倒的に多く、なかでも五月の端午の節供を欠くところはほとんどみられない。とすると、土佐での野津子は、香川県や徳島県にみられるノツゴ祭が牛の菖蒲、牛の正月とよばれて五月四日の宵節供、または五日の節供当日に行なわれているのにかんがみて、それらとまったく同一系統の行事であり、信仰であったと断定してよかろうと考える。

そこで、再び『南路志』の記述にもとづいて、ノツゴ神と野神との関連する問題に入ってみたいと思う。まず野神の記載をたずねてみよう。

資料Ⅷ

a_1　土佐国安芸郡奈半利村(34)
　野神ノッゴ　祭礼　三月三日、五月五日、九月九日

a_2　同　香美郡赤岡村(35)
　野神江見ノツゴ　無社、松二本有、祭礼七月七日

a_3　同　土佐郡布師田村(36)
　野津高ノッゴ山　社地壱代

これらの資料によると、野神が、ノツゴとよばれる地名のところに鎮座していることがわかる。野津子や野津高もまた当然のことながら、ノツゴと称される地名の場所に奉祀されている。とすると、ノツゴと野神とが、浅からざる因縁に結ばれていたことがまず第一に予想される。ところが、野神の行事内容、つまり祭日とか、祭祀の対象、信仰の実態な

どに注目すると、その親縁性はいっそう高まってくるのである。「阿波志材料川田村」によると、徳島県麻植郡川田村には野宮とよぶ小祠がまつられている。土地の人はノゴウと発音している。六月、土用の入りの日には「毎事団子を拵へ重箱に入れて牛馬を率ゐ、野宮へ参詣する。団子は野宮へ供へ後牛馬にも食べさせ又群集の子供にも与へる。此餅を野宮餅とも言ひ、又土用餅とも言ふ。若し土用入の日にはずれたら土用中日々此様にせねばならぬ」（麻植郡誌、七三頁）というのである。この行事は、資料Ⅳa_1に紹介した、ノツゴ祭と甚だ類似している。ただ日がいっぽうが端午の節供であり、他方が六月土用入りの日となって若干の喰い違いがある。けれども、日の若干の混同は、よく見られる例であるから、問題点から外して行事内容のみに注目してみると、野宮はノツゴと同じことになる。ただ、野宮は単に牛馬の守護神としてまつられているのにノツゴがその亡霊の祟りを恐れて祀ったといわれているところにニュアンスの相違がある。この点は後に触れることとしたい。

資料Ⅸ

b_1　土佐国安芸郡伊尾木村(37)

野神（穴川ノ上）　御神躰石　祭礼　五月五日　九月五日

b_2　同　馬路村(38)

b_3　野神　東ホキ　牛馬守護神　祭礼　五月五日 九月九日

一、同一社　弐尺五寸四面松茸。同ホキニ有。右林間四方。野神、御正体鏡。右勧請年暦由緒不知。祭日五月五日、九月九日。右者牛馬守護止弓影・日裏・朝出村中ヨリ作初穂ニ御穀ヲ備祭来。右両村ノ内ニテ廻リ当人六人ニテ、五月ハ家毎麦三合宛、外ニ味噌、並中ガサニ一杯宛ノ白米ヲ牛ノ米トシテ集ル。

b_4　同　江川村(39)

野神　天神坊 土井林　神躰石 耕作牛馬祭神　祭日　三月三日、五月五日 九月九日、

以上の例によって、まず祭日が、ノツゴ祭と同様に、三月、五月、九月の三節供であることが明らかとなる。もっとも、野神祭には、正月六日・五月九日・一五日、九月一〇日・一五日・一八日、などの例がないでもないが、それらは、いずれも例外である。村落協同体じたいの都合によって祭日を変更するという例は稀有なことではない。また雑祠・小祠の神祭が、郷村社などの社格の高い神社の祭日に統一されるという場合も多いので、これらの例外は、問題として採り上げるほどの重要性は有たないように思われる。

資料X

c_1　土佐国安芸郡馬ノ上村(40)

野神

宝永風土記　野神三ケ所有　此所極森迄何之云伝なし、三月三日、五月五日・九月九日牛馬所持仕者節句祝ひ持参仕候

C2　同　元村(41)

野ノ神（岡山）祭日（五月五日、九月九日 正月六日、別当東坊僧一人）

社記云野宮共云、少々林を牛馬神と奉崇

C3　同　長岡郡片山村(42)

野々神（野塚）当村川窪氏扣山ニ五輪有之　牛馬を祭。

C4　同　野田村(43)

野々神（西野田）祭礼五月十五日、別当瑞松寺、社床拾代四歩、社地九代弐歩、地分牛馬祭場、此所ニ而野々神祭候由

「牛馬神と奉崇」とか「牛馬所持仕者……祝ひ」「牛馬を祭」「牛馬祭場」とあるように、牛馬を祭るために建てられたのが野神である。しかしながら牛馬を祭るといっても、牛馬の死骸を埋葬したところか、あるいは、その亡霊の祟りを伏せるために祈りこめたところであるか、あるいは牛馬の息災を祈って祠を建てたところか、それらの点は、この記載文だけでは明らかになしえない。ただ、五輪のあるところに牛馬を祀ったとあったり（C3）、

また林の中に祠を立てて牛馬を崇め奉ったとあるのを見ると、牛馬の死体を葬ったところに供養碑を建て、その死霊の、人や牛馬に祟ることを防ごうとした意図がわずかながらうかがえる。あるいは資料Ⅸb_2に見られるように、野神を「牛馬守護神」だとすると、農耕に不可欠な牛馬の息災を祈願するための対象として祀られていたこととなる。この二つの要素は、野神が民間信仰として成立してくる過程の上で、無視し得ない重大な要因となっていたに違いない。どちらが先に出現したものか、またどちらにウェートがかかっていたかは、にわかに断定しがたいところである。けれども、この地方には、祟り神としてのマツリ神様、ハヤリ神様、御霊信仰などが濃厚であることから見ると[44]、まず牛馬の死骸を手厚く葬って、その霊を慰めるという段階があり、それにつづいて、その死霊が大いに人々に祟りを及ぼすという風が流行し、ついにそれが牛馬の守護神として広く信仰されるようになったのであろう。これは単にノツゴ神の場合のみならず、この地方に広く見られる民間信仰現象の一般的特徴である（本書「Ⅰ民間信仰の伝承態」参照）。

ところで、野神、野ノ神、野宮、野々宮などと称される一連の小祠は、名称にこそ若干異なる点が見られるけれど、その祭神の性格、祭事儀礼、祭日・信仰対象などについてこれを検討してみると、まったく同一系統のものであると断定して差しつかえないように思われる。名称についても、野神とノツゴ神との同一性を立証することは不可能ではない。いっぽんに、よく祟る神についてみると、たとえば御霊信仰の場合を考えてみると、それは、親神の子神となって出現する例が多い。(45)八幡信仰においても、親神の子神である若宮がよく祟る神として祀られている。とすると、よく祟る性格をもつノッゴ神は、親神としての野神の子神として現われているのではないだろうか。(46)野神の本体については次節で検証したいと思うが、とにかく山の神に対する野の神であろう。田畑に下りてはそこを守る田の神や地神となるであろうし、また、そこに働く村人や牛馬の安全をはかる守護神としてもまつられてくるであろう。そういう野神の子としてノッゴを想定することは、決して無理ではない。ノッゴとは「野の子」の意味にとってよいのではなかろうか。

3 野神信仰の諸類型

以上によって不十分ながらノッゴ・野神同一説の概要を述べたわけである。そこでひるがえって、野神信仰の実態を究めなければならないところに到達した。広く日本列島に展開する野神信仰の本質を明らめることができるとすると、あるいは自然にノッゴ神の正体もわかってくるかも知れない。そういう希望をもつことができるからである。

野神とよばれて広く民間に祀られている祠は、近畿地方に多く分布しているようである(『綜合民俗語彙』、第三巻一一八八頁)。ところが岩手・秋田両県地方で、秋の稲収穫後に祀る神もまたノウ神とよばれている。団子を供えるだけでとくべつ手のこんだ祭儀をもたないこのノウ神は、三月一六日に天から降りてきて、九月一六日に再び天へ昇って行くといわれている。[47] とすると、山の神が春秋に山と田とを去来するといわれる田の神信仰と軌を一にしていることから、むしろ山神の田の神化した農神であると判断される。この東北地方のノウ神については、本論と関係するところ多大であると思考されるが、そのことについては後に触れたい。[48] まず、畿内に分布する野神信仰の諸類型について論及する。

畿内地方の野神信仰

近畿地方の村々では、路傍とか田の畔道など、あまり目立たないところに自然石を立てたり、かんたんな木宮や石宮を建ててそれを「ノ神」と称して祀っている。なかには野宮神社とか野神神社などといわれ、ひとかどの社祠社殿を持ち、村社などの社格を与えられたものもあるが、それはむしろ例外で、多くは社殿を有しない小祠である。このノ神の宗教民俗学的研究は、近畿民俗学会を中心に進められているけれど、まだ学界の承認をうるまでの結論には達していない。[49] しかしながら、臨地調査は強力に進められ、その意欲と努力とによって、この問題の解決されるのも、そう遠いことではなかろう。その成果に助けられながら、本論を進めて行きたいと思う。

a1　奈良県磯城郡耳成村大字上品寺

旧の端午の節供（現在新暦六月五日）にシャカシャカ祭という有名な蛇祭りが行なわれる。起源は不明であるが、すでに数百年も続いているといわれる。その目的は五穀豊穣を祈るためであって、子供組の手で行なわれる。

この祭はすべて当屋が支配し、当屋は一年ぎりで、長男の生れた家があたる。同じ年に大字内で惣領息子が二人生れた場合は、その生れ月日によって先後を定める。祭典の当日、大字の子供（七歳～一五歳）がそれぞれ麦稈または藁二束を持って当屋に集り、長さ約一〇尺、太さ径約八寸の精巧な蛇体をつくる。それを子供組が担いで大字内をワッショイ、ワッショイと練り歩き、最後にその蛇を「水を呑ませてやる」といって、由緒をもつ、区の南・北両古池へどんぶりつけたのち、野神を祀る塚の大木に巻きつけ、神酒と粽とを供えて一同敬虔な祈りを捧げてから引きあげる。

この野神の塚は、高さ約一尺、周囲が約二丁ほどあって、村人はこれを「野神さん」とよんでいる。塚の東半丁のところに大きい長池があった。その池を埋めるときに、年ふりた大蛇を殺したので、あとの祟りを恐れて、村人が現在の塚のあるところを掘って埋め、その上に栴檀（せんだん）と榎の木を植えたという。シャカシャカ祭には、麦稈製の蛇をこの木に巻きつけることによって蛇の霊を慰めている。昔はこの祭は随分と盛んで、近郷近在から見物人が多く押しかけた。またこの行事に奉仕する子供たちは、猿又一つで騒ぎ

廻り、蛇とともに池の中へ飛びこんだともいわれる。(50)

a2 奈良県磯城郡川東村大字今里

六月五日（旧五月五日）豊穣祈願のため、区民が輪番で当屋となり、一五〜一七歳の男児が責任者となって「蛇巻き」神事を行なう。場所は村社杵築神社の境内である。

麦稈で蛇体を組み立てると、それを神社の拝殿前にまつり、九軒の当屋と責任者の男児（頭持ちという）が拝殿に昇りそこで本当屋から運ばれた酒肴で気勢をあげる。このとき、大字内でその一年内に結婚・出産・普請・分家したような慶事の家から分相応な祝酒が蛇体に供えられる。蛇の頭に神酒を振りかけ、頭持ちの少年が蛇の頭と胴とをかつぎ、九軒の当屋が尻尾をもって、大字中軒並に門口（かどぐち）から蛇の頭を突っ込み「オメデトウ、オメデトウ」と声高々に叫ぶ。これを「門廻り」という。

この門廻りの道中では、頭持ちの少年同志が、蛇体で巻き合いを演じたり、蛇体の上で寝転んだり相撲をとったりして、あらん限りの乱暴を働く。昔は道中で人に逢えば、誰彼の別なくこの蛇体で巻きこんだ。たとえ武士であっても、それには一言も小言がいえなかったという。最後に蛇体は大字の中央にある榎の古木に巻きつけられる。この榎の根元には土製の小祠がまつられていて、野神さん（また初穂さん）とよばれている。巻き終ると野道具の小模型をこの野神さんに供え、また蛇体に神饌を献じ、般若心経三巻を読誦する。(51)

a_3　奈良県磯城郡三宅村大字石見小字松本

村の中を流れる小川のほとりに一〇坪余りの塚があって、こんもりと森が繁っている。そこにささやかな祠が建っていて、村人はこれを「野神さん」とよんでいる。この野神の霊を慰めるために毎年五月五日に野神まつりが盛んに行われる。祭礼の内容は、耳成村上品寺のシャカシャカ祭（a_1）や川東村今里・鍵両大字の蛇巻き行事（a_2）と似ている。

責任者となる一五歳の男子を親（おや）または当屋といい、一四歳の子をアトトリ（相続人の意、当屋の後を嗣ぐもの）とよんでいる。祭の五日前に各戸から藁・神酒代を集める。当日は早朝、男の子が全部、村社鏡作神社の境内に集り、一四・一五歳のものの指導によって、藁で長さ約一〇尺、廻り約二尺の百足の形をつくる（むしろ蛇体に似ているが、土地の人は百足だとしている）。大字の老人が一人きて清めの式を行なう。それから子供がそれを担いでワッショイ、ワッショイと掛声をかけながら、野神の塚にくりこみ、祠の前に安置する。その前には、銭形の小豆小餅と紅白の花餅五十、神酒、海山川野の幸などが三宝に載せて供えられる。この餅は参列の子供たちに分配される。それを餅供養という。野神の塚は、蛇を祀ったところに位置し、その蛇神は農業神でありまた雷神でもあると古くからいい伝えている(52)。

a_4　同　天理市　新泉

ここでは、一本木塚といい、ノガミとはよばない、旧五月五日に子供はムギワラで牛馬のムカデを作り、木製の農具（クワ・スキ）で農耕のまねをする。[53]

a5　同　平等坊

九月節供に子どもがジャジャウマ（藁で作った蛇）を作り、皆でかついでトウヤから大あばれをしながら、村の西にあるヨノミの木まで持って行き置いてくる。ヨノミは南北二間東西一間の土壇で某氏の墓石のある所に立っている。これをノガミさんとよんでいる。[54]

大和盆地の東部、磯城郡内における野神の伝承はだいたい以上のごとくである。「大和高取藩風俗問状答」（中山太郎『校註諸国風俗問状答』所収）の葛下郡今里村の条に「野中に古木の榎一本有之野神と称し、五月五日の神事執行講中有之、当年の当屋より来年の当屋へ流し候に、双方とも墨紙とて熟交り（ママ）に漉候紙を頭にもかぶり、身にもまとひ出たる処の手足のさきを、真黒に墨にて染幣のま丶取渡しいたし候由、由縁未詳」[55]とある。この今里村は現在の北葛城郡内にある浮穴村大字今里にあたる。とすると、五月五日に行なわれる野神祭は、盆地の周辺山地のみでなくて平野部にも行なわれていたことがわかる。

このように、奈良盆地には田野の一隅に塚を築き、そこに植えてある古木の根元に、小祠を建て、これを野神さんとよんで祀ってあるところが甚だ多い。これをノ神とよんでいるところは概して北部地域であるといわれる。中部より南部にかけては、いろいろな呼び名がある。同じ形式のものをノグチさん、ジャさん、ミさん、オツナハン、シャカシャカ祭、汁掛祭などともよんでいる。ノグチは、山神を山の口さんと呼ぶ例があるようにノ神の所在地に注目してつけた名であろう。ジャさん、ミさんは、麦稈でつくる蛇体から称したもの。オツナハンもそれに類する名称であろう。他は祭の行事名が神名と化したものである。これらのノ神祭を見ると、北部では家ごとに拝むという小規模の民間信仰の姿になっているのに対して、中南部にかけては、組とか講が結成されていて、子供組の参加するのもあり、部落全体の行事となっている所が多い(56)。そういう若干の差異は見られるけれども、全体を通じて眺めてみると、その祭礼はほとんど例外なく五月五日の端午の節供に集中的に執行されている。この点は土佐などに見られた野神祭と全く同じである。けれども、四国地方にみられるそれが、ほとんど牛馬の神としてまつられているのに対して、大和盆地の野神は、資料Xで見る限り、蛇、百足と関係した祭礼を伴っている。萱とか麦稈で蛇体をつくり、これを村の少童が担ぎ廻った末に、野神の塚の古木に巻きつけ、その小祠に神酒や祝餅を供えて拝んでいる。そういう祭礼習俗を眺めてみると、野神の信仰が蛇とか百足などと浅からざる因縁において成立してきたことがわかる。それはどういうわけであろうか。

民間信仰のなかで蛇が注目されてくるのはどのような段階においてであろうか。視点をここにおいて考えてみると、まず念頭に浮ぶのは水の問題であろう。古代人が蛇体を水神の具象とみていたことは、神話学研究の成果によって明らかである。[57]大和地方が農耕社会の段階に入って、水田耕作を主業とした時代には、何をおいてもそれを左右する灌漑用水が人々の最大関心事となっていた。盆地の各所でみられる溜池は、そういう要求のもとに構築されたものが多い。ところがその開創にあたっては、蛇と関係する伝説が、まことに多く語り伝えられている。資料Ⅺ a_1にも、練り廻った蛇体に「水を呑ませる」といって、古池の中へ投げ込んで、その水にどんぶりつけてから、野神にまきつけるという風が見えている。なかには、人ごと池の中に飛び込む慣行も行なわれている。水神の象徴として具象化された蛇体をあがめることによって、農作に重要な影響を与える雨水のよろしき管理を祈願した意図は、十分にくみとることができよう。池を掘るときに蛇を殺したので、その祟りをおそれて、池の近くに塚を築き祠を建てて祀った。それが今の野神さんだという伝承も多い。いずれにしても、蛇巻き神事の行なわれる野神さんは、農耕社会の生産一切を支配している水神を信仰することによって、農業の豊産を希った農民の願望にもとづいて成立してきた農神であったと断じてよかろうと思う。

ところが、同じ大和盆地内にあっても、蛇と余り関係のない野神が存在する。それは、次のごとき性質をもっている。

資料XII

a_1　奈良県郡山市上三橋

大字の東方約半丁のところに氏神、素戔嗚命神社（牛頭天王）がある。これを囲む他の東北隅の岸に小祠が建っている。村ではこれをノガミさんとよび、一と月遅れの六月五日すなわち旧五月五日にチマキをつくり、牛を連れて参る。参詣は出来るだけ早いほうがいいといって、以前は提灯をつけて参ったことさえあった。ノガミさんの木の露をふりかけられて来ると頭痛がしない。(58)

a_2　同　郡山市下三橋

新暦六月五日（もと旧五月五日）牛にショウブで鉢巻をさせて早朝に参る。チマキも供える。近所へも配り合う。参った人は酒とワカメ、ジャコの三杯酢和（あえ）を掌にうけて頂く。ここのノガミは世話する家筋がきまっている。(59)

a_3　同　天理市岩室

五月五日、麦稈をたばねて牛と称し、川上より流し野神の所で引上げ、これを中央で切断し田植式を行い、当番にて蒸飯四合を押飯とし、各戸は裸麦一升と交換して家に持ちかえり、家内に分配する。(60)

b_1　滋賀県蒲生郡鏡山村橋本

村の字中島・カンジリの二ヵ所に野神を祀っている。五月五日に村中二組に分かれ、

油単・角巻・首襷などの飾りをつけた牛を引き、御供を持って参るという。(61)

b2 同 坂田郡春照村杉沢

村外れの大きい杉と欅の古木のあるところに野神がまつられている。春のシマヤスミビ(田の植付後)に牛を飼う家々では、牛小屋の牛を、赤い布などで飾りつけ、青竹の篩で尻を敲いたり、小屋の中の糞にまぶした敷藁を投げかけたりして、随分と気を高ぶらせてから野神へ追って行く。これを牛ハヤシという。(62)

b3 同 東浅井郡

この郡野神多し、あるいは野上と書し、又ノ神と書す。(63)

この資料を見ると、奈良県の三例、滋賀県の二例ともに牛と関係した行事となっている。五月五日の端午の節供に粽をつくり牛をつれ、あるいはその模型を藁でつくってノ神さんへお参りするという様式が多い。滋賀県坂田郡で牛ハヤシとよんでいる行事は(b2)、塩飽群島の広島で行なっている牛ハナシ行事(資料V b2)と、西日本とくに和歌山県や中国から北九州にかけて広く見られるウシのオイソメ、ウシトバセ行事との二つを併合した性質をもっている。(64)つまり、そのいずれをとってみても、牛の息災を希っておこなう行事である。五月五日に牛の健勝を祈るために野神へ参るという信仰は、すでに『南路志』の記載が示すところであり、四国地方のノツゴ祭においても、つぶさに実見してきたところである。大和盆地一帯は蛇祭り形式の野神の分布が濃密であるようであるけれども、その中にあって、牛神と目されて祀られているものもないわけではない。そうすると、この地域の野神には二系統あって、そのなかの一つの系統、すなわち牛神としての野神が四国地方の野神、さらにノツゴ神とにつながってくるということになろう。

さらに問題を発展させるために、しばらく牛神としての野神の性格を分析してみることにしたい。大和盆地で牛神に深い関係をもつ野神の信仰をあつめてみると、それが著しく農神的性質をおびている点に惹かれる。まず天理市新泉部落で、子供が麦藁で牛馬の模型をつくって野神の塚へ持って行き、その前で、鍬鋤などの木製の農具で農耕の所作を演ずること（資料Ⅺ a4）が注目される。『山辺郡誌』によると、天理市岩室の野神では、麦稈をたばねて牛と称し、これを川上から流してきて、この野神の祠前で拾い上げそれを稲苗に見立てて田植式を行なったとある。生駒郡片桐町池の内の牛宮様でも、農業の豊産と関係ある行事が見られる。(65) 当年一六歳になった若者は、五月五日の朝四時に起き、平鍬とシンコ、酒、昆布とをもって牛宮へ行き、森の中の一番大きな木の下に、平鍬で森のシバ（草土）を取ってきて置き、その上にテショと蠟燭を供えて拝んだという。このシバが単なる祭壇でなく、またシバトリの所作が農耕の模擬的演技を示すものであることは、磯城郡多村矢部、天理市新泉、川東村今里などの引例でもわかる。すなわち、これらの地域では、野神の境内で一鍬けずりとった土を三宝に載せ、供物に擬してノ神に供えている。(66) また行事が終ってから、参会者にその農具を頒ち与えたり、供物の土を分配するところもある。貰ったものはこれを家に持ち帰り、家の神棚に供えて祀ったり、また田畑の一隅に撒いて病虫害を防ぐ呪法とする。農耕社会に広く分布している豊穣を祈る農耕儀礼や宗教呪術と全く同性質のモチーフをもっていることは、説明の必要がないくらい明瞭である。(67)

このように見てくると、畿内地方の野神は一方において蛇体、蛇神によって象徴される水神的性格をもつと同時に、また他方において牛馬、とくに農耕に重要な役割を果たしている牛を守護するための守り神ないし農神的性格をもっているということができよう。この両者は決して相対立する性格を示すものではない。終極的には農業神として合致する。その神格が分離併在しているだけである。ただそれが地域社会に発現する場合に、具体的に水神なりあるいは牛馬の守護神となって現われるわけである。そのいずれの様式をとって現われてくるかは、それを支えている地域社会の発展段階に左右される。近畿民俗学会の保仙純剛氏は、その先後関係を、「五月五日と農具とノ神の名前とは、ほぼ全分布に共通する有力な点」から考えて、「牛を中心にする行事はジャを中心とする行事に先行する姿だ」と断定しておられる。けれども私は、上述の事情からみて、蛇体を中心に展開する諸行事が、水神信仰の段階を示すものであり、これに対して牛神としてのノ神は、農耕社会が成立し牛馬のごとき役畜がその中でかなり重要なウエートをもってきた段階において出現するものと判断されるので、むしろ水神の出現が早く、牛神はその後に現われてくるったかと考えるのである。[68] しかしいずれにしても、両行事ともに、農作の豊穣を希求するものだと断定したい。むしろ保仙氏の説くところとは逆の進み方をとってきたのではなかったかと考えるのである。

農耕儀礼であることには変りはない。

野神と農神

野神が農作の豊穣をこいねがう信仰にもとづいて出現した農業神だとすると、同じ発音をもち、同じ性格をもつ東北地方のノウガミ（農神）とどのような関係がみられるであろうか。この点に触れないで論旨を先に進めることはできないように思われる。

東北地方の農村では、ノウガミマツリ（農神祭）という行事が行なわれている。その祭日は山の神の日よりも一月遅く、旧の三月一六日を農神のお降りになる日と定めている例がもっとも多い。[69] オシラ神の春の祭日と同じ日であることから、この二神は同じようにも考えられている。岩手県上閉伊郡では、種蒔から秋仕舞まで里に留まって農作を守られるといい、また一番早く杵の音のする家へ降りて来られるともいって、早起きを競いあうところもある。[70] 三戸郡では、この日雷神様が農神と交代にお登りなされるなどといい、また紫波郡に見られるように、農神様が穀物の種子を持って来られるといって、この日未明に松杉の葉を焚き、お迎えの合図の煙を揚げる風習ものこっている。だから、この農神様に供える団子をわざわざつくり、それを一升桝に入れて家の神棚にあげるという風も見られる。春の農神祭に対して秋の農神祭は、旧一〇月一六日に行なわれる。田の守り神として春の仕つけ時から秋の収穫まで鎮座した農神が、この日、田から出て山へ行き山の神様に変わるという。それを祝って小豆餅をつくって神棚へ供えるという風が広くのこっている。春の農神祭をとくに「農神おろし」とよび、秋のそれを「農神あげ」といって両者を区別している処も少なくない(71)。

岩手県紫波郡紫波町桜町部落では、旧二月九日がお年神のツトメを終えられる日だというので、膳にサカナをつけて供え、一番しまいに若水を汲み、伏せておいた臼をおこす。お年神様はこの日から三月一六日まで休まれる。この三月一六日が「農神おろし」の当日で、お年神様が降りてきて農神様となる。それでこの日は小豆餅か小豆団子をつくる。朝どこよりも早く杵の音をとんとんと鳴らした家に農神様がはいってくる。その家の作柄はよいといわれる。

これに対して旧一〇月一六日が「農神あげ」で、この日農神さまは山の神に変わるので、餅を搗き丼いっぱいに盛って神棚に供える。山の神は大きいので沢山食べるといわれるから、盛りつけを十分にするほどよい。そのほかにナマ（生魚）の皿と一二オボコ（一二個の小さな白餅のオソナエ）を膳に載せて神棚に上げる。そうしてこの山の神は明一二月二七日にお年神様になる。それでこの日は年神様の神礼を神棚にはり、サカナをつけたお膳立をし、神酒を供え、七日間もつづける。そして二月九日には前述のごとくこの年神様は、

ツトメを終えて山の神になって行くのである。(72)

奥羽地方に見られる農神様を、「農神おろし」「農神あげ」という二つの面から考えてみると、日本列島の各地にみられる田の神と山の神との去来の信仰伝承と全く同一であることがわかる。つまり、農神といっても、具体的には田の神であり、山の神であり、さらに年神でもある。現在江刺市に編入された旧玉置村などでは、正月にこの農神をまつるところがある。タネモミを詰めてニワにつるしてある俵に、元旦と十五日正月との二回にわたって、御幣をさし、餅を供えて「お田神さまにあげます」といって拝むことになっている。また大船渡市立根町の岩脇部落では、小正月の餅花のうち、台所とオガミ(神部屋)との仕切りに、とくに台所の方に向けて揺れるように立てた一本は、農神さまにあげたものということになっている。(73)

東北地方にまつられる農神を畿内地方や四国地方の野神とくらべてみて、第一に気づくことは、祭日のズレである。いうまでもなく野神の祭日は、五月五日の節供が圧倒的に多い。ところが農神の場合は、春の三月と秋の一〇月の一六日となっている。春秋二期の農神祭は、山の神祭の日と一致している。次に第二は、野神が、田野や池の辺縁に築かれた塚に小祠を建てて祀ってある例が多いのに対して、農神は、まったくそのような神祠や祭場をもつことがない。神棚に小豆餅や神酒を供えて拝むだけである。そして第三に、当然のことながら、野神が多く部落共同の行事となっているのに対して、農神は個々の家でのヤウチ祭りとなっている。従って前者がきわめて大規模で賑やかであるのに対して、後者は家ごとにごく内々ですましてしまう。また行事内容からみても前者には、「蛇巻き」とかそれの練り歩き、あるいは、牛を飾って連行したり、田植とか農耕の模擬的所作を演ずるという華麗さがみられる。けれども、後者は、行事としてのドラマチックな要素はさほど見られない。

このように眺めてみると、両者の相違はあまりにも甚だしいのである。何一つとして似通った点はみとめられない。とすると、これを同一系列の上に並べてみるという企ては、意味なしとしなければならない。全く性質を異にする二つを、単に音の類同があるからといって結びつけることはできないであろう。

4 野神からノッゴへ

『南路志』によると、土佐国香美郡野市村に鎮座する野宮八幡は、鎌倉時代に創始された古社であるとされている。すなわち、

土佐国香美郡野市村
野宮八幡 野宮 祭日六・九月十八日

社記云、社地十六代。久敷退転無社。里人松を神体と定て野宮と祭来ル。正保三年当村郷士原源右衛門成直、社を建立す。

東鏡云、養和二年壬寅九月廿五日癸巳云々、於二野宮辺一希義被討之由云々[74]、

とある。『吾妻鏡』によると、源頼朝の異母弟土佐冠者希義が兄の手先によって討たれた野宮というところが、この地にあたるという[75]。はじめは里人が松を神体として「野宮」と称して祀ってきた。のちに当村郷士原某によって再建されて野宮八幡となった。それがこんにちにいたっているというわけである。『南路志』記載例からみて、この「野宮」が野神と同じ系統の民間信仰神であることはすでに明らかにしてきたところである。とすると、『吾妻鏡』のいう野宮には、当時すでに野神がまつられていたと推察することができよう。つまり野神の鎮座のはじまりを鎌倉時代にまでさかのぼらせることができよう。はじめに野宮がまつられていたのでその神祠名が地名に採用されてのこった。途中退転して一時廃社となったが、のちに武家時代に新しく八幡神を勧請することによって再興され、それが今日まで野宮八幡宮としてつづいてきた。このように考えたとしても、決して無理なところはないように思われる。こんにちでは路傍にわびしく建てられている姿によっても知ることができるように、部落で祀る単なる一民間神に落ちぶれてしまった野神にも、かつては上述のごとく華々しい時代があったのであろう。

ところが『南路志』上に記載されているノッゴ神の出現の時期を押さえてみると、それを戦国時代においている例が多いのである。すなわち、安芸郡室津村古城山に鎮座するノツゴ神がそれに該当する。この古城山は、室津郷開創の祖、室津別府盛忠の居城があり、永正年中にはその裔惟宗左衛門允長の根拠地となったところであった。古記によると、このノツゴ神はその当時からまつられていたのであるという。この古記が信用すべきものだとすると、戦国時代にはすでに存在したと断定することができるわけである。(76) けれども遺憾ながら、その事を傍証する資料は見出されていない。ただ戦国期の当地方は、政情まことに穏かならず、各地に戦乱が勃発して民衆を苦しめていた。そういう混乱不安が背景となって、著しい御霊信仰の擡頭がみられたことは証明できるようである。すなわち、長曾我部氏の侵攻の犠牲になった亡霊が至るところで祟っている。そういう伝説が各処に語り伝えられている。伝説だけでなくて、実際にそういう怨霊を慰撫するために建てたという、いわゆるマツリ神様の神祠がきわめて多く存在している。(77)

このようにみてくると、もともと、怨霊の出現する素地を十分に持っている四国地方の山間僻地では、現実に戦乱によって非業の最後を遂げたものが数多く実在したという状勢の下にあって、その数多くの亡霊がさ迷い歩いて、各地に祟りを及ぼしたことは、当然に予想しうるところである。野神がそういう段階において、人に祟りを及ぼすノツゴに転化することも想像できないわけではない。元来田野の神として、土地の鎮護にあたった野神が、しだいに農耕社会の守護神として崇められてきた経過についてはすでに述べた。本来そういう農業神であったものが、やがて耕作に重要な役割をもつ牛馬守護の神へと分化した。ところが信仰の衰退にともなって、牛馬の息災を祈ることよりも、牛馬の死霊が祟るという要素が強くなってきて、ついにはそれを守りこめるために、祀るという方式に転化してきた。つまり御霊信仰的要素が強まってくるわけである。ノツゴ神が出現してくるのも、おそらくこの段階においてであろう。そういう怨霊は、決して牛馬のみとは限らない。人間の亡霊がこれに付着していっそう霊性をあらわしてくる例は少なくない。雷神信仰が菅原道真の怨霊と結びついてその凄絶性をいっそう増して行ったことと思い合わせてみることができよう。[78]人間のなかでも、とくに非業の最期を遂げたものは、より速やかに怨霊化する傾向をもっている。間引や堕胎によって圧死された嬰児の亡霊が、これに依り憑いて出現したというい伝えは、このことをよく説明しているものと思う。かくして、信仰の零落がさらに進むと、ついには愛媛県の宇和地帯に見られるごとく、ノツゴとよばれて人々に襲いかかる妖怪にまで落ちぶれてしまうわけである。農神としての野神が、零落の果て、ついにノツゴという無惨な姿におちいるまでの大筋は、このようにして辿ることが出来ると思う。

二　陰膳習俗源流考

陰膳の研究

故郷を離れて遠方に旅する旅行者のために、留守をまもる家族のものが、その無事安全を祈って食膳を供える陰膳という風習が広く行なわれている。あまりにも根拠のない非科学的な愚挙として嗤うひとも多いが、以前は都鄙を問わずその実効を信じ真剣に執行されていた民間信仰の一つである。とくに戦時中は出征軍人の留守宅で武運長久を祈願する呪法としてあまねくとりあげられた。現在でも、古風を保つ旧家などでは、入学試験のために家をはなれたり海外渡航で故国を去る子女のために、陰膳を供えて道中の息災を祈念する母親は決して少なくない。民間のそうした習俗が、どういう理由から成立し、日本人の民俗として定着してきたか、その根拠を探ろうとするのが本稿の趣旨である。

何故にこの習俗が問題となるかを述べる前に、陰膳習俗に関する従来の研究経過を振りかえり、かつその動向を展望しておかなければならない。まず柳田国男翁に「影膳の話」という論考がある。いつ頃認(したた)められた稿文か知るよしもないが、近刊の『定本柳田国男集』第一四巻（昭和三七年五月刊、筑摩書房）に収採されて、研究者の眼に初めて触れることとなった。(79)先生の論旨はきわめて明快であって、後学のこれを補訂する努力を拒絶しているかの観をあたえている。これと並んで、この問題を本格的にとりあげて真向から論をなしたものに関敬吾氏の「陰膳のこと」（「民間伝承、六の七」昭和一六年）がある、関氏のこの論文に刺戟され、国内の各地から若干の採集報告が寄せられて民俗学関係の研究誌をにぎわしているのをみると（たとえば、高橋文太郎「採集余談」『民間伝承』六の一一、昭和一六年など）、日華事変にはじまる第二次大戦中の陰膳習俗の盛行が、日本民俗学界の関心をよんだことが判る。

関敬吾氏は、氏の生地肥前の小浜をはじめ各地の実例をあげ、「この慣習は現在の仕来りでは、不在の家族のために供へられる膳であつて、（中略）旅に出た者の腹が減らないために供へるといつてゐるから、旅行者の無事を祈る一種の呪的行為といふことも出来る」（前掲論文）と断定された。また、この陰膳の風の以前の形としては、「共同に飲食すべき、殊にその家族のために毎日毎時、送り膳の如く家に在る者が同じ様式の膳を供へるのが、本来の慣習ではなかつたらうか」と推定され、送り膳の習俗がそれにあたると推測されているのである。

柳田氏の「影膳の話」は、他の研究者の論稿には見られないおびただしい数多くの類例をあげて各地の慣行を紹介され、けっきょく「影膳といふのは、家を離れて暫らく還つて来ぬ者のために、食事を整へ御膳を据ゑること」(前掲定本第一四巻、四四五頁)で、「さういふ念入りの膳をそなへるといふことが、やがては当人の身を祝ひ、無事を祈る意味にもなつた」(同上、四四六頁)。すなわち「以前は盆と正月を始めとし、年に何度といふ祝ひ事の日には、外へ出て居る者も出来るだけ戻つて来て、一家揃つてこの祝ひの膳に並ぶやうにして居たのが、旅行が長くなり、外で働く任務が重大になると、どうしても還つて来られぬ者が出来るのは已むを得」(同上、四四七頁)ない。またそういう人たちは、旅宿にあたって「思ふやうに身祝ひの出来ないのが普通である。そこで「その損失を影膳の方式によつて、補ひ得るものと我々は信ずることが出来たので、従つて家で一同が膳に坐る日だけが、同時に又影膳の日であつた」(同上、四四八頁)。ところが昔風の堅い旧家では、主人が旅をする場合に、単に祝い日のみに限らず、朝ごとに陰膳を据えるようになり、さらに人情がしだいに濃まやかになって、主人以外の不在の者にまでおし及ぼす風が拡がったというのである。

われわれは、もはやこの所説に何ものをもつけ加える必要をみとめない。ことごとく委曲を尽した所論というべきであろう。しかしながら、この十分なる所説をもってしても、なお納得しえない一抹の疑問がのこるのである。それはいかなる点であろうか。

いったい陰膳を据えることによって、人びとはどうして「健かに旅を続けることが出来る」(定本、四四八頁)と信じたのであろうか。陰膳によって、何故に旅人を飢餓から守り救うことができると考えたのであろうか。つまり陰膳習俗をささえてきた常民社会の信仰的基盤は何であったのか。この点の解明は、前掲の諸論によってかならずしも十分に為しつくされたということができないであろう。関氏が前掲論考で述べているように「この陰膳に如何なる信仰がかくされているか」(同上、七三頁下)、そこが問題である。私が陰膳習俗のごとき瑣末事に拘泥するのは、決して単なる好奇心を満足させようとするためではない。この習俗を成立させた民間の信仰的根拠を解明したいためであり、それを解明することがまた、日本民族の伝承的信仰つまり民間信仰の特質を究明する一つの通路を構築する機縁になると考えるからである。

陰膳習俗の形態

この問題に関し抱いている私の疑問を解きほぐすために、またこれまでの通説に[80]些か異論を立てる理由を明示するためにも、まず地方々々に伝承される陰膳習俗の方式を概観し分析してみることにしたい。

第一は、膳を据える対象が何であるかという点である。いうまでもなく、それを旅に出て不在となっている家族のものに対するとしているケースが圧倒的に多い。明らかにそういう人を目あてに据えるのだという意味をあらわす名称もある。たとえば普通には陰膳の名で通用するなかにあって、山形県最上郡の旧安楽城(あらき)村では、とくにそれをアデゼンとよんでいる（柳田国男編『山村生活の研究』昭和一二年、三一〇頁）。この地方の発音例により、アデ→アテであるから、「アデる」とは、おそらくとくべつに当人を目指して御膳を据える動作を示す言葉であろう。岩手県九戸郡の村々でも、正月や節供に他所へ出た者のためにカゲゼンをするが、その時にはとくに不在者の名前をよんで供えるよしである（同上、三一二頁）。幾山川を越え、激浪に奔弄され、たえず生命の危険にさらされながら異境へ旅立つ山村や孤島の住者が、ことにこの風習に重大な関心を寄せるわけは、説明する必要もないくらいに明らかであろう。それだけにことさらに古風な形態を保存している。

島根県隠岐島は多数の出稼人を内地へ送り出すところであるが、ここでは家族が旅へ出ると、どの家でもみな陰膳をそなえた。家によっては、二つも三つも用意する例すらあったという。また日本海の佐渡島などでは、海へ出て漁をする舟の帰るまで陰膳をつづけ、かりに難破でもしたばあいは、その消息のはっきりするまで、半年でも一年でも欠かすことがないといわれている。このようにみてくると、陰膳を据える対象は、あきらかに旅に出た家族——神詣で・出征・入営・出稼ぎ・出漁などいろんな事情があるが、それらのいずれにおいても——であって、それ以外のなに者でもないことが判明する。

ところが、そうした数多い類例のなかにあって若干の例外も介在する。

生産力の極端に低かった伊豆諸島では、近代的輸送船制度の整備するごく最近までは、島民の生命を保持するために、本土から米・麦・調味料等の生活物資を移入運送する回船という大事業にとりくまねばならなかった。しかもそれは、島共同体の公共事業で、島に住む人びとにとっては一人として逃がれることのできない強制的な賦役であった。男子が一五、六歳になって若者組の仲間にはいると、日夜その訓練を受けて江戸までの回漕に従うことが、島人としての義務であった。そうした若者を送り出した留守宅では、神々に航海安全の祈願をこめるとともに、朝に夕に食膳をつくって神棚に供えることを例とした。この供膳が、かならずしも若者当人への食膳という意思表示でなしに、神棚へ供えるという方式をとっていることでもわかるように、むしろ守護神への神供であり、それによって道中の無事息災を海神に祈念する意向が十分に表明されている。だから、同一の家から二人三人の若者が賦課徴用されたばあいでも、その数に合わせて膳部を調製することはない。ただの一膳である。それが神供であることは、また陰膳供御の方式やそれの取り扱いにおいて、家人の精進し潔斎する物忌みが、他のいっぱんの神供のばあいと全く同一態度である点にうかがえる。

明らかに神への供膳という意が表明されていなくとも、そういう遺風の残存を思わせるコトバものこっている。長崎県下の小浜地方では、家族の誰かが旅に出ると、その翌日から毎朝ハツホ（このハツホつまり初穂が、当年穫れた新穀の神へ献げられたものであることは説明の要がなかろう）をつくって戸棚に供えておく。そして昼食どきに下げてきて家族が自分の茶碗にうつして食べる（神事における直会の儀に比定することができる）。この時茶碗の蓋についた露を、顔にできたハタケにつけると癒ってしまうという。またところによっては、このハツホを食べると身体が丈夫になる、山中へはいっても毒虫にさされることがないなどと、とくべつな呪力を人間に及ぼす力をそなえているように信じている。あたかも神社の氏子が、神供を神祭ののちに共食する神社祭祀の古俗と似通うものがある。

陰膳供進の対象が、旅人自身よりもその守り神そのものではなかったかという仮説を固めるためには、さらに多くの証拠をそろえなければならないであろう。そこで次ぎに第二に、陰膳を据える日について何かの特色が見られないかどうか、この点を探ってみよう。

まず連日にわたり供膳するという風が広くおこなわれているなかにあって、正月・盆・節供・節分・二十三夜の日などの、もの日や祝い日に固定している例も少なくない。これは、柳田翁が指摘されるように、元来そういうハレの日には家族の末々にいたるまで膳をこしらえてその前に坐った遺風を示すものであろう（定本第一四巻、四四七頁）。だから他出している者もできるだけ戻ってきて、一家揃ってこの祝い膳に並ぶようにしていたものである。ところが旅行が長くなると、どうしても還ってこられない。そういう家族のために留守宅で陰膳をつくったのである。したがって家で一同が膳に坐る祝いの日だけが、同時にまた陰膳の日でもあったわけである。

けれどもここでわれわれは、陰膳を神祭りの日にするということを少し考えてみなければならない。いっぱんに陰膳は、旅行者を道中の飢餓から救済するためのものとされている。したがってそれは、あくまでも旅行者常用の膳部を使用するものと思っているひとが多い。そうであるならば、これを清浄潔白をむねとする神供にあてることは矛盾もはなはだしいといわねばならぬ。けれども一方、広い地域にわたり神祭りの日の神供として陰膳をすえる風が存在するのである。だから陰膳をただ一方的に旅行者への供膳と断定し、それによって他出の家族を飢餓から救出する呪法だとみるのは、かならずしも正当な判断だと認めがたい。むしろ神祭いっぱんの動機と同様に、神供をささげ神祭りを行なうことによって神の感応を得、それによって旅行者の安全を加護してもらうことができると考えたのではなかろうか。[81] それは供膳のおかれる位置(場処)を調べた結果からも推測できる。

第三に、この点を検討してみたい。

ふつう陰膳は食事の際に同席する家族と同列に据えられている。つまり家族と同席して共食するところに意味をもつと考えられている。ところが、前述のごとく神棚にそなえたりして、家族の食膳の座とは別の位置におかれるばあいの方がかえって多いところもある。長崎県肥前地方のハツホは戸棚に据えられるし、鹿児島県の甑島(こしきじま)あたりでは、ヨコノ膳といって、その陰膳を家に居る人たちと並べないで少し片脇の別席におく。ヨコノ膳という名称は、あるいはその作法から発生したものであるかもしれない。[82] 沖縄列島の先島、八重山群島の石垣島などでは、トクノ膳とよび、家を出ている人でも、その消息のよく判っている者には常の座にならべる。けれども、居処の知り難い人たちのためには、別に大黒柱の内側に、東の方を向けて膳を据え、それをまたトクノ座ともいった。柳田氏の説によれば、このトクは、「目出たい名として記憶されて居るかも知れませんが、起りはやはり床の間のトコと同じく、特に或る一人の為に設けた上等の座席といふこと」(定本、四四六頁)である。とすれば、この床の間に据えるトクノ膳は、決してただ単に家族の不在者に据えたものではなく、その不在者の無事を祈願するために、招き寄せた家の守護神への神供であったと断定して差しつかえなかろう。現に山口県の見島などでは、陰膳をまたソナエ膳とよんでいる。ソナエルという語は、現在ではもはや、神仏祖霊や高貴な方に対してのみ使うとは限らない。身分の高下貧富の差に拘泥しないで、正式に御膳をこしらえて食事を進める際に誰でも用いる日常用語となっている。けれどもそれは元来、ことあらたまったハレの場合の用語であった。とすると、ソナエ膳という名称の成立する動機に、神へ神供を捧げる敬虔な動作をいい現わそうとした常民の信仰意識が、その基底に存在したことを否定することはできないであろう。

北陸地方、ことに新潟県の越後地方の農山村では、正月とか節供、大師講・恵比寿講・山の神・田の神祭りなど神祝いの日に、洗いきよめた御膳や御器(ごき)に赤飯を盛り煮〆をそなえて神前にささげる。その際神棚が狭いので、その前に米俵・酒樽・踏み台などをおき、新莚を敷き、その上に膳部を箕のなかに入れて据える。そして灯明を点じて家族一同がその前にぬかづく。能登半島で霜月に家ごとに催される田の神祭り・アエノコト行事などとほぼ同様な方式をとっている。(83)ところが同じ地方の陰膳供御のやりかたが、これらの作法と全く似通った形式をとっていることを、われわれはどのように解したらいいのであろうか。

さらにまた陰膳が神供であることを立証するためには、陰膳に盛られた膳部の御馳走そのものに対する常民の意識や観念をも検討してみる必要がある。

いっぱんに陰膳の御馳走には、朝夕ごとに家族が食べるために炊いた御飯をそなえる例がもっとも多い。それをハツホ(初穂)とよんで、家族によそう前に真先に神仏に供えるとともに、この膳のために盛る。そこには旅人への陰膳を、神仏とならんで重視する気持があらわれている。けれども、だからといって陰膳を、とくに神への神供として供御するものと意識しているとは直ちにいえない。この場合では、あい変らず家族の一員である他出の不在者のため、それへ供える食膳であるという観念に止っている。これに反し、それとは異り、留守宅の家族の食事内容とちがった特別のものを用意する方式が執られているとするならば、そのケースはことに注意しなければならないであろう。ところがそのようなケースも少なくない。しかもそれが、正月とか節日・祭日などのことあらたまった特別な祝い日に供える特種な御馳走であり、神饌のごときものであるとするならば、それらが神供であることは疑う余地がなかろう。

三重県志摩半島の海沿いの村、尾鷲(おわせ)市須賀利(すかり)区の各部落では、旅に出た家人のために、かならず昆布のはいったオカズと膾を添えることになっている。昆布とか膾とかは、いうまでもなく祝い日や節の日に神々に供える品々である。こうした例は、なお注意して採集するならば、その数を加えることができると考えられるが、陰膳習俗成立の根拠を探索していくうえに、ないがしろにしてはならない点であろう。

陰膳と潮花採り

わたくしが、留守宅でわざわざ陰膳をつくるという習俗に注目し、それが、ただ旅人の飢餓を救済する目的をもって供えられる食膳ではなくて、別の解釈を施さねばならないと思うにいたったのは、十年ほど前に伊豆諸島を訪れたときであった。

その一つ伊豆利島では、成年に達した若者たちが、島人の生命を確保するために生活物資を求めて江戸表へ行き、それを回運輸送する仕事に従うことを義務づけられた時代があった。すでに触れたごとく、そういう若者をもった家では、道中の航海安全を祈念して、帰島するまでの不在期間中、心をこめて陰膳をこしらえた。利島におけるこの陰膳習俗のなかで、とくに注目されるのは、他の島々の場合と同様に、膳を据える場所の位置であった。すなわちここでは、その場所は上述のごとく神棚か、あるいは神棚の前の特定な位置にきめられてあった。決して家族と同列の並々の座ではなかったのである。[84] しかも、これと関連して重視しなければならないのは、潮花採りの習俗である。

現在でもそうであるけれど、本土へ出稼ぎに行ったり運送船や漁船にのって外洋へ出かけ、そのため島を離れた家族のものの安否は、島に残った留守宅の家族にとって何にも比べえない重大な関心事である、ひそかにその安全を神々に祈る主婦や娘たちの姿はじつにしんけんで、島を訪れる異郷人の心を強く打つものがある。いよいよ今日がその出舟だという日の朝になると、家族の誰かが山へ行き二本の茅（ちがや）を伐りとってきて、その葉先をまるく結び船着き場にもって行く。そうして家人の乗った船を見送ったあとで、この茅を波打

写真26　潮花採り(1)
茅を採って先をまるくむすぶ。

際の海水にひたし、心に航海安全を祈る呪文を唱えながら、左右に振って潮をはらう。それからこの潮花を手にして浜宮神社に参り、一本はその社前に供え、他の一本を家に持ちかえり神棚にささげ、家人の帰島する日まで朝夕ごとに心をこめて礼拝することを欠かさないのである。

写真27 潮花採り(2)
茅の先を海水にひたす。

この潮花の材が常緑の茅であること、また修祓の作法を伴なっていること、さらに神前に奉献されること、そしてそれが家の神棚に立てかけられて朝夕家人の礼拝する対象となっていること等々をながめてみると、それが、まさしく神を招き寄せるためのオギシロ（招代）であり、同時に神降臨のヨリシロ（依代）となっていることが明らかとなろう。[85]しかもいっぽう、神棚に立てかけた潮花をめあてに陰膳をすえるのであるから、この陰膳が、ヨリシロたる潮花に招きよせられた神への神供神饌を意味することは、もはや疑う余地はないのである。陰膳供御の習俗を解釈するうえで、いろんな俗説がはびこり人びとを混乱の中に投げこむのは、こうした民間信仰本来の意味が忘れられてしまったためである。

陰膳に供えた茶碗の蓋に露（水蒸気）がついているから旅立ちの家人は健全だと予兆したり（柳田編『山村生活の研究』三一〇頁）、逆に御飯の蒸気が水滴となってついていないと異変がおこったと心配する（中山太郎編『日本民俗学辞典』昭和八年、四〇一頁上）。あるいは陰膳をすえるのは旅に出た者の腹が減らないため（「民間伝承」七の七）、ひだるい目に遭わないため（同上）とする。ことに空腹の障碍から旅人を救済する意図に動機をおく理由づけは全国的である。東京近郊の農村でも近来までそういう風があった。

大正末年に一四歳に達した北多摩郡の一少年は、当時次のごとき体験をもったと回想している（高橋文太郎氏報、「民間伝承」六の一一）。すなわち学校主催のもとに横浜市鶴見の総持寺で行なわれた三日間の断食会に参加したこの少年のために、留守宅の家人は、陰膳をすえてその無事を祈ったという。ところが、生家をはなれて同じ郡の武蔵野町（現在は市）に在る学校の寄宿舎に移り住み、磐梯への登山、剣道の土用稽古のための合宿等に参加することもあったが、そのような際には陰膳を据えることがなかった。それほどの遠出ではないのに断食会に限ってこれを設けた理由はどこにあるのだろうか。どうもその方が他の旅行よりも危険を伴なうと考えたためらしい。つまり断食からくる空腹が、ことさらに危険視されたものであろうと、この体験者は感想をもたらしている（同上、一二五頁）。

伊勢参宮などの社寺参詣者で、遠方へ旅立ったものの帰村の日に、同じ組内のものや親戚縁者知己がこぞって村境まで出迎えてサカムカエし、出会ったところで持参の握飯をかならず食べさせる。それによって旅人の空腹はいやされ元気が回復される。あるいは旅へ出稼ぎに行ったものが旅先で病気に罹ったとき、生家へ帰り郷土の土を踏んだり、また故郷の草露に触れたりすると健康をとり戻すことができる。そういういい伝えや効能を信じているところも少なくない。わが国の民間では、古くから異郷の土地で身体の衰弱したものが郷土の食事を摂取したり風土に触れたりすると、自然に生来の活力が蘇生回復してくるという俗信が存在した。家族との共食、郷里の風土との接触が、人間に特殊な作用を及ぼすと考えたこと、それが陰膳の風を惹きおこす原因になったと考えられなくもない。しかしながら、そのような解釈が成立するのは、陰膳をすえる風が旅人の空腹をいやすためにおこってきたとする前提を、あくまで正しいと信じているからにほかならない。けれども陰膳は、決して単に旅人の空腹を除去するための呪法として考案されたものとみることはできない。この習俗出現の理由は、それとは別なところに求められるべきだと考えるのである。

旅行と祈願

幼少年時代を農山漁村でおくった方ならば、今日は遠足だという日の朝、身支度を整えて家を出るとき、母親や祖母からいろんな注意をうけた記憶があるであろう。昼飯のオニギリは、全部を一時に食べ尽くすものではない、かならず少しは残しておいて、途中急に腹が空いたり、空腹のために歩けなくなったとき食べるとよい。あるいは高山病に罹った時のように、額から脂汗(あぶら)が滲み出て気分が悪くなり、ついには意識を失って倒れてしまうようなことがある。そういう咄嗟の際には、何をおいても日陰に連れこんで身体を横に寝かせたうえで、オニギリか弁当の飯粒を口にふくませると癒るものだ。だから弁当は、たとい昼飯時で空腹感の虜となっていても、緊急時の用意のために空(から)になるまで食べ尽すものではない。一粒でも二粒でも残しておくべきものだ、などと教えられた思い出があると思う。あるいはまた、いっしょに峠を越して隣部落へ出かけたり、山道を通って山仕事へ行ったりする際に、路傍の草花を一、二本手折った母親が、その小枝をかたわらに供え、掌を合わせて祈念をこめている姿に注意したことがあると思う。これらはいずれも、道中の安全無事を神々に祈願した往昔の民間信仰が、なお消え去らずに残っている証拠を示している。

そういう古風な信仰は、交通機関が発達し道路の舗装化が進んできた今日では、故老の迷信だとして多くの知識人の嗤いを招いている。けれども山村や離島の僻地では、いまでもなお僅かながらその面影を伝えていて、古代における民族信仰の原初形態を偲ばせてくれる。

峠にさしかかった山道のたもとで、人びとが小枝を折って捧げる霊地を、シバタテ・ハナタテバまたはシバオリサン・シバガミサン・オシオリサマなどとよんでいる所は、全国的な分布を示している。これらの名称が、どのような経緯をへながら出現したものか、またいかなる信仰内容をもつものなのか。その信仰の対象となる神とは、いったいいかなる性格をそなえているか、そういう点を明らかにしなければならないであろう。シバタテ・ハナタテのシバ・ハナが、立てて拝む柴とか花とかを意味することは申すまでもない。またシバオリ・オリバナ・オシオリなどは、その柴・花などを手折って供える動作から起こった名称であることも自ずから推察できる。そこで次ぎに、こうした習俗を成立させた民間信仰の対象となる神の性格を究めてみなければならないであろう。

朝鮮海峡に横たわる対馬島では郷村の境界のいたる所に道祖神社が勧請されているが、村民がこの社前を通過する際は、かならず柴を折って手向けとする。それで、これをシバタムケという。手向けた柴は山のごとく積まれているので、それをまたシオリドノ（栞殿）ともいった（『対嶋紀事』巻二）。この柴は、いうまでもなく常緑の榊柴であって、それは古来からの柴刺神事にも見られるように、植物のなかでも最も神聖視されてきたものである。大隅半島の囎唹郡輝北町の各部落では、山中で野宿するとき、山の神から土地を借りるといって、借りた地面の周囲に榊に似ているが花の咲かない常緑のシバの木を挿す。つまりシバサシである。それによっていっさいの魔物は寄りつかないといわれる（『山村生活の研究』四二三頁）。いうならばこの柴刺の性質は、神事を執行するために忌み穢れの近寄り侵入することを避け、神聖の場たることを標示した注連縄と相似かよう機能をもっている。

同様の神事作法は、出雲の霊社佐太（陀）神社でも見られる。すなわち毎年四月一〇月の例祭に、神領の四方に牓示の御幣をさす神儀であって、これを柴刺神事とよぶ（『雲陽誌』巻上）。ここでは柴が幣束に変わり、すでに大きく変遷したことを示しているが、その古風な作法は、該神事を柴刺とよぶ名称のうえに、そのまま継承されてのこっている。

素朴なシバサシバやハナタテバが、まぎれもなく神祭を執行する場所つまり祭場を示すことはあきらかであるが、シバまたはハナそのものが、またこの祭場に降臨する神々のよりつくべき依代であったことも疑いないであろう。さきに例示した伊豆利島の潮花がそうであったように、柴や花や茅などはいずれも、地域社会をはなれ遠く異郷に旅立つものの道中無事安全を祈念するために、その守護神を招き寄せるタマシロ（霊代）に見立てられたものである。このように考えてくると、柴花を供えて祈りをこめる人びとの信仰対象となった神々は、今日では部落の路傍にまつられる柴神とか道祖神ということになっている。しかし元来それは、地域社会を出て異郷を往来する旅人の安否を、直接に管掌する異郷神であった。そして身の安全と道中の無事をこの異郷神に祈念するものは、留守宅の家族ではなくて、永年住み慣れた村や島をはなれ遠く異郷に旅する旅人それ自身でなければならなかったのである。

ところが、えたいの知れない異郷の神など、留守宅にのこった家族としてはどのようにしても具体的に把握することはできない。そこで人びとは、そういう異郷の神に直接に祈願を捧げるという方式を断念した。そしてもっと具体的な身近なところにおいて、その目的を達成しようと考えた。あるものは村の産土神に祈って百度参りや千度詣でを企てる。あるものは水垢離をとって熱意のほどを示そうとする。あるいは朝夕ごとにおこなう神棚の礼拝をことに丁寧にする。しかしながら、このようないろんな祈願方式のなかで、とくに注目されたのは、地域社会と異郷との境界にあって、人びとの安全と守護とに任じる境の神であった。そうしていったんそういう神が、旅人の息災を祈念する対象として選択されると、俚人の信仰関心はそこに集中する傾向を強め、ついに固定化するにいたる。すなわち道祖神・山の神・柴神などがそれである。もともと村境の守護神として地域社会の人びとの信仰中核であったこれらの神々が、旅中安全の守護神として復活してきた事情は、以上のごとく説明することができよう。

いっぽう、神社参詣に代参という方式があみ出されてきた。[86] 当人以外の代理者によって信仰の意思が達成される風がおこってくると、当然如上の祈念方式にも大きな変化が生じてこよう。つまり旅に出た旅行者それ自身でなくとも、留守宅にのこった家人によってもその祈念が達成されうると考えられるようになった。こうして民間信仰形成発展の過程において、その基盤的条件を培養した上述の二つの伏線の成熟が、陰膳習俗を育成するうえに大きな役割をはたすこととなった。

行路病の原因

愛媛県南北両宇和郡の高知県に接近した山村では、山中の道で急に空腹を感じたりそのために冷汗が出てきて歩行の困難になった状態をヒダルくなったという。それはヒダリガミとかダリガミとよばれる怪物が人間に憑いたからである。この妖怪に憑かれてひだるくなったときは、なにをおいても御飯をたべなくてはならない。そうすると不思議に元気は回復する。そこで、いつも遠出をするときは、最後まで弁当を食べ尽くさず一粒でも二粒でも残しておく。そしていざというさいにヒダリガミに供えるように心がける。そのようにいい伝えている。

この怪異現象の実情については、Ⅰ章（民間信仰の伝承態）で概略を述べた。本章では再び全国的視野から触れて、その深層を究めてみたいと思う。

こうした奇妙な信仰伝承をもっている地域は、たんに四国地方に限らず広く日本列島に及んでいる。人間に禍いをもたらすこのような霊悪な存在を、ヒダル神・ヒダリ神・ダリ神とよぶのは、丹波・但馬・摂津・紀州をはじめとして近畿以西の西南日本に多い。北九州の壱岐島ではヒダルゴという(『壱岐島方言集』)が、同じ北九州本土の村々ではダラシと称する怪物のしわざのように考えている。近畿地方でも熊野地方や奈良県の吉野地方へ行くと、ダリボトケまたはダリガミ、あるいはたんにダリともいい、急に疲労空腹を覚えることをダリにツカレルというから、これもまた一種の霊怪の所業と考えていたのである(『分類山村語彙』三六二頁)。三重県の鳥羽付近でも「ダリに憑かれる」という。山登りや徒歩旅行に際しその厄難を避けるために、出発前十分に腹ごしらえをさせる。「ダリに憑かれるといかんで、飯をよう食え」などと注意を与える。愛知県の北三河地方でも、同様な現象を惹きおこす根源的存在をダリ神・ダリ仏といっている。そしてこの地方でもまたそれを妖怪のなすところとみていたのである。

このようにしてその名称には、地方ごとに若干のニュアンスの相違をみとめることができる。けれども、ヒダル・ダリなどの語の意味するところは、いずれも、疲労空腹の状態をあらわすヒダルイという語に源を発していることは明らかであろう。

これらのヒダル神が、山中や峠を通る旅人にとり憑いて、かれらに飢餓の感を抱かせるのみならず、場合によっては、その生命をも奪いとる悪霊だとみなされるにいたるまでに

は、幾つもの変化の過程をたどったものと予想される。それが旧の姿を示すものでないことはいうまでもない。(87)

九州の北部の山村で、山道を通る者にダラシと称する怪物のとり憑くことはすでに前述したが、その場所は一定していて人びとにおそれられている。かつてその地で餓死したものがあって、その怨霊(おんりょう)がそこにとどまって道行く人を悩ますのだと説明されている。愛知県北設楽郡下にもダリ神・ダリ仏に憑かれる所が少なくない。その一つ、和市から振草へ越すグミンダ峠に一基の祠が建てられてある。むかし岩茸採りが誤って墜死した。その亡霊を祀った慰霊祠であるが、土地の人はこれをダリ神・ダリ仏とよんでいる。この峠へさしかかると俄かに空腹を感じて動けなくなるのは、このダリ神に憑かれたためだという。つまり不慮の死をとげた岩茸採りの怨霊が、ダリ神の正体だというわけである。

本来は民間の神聖な神として仰がれていたヒダル神が、人びとを餓死させたりする悪霊になりさがった。そのことを最も端的に示す名称に、ジキトリあるいはガキ・ガキボトケというのがある。

愛媛県の宇和地帯やそれに接する土佐の山村では、行人にとり憑く亡霊をヒダリガミと称するとともに、またジキトリという所がある。両者ともほぼ同じ性質のものと考えられているが、その凄絶性という点になると、ジキトリのほうが一枚うわてのようである。ジキトリとは食取りであろうとする柳田翁の推論は、この点からも妥当性があるように思われる。[88]

この地方のジキトリは、町なかや村うちの人家のたてこんだ所には棲んでいない。峠とか奥深い山中の、あまり人の通らない淋しいところが出現する場所である。そして空腹になると通路へ出てきて行人から食べものを奪いとり、もってみずからの空腹の足(たし)にする。旅人などが飢餓感に襲われやがて行き倒れとなるのは、このジキトリがくらい憑いて腹の中のものを一物も余さず吸いとってしまうからだという。だからジキトリに憑かれたがさいご、生きて再び人間世界に顔をみせることはできない。これほど恐ろしい魔物は、世間広しといえども他にみあたらない。往還に行き倒れや吹き倒れが出るのは、すべてこのジキトリのしわざである。このようにおそれられている。

四国のジキトリに似た魔性の存在は、他の地方でガキとよばれている。今日でも貪欲きわまりなきものをガキのようだと称しているが、これもまたジキトリのごとく執拗である。[89]以上の妖怪・悪霊の跳梁跋扈が、主として西南日本を舞台にみられるのに対し、東日本ではフチカリが活躍している。福島県の会津山中には、雪崩で死んだ人の亡霊が出てきて旅人にとり憑くといわれる。それがフチカリで、これを扶持借りとしているのは、ジキトリ（食取り）のごとく行人の腹中にはいって食物のいっさい（扶持米、くい扶持）を洗いざらい借り切ってしまうからだという。一見まことにうがった解釈と思われるが、果たしてそうであるかは一考を要するであろう。ただしこの地方の狩人たちのあいだで、フチカリという語を貂の忌詞としている点は興味を惹くところである（『綜合民俗語彙』、一二六三頁中上）。すなわち貂という動物は、農作物などに甚害をあたえるうえに、ものすごい攻撃力をもって人家の食料品や家畜をおそい奪うぶきみな存在である。行倒れなどの生ずるのも、人間が、この恐ろしい動物の攻撃をうけたためと考えたのであろう。しかしながらこれもまた本来は、山中の行旅を防衛する神聖な守護神であった。そのフチカリが、ヒダル神などと同様に幾つもの変化をとげながら、悪霊と化し、ついに貂のごとき魔性の動物と具象化されるまでに零落してしまったと考えられる。

ジキトリといいフチカリといい、いずれも人間の腹中にまで襲いかかり、その食物を根こそぎ奪いとるところの凶悪きわまりなき妖怪である。このような獰猛な存在に対し、いったいどのような防衛体制をとったらよいと考えたのであろうか。何とか慰撫してその厄難から脱出するという方法手段はないものであろうか。この点に関して俚人は次のような説明を加えている。すなわちジキトリやフチカリは、みずからの空腹を、人間の腹中から奪い取った食料によって癒そうとする悪道ものである。だから、これを防衛するためには、魔ものの空腹を満たしてやる何らかの方途を講じてやる以外にない。ヒダリ神に対応したと同じ方式で、弁当の残りを貯えておいて与えてやるとよい。長途の旅行や遠足に出たばあいは、このジキトリの厄を逃れるために必ず二粒三粒の御飯をのこしておかねばならない。旅人や山稼ぎの者が、いまでもそういう風を保持しているのは、すべてそのためであるというのである。

このような信仰伝承をあつめてみると、旅中のすべてをほとんど徒歩で往来した往時の日本人にとって、最も畏怖されていた対象は、追剝ぎとか山賊とかの襲撃などもその一つであったけれど、むしろ行き倒れ、つまり行路病にとりつかれることであった。街道の往還に行路病者が多かったこと、それが行旅の最大の困難であったことが、古くからの文芸作品や紀行文・日記にみえている。しかもそうした行路病者出現の原因はすべて、既述のごとくヒダル神・ジキトリ・フチカリなどのなせる業と考えていたのであった。古代の素朴な人たちは、何の抵抗もなしにそのような受けとめかたをしていたにちがいない。したがって、そういう厄難に遭遇したばあい、そこから脱出するためにいろんな方途を考案した。そのなかにわれわれは民間に発生し成長してきた信仰伝承の諸相を看取することができる。あるものは、ジキトリのごとき魔性の存在の襲撃を避けるために幾粒かの御飯を食べのこしておかねばならないと考えたであろう。あるひとは、ヒダル神の怨霊を慰めるために、小祠や石碑を路傍に建てて祀るという方法を創案したであろう。あるいはまた、柴や花をこれに供えて自らの無事息災を祈念する宗教習俗をあみ出しもしたのである。

その方法や趣向には、時代ごとのニュアンスが盛られ、かつ地域ごとの相違がみられはしたけれど、いずれも、道中の苦難を旅行者にもたらす根源が、すべて特定の悪霊であったという古風な民間信仰から出発している。(90) そしてそれらの荒ぶる悪霊を、どうしたら慰留することができるか、その防衛手段を真面目に考えた常民の智慧が、いろんな呪法を考案させたのである。そのように解釈するのが、もっとも無理のないところであろう。

陰膳の意味

著者が幼童期をすごした越後山脈山麓地帯の村々では、冬季の燃料を確保するためにボヨ（薪）伐りが行なわれ、それを自家用のみならず付近の町場(まちば)や平場(ひらば)の純農家に提供する。その伐採期は一定していて、落葉後の晩秋と若芽のふき出る前の早春の二期となる。前者をアキギ（秋木）後者をハルギ（春木）と称し、いずれも農耕稼収繁忙の時期をそらしているところに、労働力の合理的な分配がみられる。きょうが山入りだというときには、各地で行なわれる初(はつ)山踏みや初山入りの習俗と同様に、神酒や御饌米を山の神にささげて山稼ぎ期間中の無事息災を祈願する。ところが、それとともに毎日々々の昼食時には、弁当の最初の二、三粒を箸にとって傍の木のもとにそなえ、それから初めて自分の口に入れる。以前は自分使用の箸ではなしに、必ず野生の茅をとってきて特別につくった山箸で山の神にそなえた。この茅の箸は、この地方の氏神祭りや十二山の神祭り（二月一二日が祭日）に際し、神供の赤飯を捧げる神膳にかならず添えねばならない特製のものであり、かつ氏子もまたこの箸を用いて神饌を直会(なおらい)する慣習を伝えている。つまり神事用の神聖なる祭具の一種にみたてられているわけである。

いっぽう山村とはいうものの、春木や秋木の対象となる仕事場は、集落に近接したとはかぎらない。渓谷沿いに山間を進み、その奥からさらに幾つもの峠を越えて踏み入る深山が多い。そういう人里はなれたところは、いうまでもなく地域社会外の異境とみなされた。その異境を支配し、かつ人間に禍厄をもたらすことのできる絶対的存在、つまり霊悪化した神々の跳梁跋扈、それを防塞除去するために、神供を捧げて身の安全を祈願した信仰習俗の名残を示しているのである。同じ例は、北陸地方の山村から山陰地方の村々をたずねた際にも、深く見聞したところである。しかもこうした信仰習俗の形成された動機が、前述のシバ神やヒダル神のばあいとまったく同様であったことは、われわれの関心を惹かないでおかないのである。

ここで考えねばならないのは、ヒダル神といい、柴神といい、また春木秋木における山の神といい、それらはいずれも、異境に旅立つ旅人ないし山人の関係する神であるという点である。これを、旅人や山人のいない留守宅で行なう陰膳習俗と、無媒介的に関連づけることは甚だ無理であり且つ論理的な飛躍が存するといぶかる向きもあろう。そこで、その点に焦点を合わせて調べてみると、かならずしも多いわけではないけれど、その証拠が全く存しないといい切ることもできない。

私の調査した愛媛県北宇和郡三間町のオクヨサマというのは、柴神様と同様にこれから山道にさしかかるという山裾の路傍に祠られている。そして、行人を守護する神としての機能をもっているが、同時にいっぽうでは聾唖・眼疾・疣などの病を癒してくれる疫病神でもあって、村びとのこれに祈願をかけるものが多い。したがってオクヨサマとは御供養様だとも考えられている。ところがそのオクヨサマに、長旅に出た家族のいる留守宅でその期間中息災の祈願をかける風が根強くのこっている。同じ例は南宇和郡から高知県寄りの山間地方や四国の山村に広く見られた。また愛知県の北三河地方から長野県の伊那谷にかけた山々でも、そうした伝承をもつところが少なくなかった。

いったいに旅人の留守宅で、その無事を祈るためにおこなう呪法、またはそれの習俗化した信仰儀礼は、数えあげたらきりがない。社寺参詣のために結成された崇敬講に、それらがかなり明瞭な形を示しながらのこっていることは、かつてしばしば指摘したところである。[91] 以前は、百度参り千度詣での願掛けをする留守宅もあったし、氏神・産土神へ日参する留守家族も多かった。また藁製の道者人形をかかげ、日々これに湯水をかけて旅中の疲労を医そうともこいねがった。あるいはまた、そうした祈願を、とくに村境にまつる道祖神とか柴神様に捧げるべきものとしている所も多い。

このような諸習俗をながめてくると、旅行者の旅中での安全を期する常民の祈願は、はじめから陰膳のごとき形式で出現はしなかったであろうという推測が成り立つ。すなわち旅中の飢餓を救済するための供膳という考え方の成立する以前に、飢餓現象を惹き起こす根源的存在を神に見立て、それを畏敬し信奉するという考えがさきに立つ。つまり守護神信仰の成立である。ところが、旅人に危害を加え禍厄をもたらす機能のみが強く表面にあらわれてくるにつれて、これらの神々は、ついに悪霊に化身する。ヒダル神・ジキトリ・ガキ・フチカリなどの活躍する段階がこれにあたろう。だから陰膳を供御する対象を、旅人それ自身と解する所論は腑におちないことになる。そもそも供膳の風は、元来は人間が神々へ祈念を伝達するために行なう神供の奉献を意味すべきはずのものであったから。

そこで供膳の対象となる神々の性質が問題となってくる。あるいは地域社会と異境との境界にあって村人の守護に任じている道祖神、あるいはそれの変身としての柴神、または山中を支配する山の神、さらに零落して悪霊化したヒダリ神・ダリ仏・餓鬼など、それぞれの出現の形態がまた、民間信仰変遷過程の各段階を示しているのである。逆に常民のあいだに見られる信仰形態が、同時に神の性質を決定することにもなる。したがって、境の神としての道祖神や山の神・柴神に捧げられた在来の信仰は、本来の意義を失うにつれて当然ながら信仰の零落化を急速に進める。そして、それに伴なって習俗の変質化が現象する。だからもともと神への神供を意味して発生してきた陰膳習俗は、旅人の飢餓を救済するための供膳と考えられてしまうわけである。

祭場の移動

それと同時に、神々を斎き祀った祭場の位置についても大きな変遷が生ずることになる。

すなわち元来その祭場は、道祖神・山の神・柴神など諸神の鎮座する村境や峠にさしかかる山裾の傍路であった。ところが、ヒダル神・ジキトリ・フチカリ・ガキなどが跋扈する段階になると、本来の神の機能の変化にともなって、祭場もまた移動してきた。あるいは旅人の行き倒れたところ、不慮の災害で非業の死を遂げたところが、主たる祭場となった。そして代参形式によって祈念の意思を達成しうると考える段階になると、司祭者・祈願者それ自身がまた、旅行者当人からその代理者たる留守宅の家族へと移動してきた。それに伴なって守護神の対象もまた、地域社会内の諸々の神々をもって替えうると考えるにいたった。かくして祭場は、地域社会内の氏神とかもろもろの小神祠の鎮座する境内神域がこれにあてられた。そしてついには家のなかの神棚の前へと退却し、さらに今日では陰膳供御の座として最も普通にみられる家族並(なみ)の列座のなかに落ち着いてしまったのである。

陰膳供御の方式が、かくのごとき変化を遂げたということは、同時にわが国民間信仰成立変遷の過程を具象的に示すものでもあった。常民社会の信仰様態を問題にするばあい、われわれはこの点に深き思いをいたさねばならないと考えるのである。

三　外来信仰の受容と民間習俗の変容

1　問題の所在

ここでいう外来信仰とは、わが国在来の固有な神社（氏神・鎮守神）信仰に対する外国伝来の諸宗教信仰をさすのではない。常民のあいだでムラ・「ところ」・「在所（ざいしょ）」・「地下（じげ）」などといわれる地域社会のなかへ、外部から伝道された（受動的）宗教諸信仰、あるいはまた内部の人びとによって摂取受容されて入ってきた諸々の勧請的（能動的）諸信仰を指す。したがって、早くから地域社会内に形成された在来信仰からみると、それは、いわば一種の他信仰であり、異信仰である。だからこの外来信仰は、必ずしも神道に対する儒・仏・道・基の外来宗教のみを指すわけではない。もちろんそれも含まれるけれど、たとえ神社信仰であったとしても、それが勧請神である場合には、それもまた地域社会の常民にとっては一種の外来信仰というべきである。そういう意味での外来信仰が地域社会に伝道（播）・摂取・受容された場合に、どのような変化を村人の習俗の上にもたらしたであろうか。

この場合にわれわれは幾つもの課題に遭遇する。外来信仰の摂取受容がいつから行なわれたかという歴史的条件を除外したとしても、なお多くの問題がのこる。たとえば、

(1) 地域社会の組織構造上の特徴や在来信仰の性格

(2) 受容した外来信仰の種別やその特質

(3) 伝道者（僧尼・宣教師・御師などの布教者、陰陽師・行者・女巫などの祈禱師・呪術師）または勧請者（在地の神職・先達・講元）など、荷担者の地域社会への入りこみ方の問題

(4) 地域社会における受容者の摂取態度

(5) 伝播波及の次元の問題（第一次的か、二次的・三次的の伝播か、あるいは直接的か間接的かの区別）

など多くの条件を考慮しなくてはならない。ここでは、地域社会の構造的諸条件を、比較的斉一に具有する島根県西部地方の常民社会において、外来信仰の摂取が、そこの民間習俗にどのような変化を与えたかに注目する。

すなわち中国地方の西部、島根県の石見地方は、地理的にも、社会的・民俗的にも、また文化的にも、山陽・山陰両地方の接触地帯的特徴を具備している。かつ信仰的には、大(おお)元(もと)神・荒神(こうじん)など在地信仰の基盤の上に、大社・八幡・宮島等の神社信仰、さらに天台・真

言・禅宗（とくに曹洞）・修験道の仏教信仰ないし神仏習合信仰が積み上げられている。ところが近世初頭以来は真宗の布教が活発化し、また幕末維新期には復古神道の強い影響のもとに神葬祭が強行され、在来の伝統的信仰に大きな動揺を与えた。したがってこの地方の民間信仰は、かなり複雑な様相を呈している。そういう地域で、在来の民間習俗がどのような変改をうけているか、実態調査の結果について述べてみたい。

2　地域社会の特色

まず当地方の宗派別寺院の分布状況を照合検討してみると、圧倒的に多いのは真宗であり、つづいては禅宗である。他の天台・（真言）・日蓮・浄土などの寺院は僅かに数えるほどしか存在せず、したがってその檀徒数も極く少なく前二宗と対等的に取扱うことはできない（6表「宗派別寺院数統計表」参照）。そこで、まず真宗・禅宗の二宗に注目しなければならないと同時に、当地方では、幕末維新当時に津和野藩・浜田藩の方針として、全般にわたって神葬祭が強行された。これは一種の宗教改革であった。そのためかなりの地域が今日でも神葬祭を執行している。したがって以上の三つの立場——真宗・禅宗・教派神道——に注意を集めてみなければならないであろう。

いっぱんに地域社会の宗教的現象は、それのよって立つ地域社会の基盤的構成の諸条件に左右されることが多い。そこで宗教・信仰諸現象の異同を比較対照するためには、基盤的諸条件の斉一な地域において宗派の相違や信仰上の差異を検討することが望ましい。そういう観点に立って、次の五部落を選出したわけである。（7表、参照）

A　主に禅宗によって構成されている部落（鹿足郡津和野町笹山、旧小川村大字笹山）

B　真宗の門徒から構成される部落（鹿足郡柿ノ木村杉山）

C　神道、ことに神葬祭を執行する部落（鹿足郡日原町程彼、旧青原村大字程彼）

D　禅・真両宗の入会関係を保つ部落（鹿足郡柿ノ木村大井谷）

E　禅・真・神葬の三者が入り会って混在する部落（益田市津田、旧美濃郡安田村大字津田）

以上の五部落は、漁村部落（といっても半農半漁であるが）であるEをのぞき、中国脊梁山地に見られる典型的な山農村の形態を示している。すなわち高度の低い隆起準平原を浸蝕する河川の形成する狭少な河谷低地に集落をつくり、その水便を利用しながら、開拓された水田によって小規模な水稲栽培を行なっている。その平均耕作面積は三、四反で、多くても七、八反、少ないのは一、二反という程度であるから、まさしく「五反百姓」以下である。生計の不足は、いきおい薪炭材の伐採や運搬の日傭稼ぎ、楮剝ぎ・椎茸栽培の収入で補っている。つまり、地理的条件や生業構成などの諸条件がほとんど斉一であると見てよいのである。そこで、そうした諸部落において宗派の構成がどうなっているかを見る

6表　宗派別寺院数統計表

宗派	禅宗 臨済	禅宗 曹洞	真宗	浄土宗	時宗	日蓮宗	天台宗	合計
益田市	三	一五	二四	三	二	一	一	四九
鹿足郡	一	二〇	二四	二	〇	二	〇	四九
美濃郡	〇	三	一六	一	〇	〇	〇	二〇
合計	四	三八	六四	六	二	三	一	一一八

7表　宗派別檀家戸数表

宗派別戸数＼部落名	A	B	C	D	E
全戸数	二二	一〇	三九	三〇	二八
禅宗(曹洞)	二〇	一	〇	二一	一〇
真宗	二	八	七	九	一三
神葬祭	〇	〇	三一	〇	三
不明	〇	一	一	〇	二

と、7表のごとくになる。このような宗派構成をとる五部落において習俗はどのような展開をみせているであろうか。

3　宗教信仰の特徴

まず真宗部落に入って感ずることは、他の門徒地帯と同様に仏壇がものすごく華麗であるということである。広島県のいわゆる安芸門徒の中心地域とか石見の那賀郡などでは、神棚を設けてない家もみられる。真宗門徒の自らを他宗と区別しようとする意識は、この地方においても衰えてはいないようである。けれども西石見一帯、ことにその最西端の美濃郡・鹿足郡内で、このことをあまり強調すると事の真実を見失ってしまう恐れがある。真宗門徒の間では「本山参り」を伊勢参宮よりも重視する傾向がある。しかしながら、ここでは「本山参り」を強調する門徒は少ない。それよりも伊勢参り・大社参り・三社参りを重視している。また熱心な門徒は、神拝するのに「南無阿弥陀仏」という名号を唱える(たとえば三河門徒・加賀門徒・安芸門徒の地帯)。神仏混淆も甚だしいのであるが、当地方では決してそのような態度に出ることはない。神仏の区別は明らかで、門徒の家でも立派な神棚を設け仏壇と同じく朝晩の拝礼を欠かさず行なっている。むしろ「神も仏もともどもに」といった気分が濃厚である。これは真宗地帯としては稀な現象であるが、どうしてそういう事態を招いたかは考究する価値がある。

普通門徒の家、とくに加賀・能登・越中の北陸門徒の家では、家屋の奥まった中央の一室を仏間と称し、その正面に壮大な仏壇をおき、朝夕念仏を唱えて礼拝を欠かさない。安芸門徒の間でも、それほどではないが、やはり仏壇を座敷の中央に据えて壮厳に飾っている。ところが石見地方ではいわゆる「隠し仏壇」といって、普通の襖戸の奥にささやかに安置されている。その襖戸を開くことによって初めて仏壇を実見しうるようにつくられている。したがって外見からでは、それが仏壇であるかどうか判然としない。このような擬装をしなければならなかったところに、石見門徒のおかれた宗教的境遇の一切が表出されている。すなわち、浜田藩・津和野藩によって行なわれた廃仏毀釈・神葬祭強行の神仏分離運動のもたらした結果である。したがって石見の真宗は、かなり歪められた形において、その姿をわれわれの眼前に見せているわけである。

このように歪められた真宗地帯ではあるけれど、合理的な真宗的性格は、門徒の家々で行なわれる習俗の上にかなり明瞭な形をとって現われている。例えば年中行事をとってみても、門松を立てない歳神棚を造らないのはもちろん、大晦日に飾った注連縄は正月一一日に取り外して川へ流してしまう。禅宗の家々のように、それをとっておいて、小正月一四日のドンドンの火祭に焼くということもない。また盆の精霊流しも、禅宗などではなかなか念をこめて行なっているが、それも割愛してしまっている。ところが逆に真宗では在来の習俗と習合してそれを生かし行なっている場合も少なくない。すなわちトキ行事がそれにあたる。この地方の門徒のなかには正月一六日をトキといって、団子をつくって仏壇に供える。これは他の禅宗部落などではいずれも見られない特色ある行事となっている。トキというのは広く日本国中の各地で見られる古風な行事であって、おそらく小正月行事の終りにあたり、その満月の翌夜を敬虔な気持で忌籠った古い信仰習俗の名残を示すものであろう。それが禅宗部落や神葬祭部落にみられないで真宗部落にのみ行なわれていることは注意しなければならない。

さらに宗派の対比を示すのは、当然ながら宗派性の濃い宗教行事である。すなわち、真宗において寺中最大の行事たる報恩講は当然ながら当地でも各処で行なわれる。本願寺・大谷の両派によって行事日に違いがあるが、まず住職が檀家を廻ってオトリコシをすましてから寺で御正忌を催す。門徒には必ずこの盛儀に参加する義務が負わされている。また九月には永代経法会が行なわれるが、これは門徒各戸の先祖の霊を供養するための法要で、無視しえない先祖供養の行事となっている。門徒の寺づきあいはことに熱心で、この点は他宗の斉しく容認するところとなっている。これらに対して禅宗では釈迦誕生会(花祭り)・開山忌を催すけれど、真宗ほどには力を入れていない。真宗では彼岸法座を熱心に執行するが、禅宗にはない。その代り涅槃会に力を入れる。けれども真宗では行なわない。このように両宗にとって対比的な寺院行事が多い。神葬祭を掌る祖霊社・総霊社でも、社殿で催す行事としては、春秋二季の彼岸に大祭を執行するのみで他の行事はほとんど行なっていない。このように眺めてくると、真・禅・神道とも三者三様で、いずれにおいても自宗自派の特色を強く示す行事が見られ、きわめて対照的であることがわかる。

4　習俗の変容

以上のごとき条件を考慮に入れながら習俗の面を比較してみよう。習俗といってもその種類は多い。衣・食・住なども当然採り上げねばならないであろう。けれども服装習俗・食制・居住習俗などは各部落を通じて斉一化され、とくに部落とか宗派による差異はまったく見られなかった。ハレの際に食べる餅とか、諸々の御馳走・晴着とか、棟上げなどの建築儀礼、葬送の際におけるイロギモン・仏飯・斎食等についても殊更に際立った相違は見出されない。同一の地域社会内においては宗派の違いを越えて斉一化されている。そこで、それらを除いた年中行事・生産儀礼・人生儀礼などに見られる諸習俗のうち、特記すべきもののみを挙げて比較することにしたい。(8表、参照)

8表に示されたところによって検討してみると、この地域は、在来の習俗を比較的固有な姿のまま遺している地帯に比べ、全般にわたって、それの衰滅脱落が目立つ。たとえば正月行事をみても、門松を立てない、歳神様を祀る棚をつくらない、床の間に鏡餅を供え

8表　部落別習俗比較表

	習俗名＼部落別	A	B	C	D	E
年中行事	門松・歳徳棚	×	×	×	×	×
	小正月・火祭	○	×	○	○	○
	イグラの口焼（節分）	○	○	○	×	○
	トキ（正・5・9月16日）	×	○	×	×	×
	花見	◎	◎	△	○	○
	花祭	●	×	×	○	○
	精霊流し	○	×	●	○	●
	冬至十日	×	×	×	●	○
	先祖祭	○	×	×	○	×
生産儀礼	仕事初め	○	○	×	○	○
	地神申し	○	○	●	●	●
	水口祭	○	○	●	●	●
	シロミテ	○	○	○	○	○
	抜穂	●	●	●	●	●
	田の神（オサバイ）	×	×	×	×	×
人生儀礼	帯祝い	○	○	○	○	○
	産屋（別屋）	×	×	×	×	×
	産神祭り（産立飯）	○	○	○	○	○
	親どり（名附親 拾い親）	○	○	○	○	○
	三十三日（初宮参り）	○	○	○	○	○
	モモカ	○	○	○	○	○
	ヒモオトシ	○	○	●	●	○
	若者組	○	●	●	●	○
	聟の尻逃げ	○	○	○	○	○
	サカムカエ	○	○	○	○	○
	宿入り	○	○	○	○	○
	寝初め	○	○	○	○	×
葬式儀礼	ヨビモドシ	○	○	●	●	●
	神隠し	○	○	○	○	○
	年違い	×	×	×	×	×
	外カマド	×	×	×	×	×
	廻り経	○	×	×	○ ×	× ×
	豆撒き	○	×	○	○	○
	迎え火	○	○	○	○	○
	土葬（ツボ）	○	○	○	○	○

凡例
◎在来より行なわれ、現在ことに盛んなもの　○在来より現在まで引き続き行なわれているもの
●以前に行なわれたが現在行なわないもの　×行なった痕跡のみとめられないもの
△以前に行なわれないものが、近来新しく施行されるようになったもの。

るだけの簡単な儀礼と化している。霜月祭とよばれるような古式豊かな民間祭祀も見られない。赤火・黒火・白火の不浄を避けるために他屋を建て、その穢れの家族や村人に及ぶことのないように計らう別居別火の風習もなければ、氏神祭祀の執行にあたって精進潔斎する物忌みの制も衰滅している。人の死に際し、その家族や親族など忌み掛りの者のために外カマドをつくり別鍋で炊飯するという厳重な忌火の習俗も見られない。総じていえることは、宗派の区別なく諸習俗の衰頽現象が全般的に著しい点である。この現象はおそらく今日の日本の地域社会全体に見られる趨勢であって、とくにこの地方だけの特徴だと称することはできないであろう。

けれども、それにも拘わらず地域社会内における宗派別檀徒の数において圧倒的多数を占める真宗の影響を無視するわけにはいかない。すなわち一向念仏専修を強調し他宗をすべて雑行と難じた立宗の立場や教義からくる布教者側の働きかけや圧力が、おのずから地域社会の上に大きくのしかかったことを看過することができない。万事合理的に割り切ろうとする考え方、「門徒もの知らず」的行き方が、伝統的習俗の崩壊に拍車をかけ、この傾向が同じ地域社会に住む他宗の檀徒へ波及して行ったことも明らかに観取されるのである。

仏教とは別派をなす神道の場合はどうであろうか。一般に神道というときは、在来の旧習が、ことさらに守られ、とくに不浄に対する斎忌意識が鋭敏であるとされている。けれども本地域において、神葬祭を執行し神道を奉ずる家々で、とくにそうした面が強く表出されているかというと、必ずしもそのようにいい切ることはできない。神道とはいっても、宗教信仰として受容されたわけではない。神葬祭と称する単なる形式的な宗教儀礼として押しつけられたものであった。しかもその強制は、時間的にいってもさして古い時代のことではない。幕末維新期という、せいぜい百年にも満たない前のことであったから、深く民俗の内面にまで滲透するにいたらなかった。単に葬式法要という表面に影響を与えただけで止ったのである。

上述のごとく、全般的に習俗の衰頽消滅の度合が高かったということ、とくに斎忌意識の麻痺化の傾向が目立つということは、ひとり真宗部落のみに限らず禅宗部落・神葬祭部落・混在部落のいずれを問わずに見られるところである。ところがこれに反し、依然として強調されながら実施されている伝統的な習俗も見られないことはない。

まず年中行事を見ると、部落によって異同が激しく、かなり動揺を示していることがわかる。それに対して、仕事始め・地神申し・水口祭・シロミテ・抜穂などの農耕儀礼。誕生から死にいたるまでの帯祝い・産神祭り・七夜・三十三日・モモカ・ヒモオトシ・若者入り、婚姻習俗として聟の尻逃げ・サカムカエ・宿入り・寝初め、葬送習俗としての神隠し・願ほどき・迎え火、ツボウチとよばれる土葬の方式等々の人生儀礼。これらは、部落間の相違をほとんど認めることができない。また宗派による差異も、少なくとも上述の五部落についてでは強調することができない。ただ葬送の儀式に関してのみ若干、神仏宗派による違いがある。しかしそれとても、僧侶の誦む経文・印呪や神官の奏する祝詞・祭文の違いであり、葬具が神式であるか仏式であるかの違いに過ぎない。それらの点は決して村人たちの主要な関心事ではない。重要なのは死者をどのように供養するかという先祖祭りである。この点に焦点を合わせて見て行くと、神仏における差違の隔りは著しく接近する。すなわち、この地方では死後の四九日を忌明けとする仏教に対し、神葬祭ではそれを五〇日とし、ともにその日を「仕切り」とよんでいる。また死者に対する最終の年祭を「問い切り」と称し、ともに五〇年としている。このときは神仏ともに葉付きの塔婆を立てて祝う。また部落によってはイットウ共通の先祖を祀る同族祭祀もさかんに行なわれている。

このように見てくると、在来の伝統的習俗のうち、歴史的変動の波をくぐりながら今日にいたるまでほぼその形を維持してきたものには、圧倒的に生産儀礼と人生儀礼が数えられる。生産儀礼のなかには、虫祈禱のように、農薬の発達に伴ない行事の意義が失なわれ、自然に廃絶されたものもある。また人生儀礼のなかでは、医学の発達や産育技術の進歩によって、不必要となったものは急速に脱落して行く。けれどもそれらを除くと、現在においてなお意味をもつ習俗は依然としてかなり情熱をこめて執行されているのである。それはなぜであろうか。一つには生産や産育・婚姻・先祖祭り・葬送等が人間生活にとってきわめて重要な領域を形成しているということが挙げられよう。それとともに、第二には、消滅度の激しい年中行事が、とかく個々の家の孤立した個人行事化しているのに対して、生産儀礼や人生儀礼はほとんど部落全体のつき合い関係の上に成り立っていることに注目したい。つまり共同体の社会習俗・社会慣行と見られる領域では、伝統的な面が強く生かされる傾向をもっているのである。

要するに仏教・神道などの外来信仰が地域社会に入ったとしても、それは単に葬式仏教として、あるいは葬式神道（神葬祭）として入ってきたに過ぎないものであって、それが常民の信仰生活の内面に突き進んで在来の習俗を改変するまでにはいたらなかった。ことに共同体的構成をもつ日本の農山漁村においては、それと関係深い諸習俗が根強くのこり、それらがまた相互に働き合って共同体的規制を強化するという機能を発揮しているのである。

5 結語

以上の所説を簡単にまとめてみると、

一、宗教的色彩の濃い行事については、宗派の差異による儀礼内容の相違が際立って著しいこと（葬式法要・斎忌の観念など）。

二、同時にその傾向は、個々の家で行なわれる「家」年中行事の上にも現われ、真宗門徒の多い部落では在来習俗を打ち壊す方向を打ち出している。

三、しかしながら、逆に在来の習俗を自宗の側に有利なように惹きつけて、それと習合しながら在来の習俗を発展させている例も見られる（正・五・九月一六日のトキ行事）。

四、年中行事の面では各宗派の相違による影響がみとめられるけれど、部落共同の行事や交際の上に成り立つ諸習俗のように、共同体を背景とするものについては、その差異が際立っていない（人生儀礼など）。

五、とくに生産儀礼については、伝統的習俗がそのまま引きつづき継承される場合が多く、かつ部落間の差異や宗派間の相違をほとんど見出すことができなかった。

ことになる。総じて宗派別の差異・部落別の相違が際立って識別できなかったことは、他の真宗地帯に比べて著しい特色であるといえよう。その理由はどう考えたらよいであろうか。おそらく

一、仏教諸宗、ことに真宗の布教が戦闘的に行なわれなかったために、地域社会への入りこみ方が徐々にかつ穏便に進められたこと。つまり真宗地帯といっても、その周辺末端地域を占めるこの地方へは、布教伝道のエネルギーがかなり弱体化されながら入ってきたものと思われる。

二、数次にわたって外来宗教の布教・伝道が行なわれ、それに伴なって外来信仰伝播の余波がしばしば押し寄せたにも拘わらず（天台→修験→禅宗→真宗→神道＝神葬祭）、それら

は持続的独占的に地域社会の宗教信仰生活を長期間支配することができなかった。宗教といっても、いずれも単なる葬式法要の方便として受容されたに過ぎず、村びとの信仰の内面にまで深く滲透することができなかった（真宗門徒における同行衆不成立の問題等）。つまり習俗を全面的に変改するまでにはいたらなかった。

三、地域社会内の社会構成（イットウの結集・系図祭・両家アイダの関係）・生産構成が比較的斉一であって安定していたこと。そのため外部からの異質的な宗教・信仰が伝播しても、それによって社会の安定・均衡を攪乱し破壊することができなかった。

などの条件を列挙することができるであろう。

注

序説

（1）岸本英夫ほか『宗教の定義をめぐる諸問題』（一九六一年、文部省）。
（2）拙著『講集団成立過程の研究』（一九六二年、吉川弘文館）。
（3）拙著『日本民間信仰論』（一九五八年、雄山閣）。
（4）田北耕也『昭和時代の潜伏キリシタン』（一九五四年、学術振興会）。
（5）斉藤励『王朝時代の陰陽道』（一九一四年、甲寅叢書刊行所）。
（6）肥後和男『我が国に於ける原始信仰の研究』（一九四八年、東海書房）。
（7）本書のI民間信仰の伝承態、四　憑き神信仰（一一三〜一一六頁）参照。
（8）柳田国男編『山村生活の研究』（一九三七年、岩波書店）。
（9）柳田国男『山村生活の研究』。
（10）柳田国男『日本の祭』（一九四二年、弘文堂）参照。
（11）悪魔研究会『悪魔の研究』（一九五九年、六興出版部）。

I

（1）以下は昭和三四年度の文部省科学研究費による総合研究「西日本民俗文化圏における宇和

地帯の地位の研究」の現地調査成果の一部である。

（2） 獅子文六氏の小説『てんやわんや』や『大番』などには、この地方の社会慣行や生活習俗が、背景として描写されている。単なるフィクションだとはいいながら、その文章には誤解されるところが多い。

（3） アイヌ祖先説の横行は、単にここだけではなく、日本全国に見られる現象であるが、笑ってすまされない問題であろう。

（4） 「ねんごろ」「念入り」という意であろう。増田実「南宇和方言の性格」（謄写版、一九五七年刊）二六頁参照。

（5） 愛媛県教育協会北宇和部会編『北宇和郡誌』八九五頁参照。

（6） 寛政五年二月九日より一六日にいたる七日間は、吉田藩内に有名な百姓一揆騒動が頻発した。首謀者は上大野村武左衛門で、参加の農民は九六〇〇余名に達したといわれている。その影響が隣の宇和島藩にも波及したことが予想されるので、覚十郎一件も、これに関連する事件であったかも知れない。

（7） 南北宇和郡ともに手稿本の旧村誌が多く所蔵されている。いずれも明治末年から大正初年にかけての編纂である。『成妙村誌』（明治四四年一二月編）、『二名村誌』（大正二年八月編）参照。

（8） 同じ一条宮様という神社はほかにも若干存在する。しかし、その本社は高知県中村市下田町に鎮座する一条神社である（『中村町史』一七〇～三頁参照）。この神社の成立が御霊神的性格をもつところから、広く地方に勧請され、かつ信仰されるようになったものと思われる。

戸島の地名のなかには、一条宮伝説に付会されているものが多い。宮が戸島へ来て「上臈ガウド」という所で一泊した。山を越えたら戸島の鳥の鳴き声が聞えてきたので、そこは「鳥の越」とよばれる。小内浦へ着いて水を一杯しゃくって飲んだところが「しゃく井戸」、一休みしようといって腰を掛けたところが「休駄場（やすみだば）」、戸島へ来て居所を定めたところが「城の山」、そこでオチツキに一杯やろうといって銚子を出したところの地名が「銚子の口」、こういった風に伝えられているのは、一条宮様の信仰が島人のそれとかなり密着していたことを示すものと考えられる。

この島にはほかに義民定五郎をまつる定五郎様とよばれる小祠も祀られている。

(9) この地方で「長袖様」とか「長い者」とかいわれているのは、特定の個人を指す呼称ではない。為政者・支配者など、上層の地位にある者の総称である。役人様とか旦那様にあたる称呼に用いられるときもある。地下（ちげ）の者（村在住者）に対し、他所者を意味する場合もある。短衣軽快な仕事着をまとうている山漁民のコンプレックスが、このような名称を生み出したのかも知れない。なお、若宮が祟り神的性格を強くもっていることについては大島建彦氏が「落人とまつり神――南予僧都雑記(1)」(「西郊民俗」六) にくわしく述べている。

(10) 柳田国男「雷神信仰の変遷」(『妹の力』一九四〇年刊、所収)、肥後和男「平安時代に於ける怨霊の思想」(『日本文化』所収、一九三九年刊)、柴田実「民間信仰」(岩波講座『日本歴史』二三、一九六四年刊) 参照。

(11) 南予のうち、南宇和郡のマツリ神様を調べられた和田正洲氏は「南宇和郡のまつり神」(「民俗」二五・二六) なる報告論稿の中で「南宇和郡では大体氏神も屋敷神もマツリ神とよんでいる」として、マツリ神の範囲の広さを指摘されている。大島建彦氏もまた「伊予南郡では、村氏神・屋敷氏神の区別なく、みな一様にまつり神と呼んでいる。」（同氏前掲論文「西郊民俗」一六）といわれ、マツリ神の性格に言及しておられる。筆者の調査に際しても、そのような事例に多くめぐり合った。ただし、「マツリ神様」と土地の人がいうときには、祟って困るのでにわかに祀り出すところの神様をとくに指すようである。この点、中国地方の荒神や、北九州ことに国東半島の先祖祭の対象となる先祖神などとも類似の性格をもっているように思われる（三浦秀宥「美作地方の荒神信仰調査」「岡山民俗」特集）、拙稿「民間祭祀と信仰」（和歌森太郎編『くにさき――西日本民俗・文化における地位』一九六〇年刊、所収）。

(12) 前節「御霊神信仰」を参照のこと。また落人をマツリ神様として祀った例としては、大島建彦「落人とまつり神」（「西郊民俗」六）を参照。

(13) 直江広治『屋敷神の研究』（一九六六年刊）参照。なお三浦秀宥「岡山県下の荒神信仰」（「日本民俗学」二の三）などはこの点に論及している。

(14) 以上の調査については、宇和島市図書館長渡辺喜一郎氏・高光公民館長中平虎行氏・同主事河野常正氏らの各位の協力に負うところ大である。資料はすべて今城イチマキの諸氏からの聞書である。なお聟養子に出た河野茂吉翁（当時七八歳）をはじめ今城イチマキのオモヤから河野イチマキにも河野様という先祖神をまつっているとのことである。

(15) 宇和島市字稲荷（旧高光村稲荷）、菊池正雄氏談。

(16) この地方にはタカのつく社名が甚だ多い。ハイタカ（拝高・拝鷹）様についてはすでに述べた。そのほかにも、イエタカ様（一本松村中川）・タカタチ様（同上）・シゲタカ様（城辺町緑)・タカミヤ様（同上）・などの名称がみられる。タカガミのタカと共通の意義をもっているのかも知れない。和田正洲「愛媛県南宇和郡採訪録」（「民俗」二五、二六）参照。

(17) 高光公民館発行、弘報「高光」参照。

(18) 荒神信仰の本体については、三浦秀宥・岡義重・石塚尊俊・松岡利夫らの諸氏による中国地方の現地報告や研究が公表されている。これらを集大成し、それをとくに屋敷神の性格と結びつけて考究された直江広治氏の努力を多とせねばならない（『屋敷神の研究』）。

荒神信仰が家荒神と屋敷荒神の両面から追求されなければならないことはいうまでもない。けれどもこの両者がどのような関係におかれているかについては、先学の研究によってもなお明らかにされないところが多い。

豊後水道を隔てた対岸の北九州、とくに国東半島などでは、この両者を同一地域で同時にまつっている所が多い。それとの類同性が濃くみうけられる（本書Ⅱの三、参照）。

(19) 大口廻りに対する称である。氏神祭などのような大祭の担当は一年に一回一戸ずつときめられているから、二〇年とか三〇年に一度、場合によっては一生に一度も廻ってこないことさえある。そういう大祭でなく、年間に幾つもめぐってくるいろんな小祭の執行を、その都度家ごとの担任にまかす場合の方式が小口廻りである。緑部落では、お荒神講・お念仏講・オコモリ（年三回、春は三月節供ごろ、夏は田植の終了時、秋は米の収穫直前に、氏神へ参籠して祈禱する部落行事である）の当番が小口廻りで割り当てられている。

(20) 荒神信仰は、こんにちの民俗学界が研究課題としている大きな問題の一つである。日本列島全体からこれを眺め、そこから結論を導き出そうとする野心的な論稿は少ない。けれども部分的にはすぐれた報告がなされている。四国については、和田正洲氏らの論考がある（和田正洲「愛媛県南宇和郡の荒神」「日本民俗学」五の二）。全体からみて、四国は荒神信仰の強烈な地域に属している。しかし、宇和地方のそれは、なかでもかなり稀薄化している地帯といえよう。その理由については、なお検討を要するところが多い。

(21) 和田正洲氏前掲論稿においてもこの荒神籠りの本質は明らかにされていない。

(22) 北宇和郡三島村役場編「郷土」（昭和七年一二月作製、筆稿本）および古老よりの聞書による。旧三島村は町村合併の結果、現在広見町に編入されている。

(23) 柳田国男監修『日本昔話名彙』一九五三年、一九一〜二〇〇頁参照。

(24) わが国では古くから、こうした性格の神々が活躍していたらしく、古典にも散見している。風土記逸文の筑後国の項に、峻しい山の狭い坂に、麁猛神が住んでいて、往来する人を苦しめた。それでこの神を人の命尽の神といったということが述べられている。また山の神やヒダル神が出てきて人に憑いて困ったという伝承の報告もかなり多く発表されている（柳田国男『妖怪談義』一九五六年刊、大藤時彦「ひだる神について」「民間伝承」九の一、八巻穎男「ひだる神のこと」「民族」一の三、三宅千代二「伊予の山々と信仰」『伊予史談』一二七・一二八合併号など参照）。

(25) 桂井和雄『笑話と奇談』（一九五二年刊）、武田明『祖谷山民俗誌』一九五五年、大島建彦「咄の者の文芸」（「西郊民俗」七）などを参照。

(26) 柳田国男『山島民譚集』（大正三年刊）、竹田旦「水神信仰と河童」（「民間伝承」一三の八）、石田英一郎「河童駒引考」（一九五〇年刊）、参照。

(27) 南宇和郡西海町役場にカワソの標本が保存されてあるというが（一本松村小山、嘉喜山氏談）、私はまだ見ていない。城辺町の大浜、西海町の縁海地帯、高知県宿毛市の大藤島などは、カワソがよく出るために著名であるという。

(28) 笠井新也『阿波の狸の話』昭和二年、後藤捷一「阿波に於ける狸伝説十八則」（「民族と歴史」八の一）。

(29)「民族と歴史」八の一憑物研究号、および石塚尊俊『日本の憑きもの』（一九五九年刊）、参照。

(30) 柳田国男「妖怪名彙」（『妖怪談義』所収、二二二頁）参照。「南予民俗」二号によると、ヨスズメは蛾の一種であって、夜道にあるけなくなるほど飛んでくることがあるという。なお、紀州の送り雀については、森彦太郎編『南紀土俗資料』大正一三年、笠松彬雄『有田民俗誌』昭和二年、などを参照。

(31) 桂井和雄「土佐の山村の妖物と怪異」（「旅と伝説」一五の六）参照。

(32) 桂井和雄『土佐山民俗誌』（一九五五年刊）、一〇六頁、長山源雄「伊予吉田より」（「郷土研究」二の一〇）参照。

(33) ヌレオナゴの称が一般である。愛媛県の高知県境に近い地方では、笑い女子という村が若干ある（城辺町僧都・一本松村小山など）。

(34) 柳田国男「ザシキワラシの話」（「郷土研究」二の六）および千葉徳爾「座敷童子」（「民俗学研究」第三輯）参照。

(35) ノツゴについては、とくに詳論した本書のⅣの一、を参照されたい。

(36) 同町猿鳴の旧家梶田芳一郎翁（当時六二歳）ならびに同村中浦の遠近政美氏談。
(37) 嘉喜山利平治翁（当時六二歳）談。
(38) 徳島県の場合は、森本安市『阿波の俗信』（昭和一七年刊）、武田明『祖谷山民俗誌』（一九五五年刊）高知県の場合は、桂井和雄『土佐山民俗誌』および同氏の前掲論文（「旅と伝説」一五の六）参照のこと。
(39) 柳田国男氏の説によれば、ジキトリとは「食取り」のことであろうという（柳田国男「ひだる神のこと」「民族」一の三）。
(40) 弁当の初めの一箸をとって山神に供えるという風は全国的である（柳田国男『山村生活の研究』昭和一二年、参照）。いっぱんにはこの習俗は山神に対し山仕事の無為を祈願するためのものだと説明されている。しかし南予や土佐で見られる山人供饌の風は、むしろヒダル（ダリ神ともいう）と同性質の山神を対象としている。つまりジキトリの難を避けるための儀と考えられる。
(41) 大藤時彦「ひだる神」（「民間伝承」七の一）および桂井和雄氏の前掲論文（「旅と伝説」一五の六）参照。
(42) 兵頭義雄「オクヨサマ」（「三間町報」昭和三一年三月一五日号）。
(43) 横田伝松「柴神の信仰」（『郷土研究』四の四）に「伊予の南部では各村に一～二箇所づつ柴神（シバガミ）といふのがあって、足の疲れた時、通りがけに柴を一本供へると、忽ち足の疲労が忘れるといふてゐる」と述べてある。
(44) 長山源雄「柴神」（「民俗学」二の九）参照。片目片足神の意義については柳田国男『妖怪

談義』（一九五六年、一九三―二〇三頁）参照。

(45) この点の民俗学的意義については和歌森太郎「日本の民衆における悪魔」（「悪魔研究会編『悪魔の研究』一九五九年刊）を参照。

(46) 高知県下の例は桂井和雄氏の前掲論文（「旅と伝説」一五の六）参照。徳島県の例は武田明『祖谷山民俗誌』（一九五五年刊）および近畿民俗学会編『阿波木頭民俗誌』（一九五八年刊）、参照。

(47) 松本楢重「ひだる神のこと」（「民族」一の五）。

(48) 阿部広吉「ひだる神のこと」（「民族」一の三）。

(49) 南方熊楠「紀州田辺より」（「民族」一の三）。

(50) 早川孝太郎「ひだる神のこと」（「民族」二の五）。

(51) 杉浦健一「山の神信仰」（「宗教研究」新一二の三）、伊勢民俗学会編「伊勢民俗――山の神特集号」、堀田吉雄『山の神信仰の研究』（一九六六年刊）、拙稿「山の神信仰の諸問題」（『日本民間信仰論』所収）などを参照。

Ⅱ

(1) 昭和三三年度文部省科学研究費による総合研究「模式的文化圏としての国東半島における民俗構造の総合研究」（代表者、和歌森太郎）に、調査員の一人として参加した際の現地調査の成果にもとづく。

(2) たとえば、東国東郡国見町古江鎮座の岩倉八幡社におけるケベス祭（西垣晴次「櫛来社をめぐる祭事――ケベス祭」和歌森編『くにさき――西日本民俗・文化における地位』第四章、所収一九六〇年刊、参照）などは、伝統的な神社祭祀の面影をよく伝えている。

（3）本書の資料は主として郡役所所蔵の書類および各町村役場へ提出した神社よりの報告、すなわち、神社明細帳・神社書上帳などをもととして採録したものである。たまたま本書が編纂された大正一五年五月は、郡衙の廃庁が行なわれた時期であり、その意味において、今日では貴重な資料となった。

（4）社名を異にするも、祭神の性格を同じくするものは、同一とみなした。また神格（祭神の性格）を判定する場合は、縁起・祭祀儀礼などを重視した。

（5）注（3）参照。

（6）肥後和男「牛頭天王」（『古代伝承研究』一九三八年刊、所収）参照。

（7）西田直二郎「菅公と天満宮」（「歴史と地理」一の一、二）、肥後和男「平安時代に於ける怨霊の思想」（『日本文化』一九四三年刊、所収）、柳田国男「雷神信仰の変遷」（『妹の力』一九四三年刊、所収）参照。

（8）拙稿「山の神信仰の諸問題」（『日本民間信仰論』一九五八年刊、所収）参照。

（9）拙稿「年神信仰」（和歌森編『くにさき――西日本民俗・文化における地位』一九六〇年刊、所収）二三三～五頁参照。

（10）故河野清美氏（『国東半嶋史』編者）の著、酒井富蔵氏（『豊後高田市誌』著者）の編、一九五四年三月一〇日発行。河野氏の旧稿はすでに戦前に脱稿されてあった。それだけに、かなりくわしく旧態を知ることができる。

(11) 部落の片隅でまつられる小祠が、民間信仰形成の上で重要な基盤となっていることはしばしば触れた(拙著『日本民間信仰論』一九五九年刊)。なおこの点について福島県下を中心に詳細な実態を究められた岩崎敏夫氏の業績を参照されたい(『本邦小祠の研究』一九六三年刊)。

(12) 伊勢講・伊勢参宮に関する習俗がのこっている。たとえば、国東町高良(こうら)では、正、五、九月にヤドをきめて伊勢講の集会を行なっている。また参宮の仲間は、その日を記念して「同行(どうぎょう)まつり」を催し、生活万般にわたって特別なつき合いをする。参宮から帰宅したときの「お講びらき」「さかむかえ」などの古風な行事も遺っている。

(13) 町村誌(史)の神社誌の記載をみると、このことは直ちに了解されよう。『朝来村郷土史』のほかにも、『安岐郷土史』(水口忠孝氏所蔵、未刊稿本)などが重要である。その編者は忠孝氏の父、水口忠嗣(故人)で藩政末期の状態を知ることができる。とくに田染(たしぶ)村編集の『田染村志』(一九三二年刊)は、この事情を最もよく物語っている。

(14) 管見の及ぶかぎりではつぎのごとき論文が発表されている。
佐藤悌「小一郎神について」(『民間伝承』一三の一二)、同「続小一郎神」(同上、一四の三)。

なお、民俗学研究所の離島村落調査にあたり、一九五〇年一〇月下旬より一一月初旬にわたって、本地域を調査された堀一郎氏が、同研究所において、調査の結果を報告された。その席上、小一郎信仰について討論がかわされた。しかしこの問題は、その討論においても十分解決されたというわけではなかった。

(15) 『肥後国誌』に矢部手永、浜町小市領というのは「鎧一領」のことであると述べている。

しかし、小市領というのはおそらくいわゆる小一郎を指しているものと思われる。ほかに飽田郡池田手永井芹村加藤屋敷、甲佐郡下早川村藤島大明神跡などが、小一郎森といわれていたことなどから察すると、小一郎信仰は、遠く肥後地方にも及んでいたらしい。

(16) こころみに西国東郡田染村（現、豊後高田市）についてながめてみよう。『田染村志』（一九三二年刊）によると、

○郷社八幡神社、境内社金刀毘羅社

祭神　大巳貴命・天御中主命・大山祇命二柱・八衢彦命・八衢姫命・久那斗神・小一郎霊・市杵島姫命

由緒　小一郎霊は字大久保に鎮座の処、明治十一年本社へ移転。

○村社大年社　境内神社二社

今日霊社　祭神　当地姓氏祖霊

由緒　不詳、元本村字荒平鎮座、明治十一年本社境内に移転す。石祠竪壱尺横壱尺五寸

今日霊社　祭神　同上

由緒　不詳、元本村字樋ノ口鎮座、明治十一年本社境内に移転す。神殿竪壱尺五寸横四尺

などとあり、この間の状況を示している。ほかにも、同村字大久保・陰平などに鎮座したことが見える（『田染村志』一三五～一三七頁）。

(17) この文書は、年代を銘記していないが、明治二年に病歿した宮崎安義（当主比伝雄氏の曾祖父）が書写したものであるという。文書記載の一例を示すとつぎのごとくである。

来浦谷下中村岡ニ鎮座

今日霊社　三座

慶安四辛卯年、岡原氏高祖之霊奉崇、為子孫繁昌家敷鎮護、今日霊祭始。岡原氏家敷此辺在、故ニ家敷鎮護之神ナリ。

(18) ちなみに調査地のみを掲げる。速見郡日出町豊岡、杵築市年田、東国東郡安岐町高原・下原・塩屋・恒清、国東町富来字池田・中須賀・堀池、下成仏字八三分、上成仏字床並・芋尾、小原字宗安、富来浦字入江町、来浦字長野、浜字山瀬・中村、国見町小熊毛・千燈、竹田津町井上、西国東郡香々地町夷、真玉町大畑、豊後高田市長岩屋・下荒尾（旧西都甲村）・荒平・樋ノ口・桐原（旧田染村）、大田村永松。

(19) たとえば『田染村志』に「今日霊社の祭神小一郎霊は、豊前馬嶽の城主新田小市郎義氏を謂ふ」（一二七頁）とある。

(20) 安岐町高原の徳部文義氏邸内にある小一郎様については、一つの縁起譚が物語られている。氏が幼少の頃病弱で眼病を患い、ほとんど失明するばかりであった。約半年ほど病床に臥していたころ、街道を通りかかった法印（天台の盲僧）が、突然家の内に入ってきて、「お宅に病人がいるだろう。その原因は、裏の竹藪にある小一郎様を祀らないためである。」という。驚いて母親が行って探してみると、案のじょう、石の祠と台石が出てきた。それを屋敷内に持ち運び、鄭重に祀るようになった。そうして病人は完全に癒り、爾来家族に病人は全く出なくなった。

また国東町大字富来字中須賀の永松教学氏は土用行（どようぎょう）に檀家を巡回する。その際、同時に小一郎様の祈禱を頼まれることも多いという。

(21) 国見町大熊毛鎮座の日吉神社でも、かつてケベス祭が行なわれたらしく、神社所有の御供田をケベス田ともよんだという。また竹田津町大字竹田津鎮座の名社、武多都神社では、岡・浦手・鬼籠(きこ)の三部落が氏子区域を形成して順番にトウバを勤めることになっている。その岡部落の西村地区に、今でもケベス田とよばれる宮田が存在する。これらの例からみて、ケベス祭は、以前はこの地方にかなり広く行なわれたものと判断してよかろう。

(22) 田原荘は、かつて宇佐八幡の神領であった。一七軒の座元は、また一七屋敷とも一七侍官(じかん)(神官のことか。また侍願と書くところもある)ともいわれる。

(23) 神事次第や神役負担などは、今日でもなお近世初期とほとんど同じで、大きな変改が加えられていないようである(同社務所所蔵の寛永戊辰九月の棟札にある神役の記載、延宝八年申八月の「宮帳之叓」、安永八年亥年の「若宮八幡宮祭礼一色覚帳」など参照のこと)。

(24) 拙稿「頭屋渡し」(和歌森太郎編『くにさき』一九六〇年、第四篇、第2章「神社祭祀と信仰」(2) 所収、二〇五~二一四頁)参照。

(25) 西国東郡真玉町の八幡神社では、旧一〇月一八日の馬前(うままえ)にあたり、馬一頭を出して乗子一人を乗せ四~五人の馬子がこれを牽いて廻る。もとは流鏑馬を行なったものと思われるが、今日では、馬を引廻すのみである。この乗子は、七日前から磯に行き毎日潮掻の潔斎を行なうことになっている。同じく巨石遺跡で有名な猪群山中腹の飯牟礼神社においても、ほぼ同様のことが行なわれている。ここでは、神社境内のコモリヤ(籠屋)に参籠することもあったという。

また国見町・竹田津町・香々地町・真玉町など半島の西部には、正月に行なわれる歩射(ぶしゃ)または百手(ももて)とよばれる弓射の儀がある。実際に弓射を行なわず、たんにそういう素振りをしたり、または弓矢を供えるだけのところもある。しかし、いずれにせよ、その祭儀を行なうにあたって、あらかじめ、川垢離をとったり潮掻をする所は多いのである。

(26) 有名なのは、国東町岩戸寺の修正会と、豊後高田市長岩屋の天念寺の鬼会である。このほか、現在は行なわれていないところでも、鬼会式使用の面を多く保存し往時を偲ばせてくれる。

(27) 拙稿「九州地方の同族団と講」(拙著『講集団成立過程の研究』第一篇第二章、一九六二年刊所収)参照。

(28) 直江広治「地神と荒神」(日本民俗学、三の四)、三浦秀宥「岡山県の荒神」(日本民俗学、三の二)参照。

(29) カマド荒神の性格については諸説あって、いまだ定説というものがない。もろもろの問題点を指摘しているものに次の論考がある。和歌森太郎「カマド神信仰」(『歴史と民俗学』所収)、郷田洋文「竈神考」(日本民俗学、二の四)。

(30) 国東町富来字中須賀の永松教学氏に、筆者がとくに頼んで行なってもらったことがらを略記すると次のごとくである。

まず、床の間に、お茶・神酒・御供(ごくう)を供え、御幣を切って立てかける。線香を立て、燈明をあげる。祭壇の準備が整うと、持参の琵琶をかきならして「神おろし」をする。これには、大和おろし・伊勢おろしなどの方式があるという。日本国中の神仏の名を誦み上げて、勧請するわけである。つぎに家祈禱の経文を唱える。全文を掲げることは煩雑になるので略することにするが、その内容は神仏混淆のはなはだしいものである。こうして約一時間もかかって経文の読誦が済むと、最後に「神上げ」をして終りとなる。

(31) 拙稿「盲僧の修行と講」(拙著『講集団成立過程の研究』第二篇第一章第五節、一九六二年刊) 参照。

Ⅲ

(1) 5表の資料は、兵庫県仏教会編『兵庫県仏教会寺院名簿』(一九五九年二月二五日発行) および、『大日本寺院総覧』(大正一二年) に拠っている。

(2) この二〇〇ヵ寺を数える寺院は、すべて兵庫県仏教会(本部は神戸市兵庫区松木通三丁目二番地、法華寺内) および島内の市郡地区を管轄する洲本市仏教会(事務所は洲本市塩屋一一八、西来寺内)・津名郡仏教会(事務所は津名町志筑、福田寺内)・三原郡仏教会(事務所は南淡町賀集、万福寺内) に属している。ほかに無登録の庵寺・小院の存することはいうまでもない。

(3) 前掲『兵庫県仏教会寺院名簿』津名郡の項参照。

(4) 本章後節の「日蓮宗寺院の宗教行事」(一八九〜一九九頁) 参照。

(5) 『味地草』巻三に「勝田坊　享保十三年の官記に、本尊阿弥陀如来、寺境の畝数壱畝拾歩、官税を収るの地ならん。或は永願寺と云。浄土真宗にして、祖師より廿一代目顕如上人の時、天正の頃、播州より此浦に帰西と云僧来り。辻堂の道場一宇を創立し、寛文五年阿陽の府下寺町長善寺に属し、宗門改正を受け来る。後年洲府の浄泉寺下道場と称し、同寺の属坊となれり」とある。また「釈帰西法師　天正十三酉年当寺開元、播州ヨリ来ル人也」とあって、勝田坊が同時に永願寺であり、その開元の法師帰西が播州より来島したと、両記事ともに符節を合しているもののごとくである。けれども、ともに証拠とするには十分でない。

(6) 近世における阿那賀村の発展については、北見俊夫「交通・交易の変遷」(和歌森太郎編『淡路島の民俗』一九六四年、九〇〜九三頁)参照。なお、宝暦拾年のデートのある村絵図(米岡清六氏所蔵)によると、永願寺はまったく民家の中にそれと並んで描写され、寺宇としての面影はほとんど確認できないくらいに曖昧である。

(7) 兵庫県神職会編『兵庫県神社誌』(昭和一三年)、および西垣晴次「祭祀組織」(和歌森太郎編『淡路島の民俗』所収)、萩原竜夫「神社祭祀と儀礼」(同上)参照。

(8) 辻善之助『日本仏教史』中世篇之三(一九六〇年)三一五頁、同『日本仏教史之研究』(一九二七年)二六三頁、など参照。

(9) 『淡路四草』参照、とくに『味地草』(天保一〇年)には、かなり詳細な記述がみられる。

(10) 注(7)参照。

(11) 新家天心『鮎原村誌』一九五〇年、参照。

(12) 本来は民間の葬式に関与しない別当寺・神宮寺と、初めからこれに密着してきた葬式寺との二系統の存在は、本島の真言宗寺院のみに限らない。広く旧仏教寺院の存する地域にみられるところである。昭和三七年にそうした例を、加賀白山の白山比咩神社の別当寺、美濃馬場の天台宗長滝寺の場合について検討したことがあった(拙稿「白山山麓美濃馬場部落の宗教相について」未公表、参照)。

(13) たとえば隣部落の浦壁は、かつて全地域が当寺の檀家であった。けれども両部落間を流れる小川の度々の氾濫のため、連絡上円滑を欠くことが多く、ついにこの部落のみ隣村(旧神代村国衙）の延命寺に編入されることになった。また旧の市村・八木村の各部落に二戸ないし三戸くらいずつ檀家の散在しているのは、以前檀家だった家がその地へ新しく移住したものである。移住後も依然として覚住寺と師檀関係をつづけている。

(14) 以下は住持の池田竜宝氏談にもとづく。

(15) ケツケ参りの詳細については本書二二四〜二二七頁を参照。

(16) たとえば、正御影供を正月に行なう例（三原町覚住寺）もあり、また三月彼岸会をかねて催す所（西淡町春日寺）もある。

(17) 海村の例にもれず、幾度かの火災にあって古記録のほとんどを消失してしまったが、わずかに正徳四甲午年正月吉祥日および元禄九丙子年六月吉祥日の日付を有する棟札を存する。

(18) 松本杏治郎『妙京寺誌』（一九五五年）参照。郷土史家松本翁の考証によると、『淡路草』に「妙京寺は桓武天皇の延暦二十四年、勅令に依て早良親王の為に、創立したるものなるべし」などとあるのは、全くの謬説であって、妙京寺本堂安置の位牌に「当山御建立廃帝天皇」とあること、また寺地に近い下川井の高島は、淡路廃帝淳仁天皇の「元の御座所であり、地形から云っても、南向の景色のよい処でもあり、昔から此の丘を廃帝天皇、又は単に天皇様と呼び来った所で、真向いに御衣塚もあるから、淳仁天皇御陵の伝説地として確かに価値あるもの」であることから、廃帝が配流されて住んだ一院とは、まさにこの妙京寺であったと想定している（同上書一三頁）。そして初めは法相宗として創建、のち、延文三年頃に大覚大僧正によって法華に改宗させられたとしている（同上、一七頁）。その考証となる資料は、史料としてまことに不十分であり、また考古学上の遺跡と伝説と文献とを無媒介に接合して想定した、非学術的見解であるから、もちろんその所論は信憑性の稀薄なものである。けれども、この寺が古刹であったことは疑うことができない。そしてこの地帯に法華宗が伝道されるにつれて、同宗に改宗したことも明らかであろう。法華宗の地方伝播を知る上に歴史的に再検討すべき価値は十分に存するものと思う。

(19) 妙京寺の末寺は万福寺（多賀）本寿寺（上条）東林寺（上条）最明寺（浜村）孝進寺（田辺）の五ヵ寺である。この末寺の五ヵ寺は、正月元旦に本寺の妙京寺に出仕し（現在でもこうした表現を用いている）年賀の挨拶を言上する。

(20) 豊田武『日本宗教制度史之研究』一九三七年刊、鈴木泰山『禅宗の地方的発展』一九四三年刊、森岡清美『真宗と「家」制度』一九六二年刊、など参照。

(21) この地方には大覚大師の泣石の伝説が伝わっている。井手と隣部落の大町との境界に大覚大師が日夜唱えたという題目石があった。これを大町の人が自分の方へ引っぱったところ、行くのがいやだと泣いて止まない。そこでまた旧の位置にもってきて、そのままに据えたら泣き止んだという。

(22) 信徒のあいだでは、これを「過去帳入り」とよんでいるから、真言宗の五日三時の法会に比定することができよう（一八四頁参照）。

(23) 『県庁布達全書』第一篇淡路津名三原郡役所（一九三八年一二月編）一一八頁参照。

(24) 新見貫次氏所蔵本に拠る。

(25) 本行事の淵源を、さらに古く弘法大師の行実と結びつけて説こうとする所説もある（ちぬの浦人「淡路巡礼弁財天の由緒」「淡路中央新聞」三三一〜三五号、一九五八年一一月、「五態弁れていない。

財天由来」佐野、高谷氏所蔵本など)。しかしそのように断定する確実な史料は、何も発見さ

(26) 明治二年の洲本市における興行のありさまは、同時に「弁財天女中川原村芝居ノ事」「弁財天女市中御迎ニ付砂持事」「弁天天女御迎ノ遷郁方ノ順番」の諸章に詳述されている。これによると、各村浦とは別に、洲本市内の各町々を巡歴する弁財天があって、それぞれ勤番の町内として、通町壱丁目以下八丁目・鍛冶屋町・新鍛冶屋町・紺屋町・魚町・網士町・馬場町・大工町・漁師町などの名が列挙され、各町内講中の世話人に米屋善兵衛・鍋屋吉蔵・大黒屋清五郎・天満屋喜五郎・茶屋角兵衛らの町人の名が見える。そして「弁財天参詣人其数不レ知、他国参リ船百艘余ト云、思ヒノ外売物ハ下駄屋、次傘、外ノ店もそれぞれ売口よろしき噂云々」と商況の模様までを手にとるごとく述べている。

(27) 安倍喜平「国教演説講録」自筆稿本(新見貫次氏所蔵)及び、ちぬの浦人「淡路に神仏二つの弁財天」(「淡路中央新聞」二九二~三号、一九五七年一二月三、一三日)など参照。

(28) 「大里長御用記録」(新見貫次氏所蔵本)一二頁。

(29) したがって明治以降の弁財天祭は、洲本市厳島神社のそれ(俚俗では「動かぬ弁財天」と称する)と、全島の各村々を巡遷する「回り弁天」の二つに分けられることになった。ただし、ほかに「一夜弁天」の慣行もわずかに行なわれているので、祭祀の方式からみるときは以上の三種に類別することができようか。

(30) 行事の次第やその内容を詳述することは遺憾ながらできない。ただし現行の概略を知るためには、これを主催する真言宗寺院と信者物代との間で協定した規則書「淡路妙音弁財天巡遷

規則」が参考となる。その若干を抜萃すると、次のごとくである（昭和一四年六月制定のもの）。

第四条　尊天ヲ奉迎セントスル町村ハ、奉迎頭人及信者講中惣代五名以上連署シ、別記書式ノ奉迎願書ニ中込金ヲ添へ寺院惣代宛差出スベシ。

第一二条　弁財天巡遷奉祀期間ハ陰暦十月第弐子ノ日ヨリ翌年十月第弐亥ノ日マデ壱ヶ年間トス

第一四条　尊天奉祀期間内ノ祭典ヲ左ノ通リ執行スルモノトス

五大祭

一　奉迎大祭　陰拾月第弐子ノ日　　一　当指式大祭　陰正月七日

一　春季大祭　陰参月拾八日　　一　虫干大祭　陰六月土用ノ内

一　春送大祭　陰拾月第二亥ノ日

月並祭　五大祭以外ノ各月七日

第二二条　五大祭ニハ寺院惣代及両基本信者惣代ハ必ス前夜ヨリ本殿ニ参籠スベキモノトス

第二三条　奉迎町村ハ五大祭ニハ必ス結内寺院ヲ招シ、尊天へ法楽ヲ捧グルモノトス

第二七条　尊天ノ附属荘厳具及所用器具ハ尊天ト同時ニ次ノ奉迎町村へ基本信者惣代立会ノ上引渡スモノトス

第三四条　本規則及細則内規ハ淡路支所代議員会ノ決議ヲ経ザレバ加除訂正スルコトヲ得ズ

（31）柳田国男『歳時習俗語彙』（一九三九年）および宮本常一「亥の子行事――刈上祭」（『民俗学研究』二、一九五一年刊）参照。

(32) 一夜弁天の奉祭は、おそらく巡遷弁天祭礼の原型であろう。筆者のこの推論は、あまりにも唐突のように思われるかも知れない。けれども本調査中その証拠となる数々の資料を蒐集することができた。その一々の紹介はすべて割愛する。

(33) 津名郡一宮町。本調査にあたっては町役場、山本宥匡氏の絶大な御支援をうけた。特記して謝意を表する。

(34) 淡路町の東部茶間川の谷に沿って登ること約二・五キロで達する。もと観音寺といい、淡路西国巡礼最終の霊場である。古来先山の奥院といわれた。

(35) 延喜式神名帳に「淡路国津名郡石屋神社」とあるのが、それにあたろう。また天地明神とも絵島明神ともいわれる。

(36) 同様の伝承をもつ所は、ほぼ全島に広く及んでいる。筆者の調査した限りでも（洲本・五色・西淡・南淡・三原・一宮）、この習俗に遭遇しない地域はなかったくらいである。いずれも、新仏が弥陀の浄土へ行く過程に、その五七忌にあたり、とくに高い山にさしかかる。そのときまつわりついて行手を阻みさえぎる餓鬼の気を外らすためのものとしている。

(37) これを「山テツナイ」と称するところも多い。埋葬場・火葬場をヤマとよぶ所は全国的である。埋葬場の穴掘りや葬礼の式場を整備することを「ヤマツクリ」ともいう。したがって、この「山テツナイ」の山は、死霊の赴く所、死者の行きつく場と解してよかろう。だから山テツナイ＝山テツダイとは、死者の葬送を手伝い助けるという意である。

(38) 先山が「高山まいり」の中心であることは次節で述べる。先山の団子コロガシは、まず九丁目不動坂で最初の団子を谷に転がし、ついで山頂の六角堂（地蔵尊をまつる）で法要をしてもらい、最後に東の谷に転がす。そしてこの六角堂に死者の遺髪・遺爪とか櫛などの遺品を納めて帰る。このようにみてくると、日本の各地にみられる例、たとえば高野山詣でや善光寺参りをはじめとする霊山霊地参詣、あるいは真宗門徒の本山参りなどとの類似性が高くなる。また本島の真言宗信徒は、島外に移住して、そこで生活の場をもっていても、死者が出ると、葬式は移住地で済ませるとしても、五七日忌にはほとんど例外なく帰郷して「先山まいり」をする例がある（千光寺談）。

(39) 寺院側では、五七日忌は地蔵菩薩の受け持ちの日であるから、この日地蔵尊をまつる堂塔に詣でるのだと説明している。

(40) 先山の「高山参り」に、千光寺が直接供養の式に関与するようになったのは、かならずしも古くはない。住職の談によると、それは先代からであったという。それまでは、信徒が勝手にダンゴを転がし、遺品なども自由に六角堂の窓から投げこんでいたらしい。

(41) 三原町榎列では、「サンガ（正月三ヵ日）のうちにミツヤマすれば、ありがたや」といって、三つ山、つまり南辺寺山・諭鶴羽山・先山の三山に登拝する風をこのむ。

(42) 南淡路町賀集区周辺では、シメの内三ヵ日間に高山へ登ると息災になるといって、「三つ山」をかける。そのとき高山の火をもらって帰るといい、山頂で餅を焼き、それを持ち帰って家族一同に食べさせる。同様の風は、南淡路町の旧阿万村や灘村地区にも広く分布している。

(43) 寺院の行事に御神酒と称するのはおかしいけれど、神仏習合の影響が強かった歴史的事情を察すると当然であることがわかる。つまり、真言宗寺院の多くは神社の別当寺や神宮寺であったからである。

(44) ケツケ祈禱・ケツケ日待を執行する寺社のうち、寺院の方を時代的にはやい出現とみ、神社によるそれを、その後に位置づけた筆者の所論に、不審を抱かれるかも知れない。いっぱんに民俗の変遷過程には、まず神道的影響が現われ、ついで仏教的潤色が付加されると見るのが常識である。しかしながら淡路島においては神宮寺別当寺の建立が早くから行なわれ、真言宗の強力な活動のために、神仏習合がつとに出現した。そして宗教儀礼などはほとんど別当寺の寺僧によって執行されてきた。そのため古神道的な神事はまったくその中に没入消化されてしまった。今日ではもはや、その純粋な古い形態を探求することは不可能に近い。現在神職が主宰執行する神事には、いうまでもなく幕末維新の神仏分離運動にあらわれた新しい方式が多い。

(45) 本書二一六～二二四頁参照。

(46) まったく影響がないとみるのは、少しいい過ぎであろう。たとえば津名郡東浦町釜口の日蓮宗檀徒では、五七日忌の団子コロガシに近くの月ノ山観音を登拝し、真言宗徒と同じ行事をおこなっている。また淡路町岩屋の真宗円徳寺門徒は、荒神祓い・社日祭などの祈禱行事を執行し、先山参りにも参加する。しかし、これはまったく例外である。

(47) 佐藤米司「両墓制」(和歌森太郎編『淡路島の民俗』一九六五年、所収) 参照。

Ⅳ

(1) 肥後和男「平安時代に於ける怨霊の思想」(『日本文化』一九三九年刊、所収)、参照。

(2) 柳田国男「雷神信仰の変遷」(『妹の力』一九四〇年刊、所収)、堀一郎「民間信仰に於ける人神の観念と実修」(「宗教研究」一二二) 同「御霊信仰と死霊崇拝」(『我が国民間信仰史の研究』第十三編第三章）など参照。

（3） 和歌森太郎「民俗資料の歴史学的意味」（東京教育大学文学部紀要「史学研究」一八、一九六三年刊）、参照

（4） 民間の怪異伝承から日本人の固有信仰を探索しようとされた人はかならずしも少ないわけではない。けれども、それを真に学問的立場から開拓されたのは、日本民俗学の建設者柳田国男氏である。本論もまた氏の所説に負うところ大である（柳田国男『一目小僧その他』昭和九年、同『妖怪談義』一九五六年刊など参照）。

（5）〜（12） 現地にて筆者採集。但し（2）は桂井和雄氏報。

（13） 以下の埋葬習俗は、同村猿鳴の旧家、梶田芳一郎翁（六二歳）ならびに同中浦、遠近政美氏よりの聞書による。

（14） 九州の五島列島などでも埋葬のときに死体を穴に入れてから、会葬者が穴に向って小石をひとつずつ投げる。これを土産石という（「方言」五ノ一二）。高知県幡多郡では、鍬初めといって、埋葬のとき縄を切って最初に相続人が棺の四隅を埋める（「旅と伝説」六ノ七、誕生と葬礼号）。すべて同じ趣旨をもつものと考えられる。

（15） 『愛媛県北宇和郡誌』参照。

なお当地方の一揆としては、吉田藩の武左衛門一揆などが有名である。そのとき責任をとって切腹した安藤継明を祀る安藤神社が建てられ「安藤さま」といわれている。

（16） 井之口章次「魂よばひ」（「民俗学研究」第三輯。所収）。

（17） 武田明「ノツゴ資料」（「民間伝承」八ノ七）参照。

(18) 用水池の守護神については池、井堰をめぐる開創伝説に十分物語られている。また、部落の日常生活に直結した諸々の器具が鄭重に保管されているうちに、やがて神そのもののように祭の対象となる例については、原田敏明「部落祭祀の対象」(『社会と伝承』四の二) を参照されたい。

(19) 柳田国男・堀一郎「塚を築き碑を立て、御霊を鎮祭するの風、我国に盛んなる事」(『十三塚考』一九四八年刊、所収) 参照。

(20) 柳田国男『歳時習俗語彙』四二四頁参照。

(21) 武田明「ノツゴ資料」(前掲)。

(22)『西讃府志』巻之三、風俗。

(23) 武田明、前掲論文参照。

(24)〜(26)『南路志』(高知県文教協会版、闔国之部 上巻)。

(27) 東京大学史料編纂所所蔵本に拠る。

(28) 武田明氏、前掲論文参照。

(29)『西讃府志』巻之三、風俗。

(30) 西本紘二・福島敏子「年中行事」(岡山民俗学会『八塔寺周辺の民俗』所収、六二一頁) 参照。

(31)〜(33) 柳田国男『歳時習俗語彙』四二四頁。なお同じ例は錦耕三・平山敏治郎編『奥播磨民俗採訪録』(近畿民俗学会、一九五三年刊) 一〇四頁にも、『下関民俗歳時記』(一九五六年刊) 九七頁にも散見している。

（32）『南路志』の成立年代、史料的価値およびその信憑性については、高知県文教協会版本、闔国上の解説ならびに『社会経済史学』（二五ノ六）誌上の横山末吉氏の紹介・解説を参照されたい。

（33）土佐郡布師田村の条に次のごとく記載されている。

野津高（ノツゴ山）　社地一代

（34）〜（36）高知県文教協会版『南路志』闔国之部上巻七五・一八〇・三七七の各頁参照。

（37）〜（39）同『南路志』一〇五・一〇一・一一七の各頁参照。但しb_3は安政四年の「土佐国安芸郡馬路村風土取縮指出控」（近世村落研究会編『土佐国地方史料』所収五一七頁上）より抽記したものである。

（40）〜（43）同『南路志』一三五〜六、五六、二八五、三一六の各頁参照。

（44）本書I「民間信仰の伝承態」のうち、御霊神・マツリ神・ハヤリ神の項参照のこと。

（45）桜田勝徳「神仏に祀られるもの」（柳田国男『山村生活の研究』所収）参照のこと。

（46）この地方でノという場合の「野」は、未開の原野を指している。そこには、ナギノ、カヤノなどといわれるように、屋根葺用のカヤや牛馬の飼料用のマグサなどが発生している。地形上の特徴として挙げられる点は、ノとよばれる場所の多くが山麓傾斜の緩くなった一帯を占めていることである。したがって林地と農耕地との接触界に分布しているともいわれる。なかには、平坦な水田地帯に囲まれた所に、ノといわれる雑草地が存在することもある。もと広い原野としてのノのあったところであろう。それがしだいに開墾されて水田、畑地になり変ったなかで、わずかに残されて旧観を止めているところである。そこが、旧地形名をとってそのままノとよばれているわけである。
(47) 柳田国男編『分類農村語彙』
(48) 本節3「野神信仰の諸類型」内の「野神と農神」、参照
(49) この問題担当の中心的立場におられる保仙純剛氏も「ノ神の結論がもう少ししっかりとしたものになる迄は、ノ神を近畿民俗学会の共同研究にしてはとの意向もあり、関心を持つ私は大変嬉しく思う」と述べている(『日本民俗学』三ノ三)。
(50) 辻本好孝『和州祭礼記』一九四一年刊、六頁
(51) 同前、七八〜九頁
(52) 同前、五二〜三頁
(53)(54) 保仙純剛「大和ノガミ(野神)資料」(『近畿民俗』第一七号)参照。
(55) 中山太郎編『校註諸国風俗問状答』(一九四二年刊、三四八〜九頁参照)。
(56) 保仙純剛「奈良盆地の『ノ神』」(『日本民俗学』三ノ三)参照。
(57) 肥後和男「八岐の大蛇」(『古代伝承研究』一九三八年所収)および同「自然における神」(『日本に於ける原始信仰の研究』一九四七年、第三章所収)参照。
(58)(59) 保仙氏報(近畿民俗、第一七号)。
(60) 『山辺郡誌』。
(61)(62)(63) 橋本鉄男「近江の野神について」(『近畿民俗』第一七号)参照。
(64) 柳田国男編『歳時習俗語彙』。
(65)(66) 保仙氏報(『近畿民俗』第十七号)。

(67)　拙稿「『講』成立の信仰的基盤」(『日本民間信仰論』所収)参照。

(68)　保仙氏の所論については、「日本民俗学」三ノ三所載の論考を参照した。なお同氏は、第十一回日本人類学会・日本民族学協会連合大会のシンポジウム「農耕」において「奈良盆地に於ける農耕予祝儀礼」と題する研究発表を行なった。そのなかで「牛を中心にした行事は全域に分布し、ジャを中心にした分布は中南部に顕著で」あるから「牛を中心にした行事の方が先行する姿だと判断」すべきだと述べている(同大会記事、一九九頁)。

これに対する高谷重夫氏の「牛を供える方が蛇型を供える方より古いという根拠はどこか」との質問に対しても同様に「牛の分布が広く、全般的分布であるが、ジャは南方に片寄っている」と答えている(同上二〇一～二頁)。しかしこの断定は果して方法論的に妥当であるだろうか。

(69)　柳田国男「おしら神と執り物」(『大白神考』一九五一年刊、所収)一八六～九頁参照。

(70)～(73)　森口多里「正月行事と他の月との照応」(「日本民俗学会報」11号)による。

(74)　高知県文教協会版『南路志』(闔国之部上巻)二〇六頁参照。

(75)　『新訂増補国史大系第三十二巻』(『吾妻鏡』前編、九〇頁)。

(76)　高知県文教協会版『南路志』(闔国之部上巻)五一～三頁参照。なお戦国時代にノツゴが存在していたことを示す傍証として『長宗我部地検帳』がある。長曾我部氏の土佐国検地は、天正一五年(一五八七)から慶長三年(一五九八)にかけて約一〇年間にわたって行なわれた。けれども検地実施の経過からみると、天正一九年には大略完成したとみられる。その検地帳のなかには、トリクビ、タハ、オソゴエ、ウツシリ、ツルイ、ミノコシ、ヨコマクラなどの地名となならんでノツゴという地名も多いことが指摘される。(『長宗我部地検帳・土佐郡上』の平尾道雄氏の解説参照)。その一例を示すと次のごとくである。

天正十五年九月廿六日土佐郡万々・円行寺・福井村三村土地検帳

ノツゴ三旦懸テ　同(福井村)善五扣

一、(所)十五代　内五代荒下ノ山ヤシキ　同　し(吉松分)

ノツゴノ後ノ谷　同　権介扣

一、(所)十三代二分　下畠　同　し

天正十六年三月十八日　尾立村、宗安寺村、枝郷村、池内村、朝倉庄御地検帳

ノツゴノハナ道コシ前四十代地

一、(所)三十七代壱分上　同(板郷村)太黒殿分　完徹給

ノツゴ旦数多

一、(所)壱段　出廿四代下々ヤシキ　内三代荒　同(板郷村)太理又左衛門給　主作

ほかにもノツゴの北ウラなどの地名がある。(傍点筆者)

(77) 本書I「民間信仰の伝承態」および大島建彦「落人とまつり神」(西郊民俗、6)参照。

(78) 柳田国男「雷神信仰の変遷」(『妹の力』所収)。

(79) 本全集には巻末に、所収各論稿の発表年月、掲載誌名や公表の事情等がかんたんに解説されている。けれども本論稿に限ってそれがない。したがって成稿公表の年次を知ることができ

ない。但し本文中に「今日の大戦役以来」（四四五頁）「今度の大戦役では、銃後の静かなる家庭に於て」（四四八頁）と見えることから、太平洋戦争中の執筆とみなして誤りはなかろう。

（80）陰膳を、旅中の家人を飢餓から救うための呪的作法であるとする通説がほとんどである。それらを一々列挙することは煩に堪えないが、こころみに見ると『日本民俗学辞典』（一九三三年刊）、『民俗学辞典』（一九五一年刊）、『綜合民俗語彙』一（一九五五年刊）など、すべてそうした立場をとっている。また古語を解説する国語辞典についてみても、おおむね次のごとくである。

旅中ノ人ナドノ、食ニ飢ウルコト無カランコトヲ祈リテ、留守ノ者ノ、仮ニ供フル膳部（大言海、六〇七頁上）。

旅などに出た人が飢えず安全なように祈るために留守宅で供える膳部（広辞苑、三七九頁）

（81）この推論については章末で詳しく立証することにするが、考え方の根拠は別に触れたことがある（拙著『講集団成立過程の研究』一九六二年刊、二六三〜四頁参照）。

（82）森林の伐採をする山稼ぎの職人を管理する役をヨコ・ヨコメといい（拙著『日本民間信仰論』一九五八年刊、参照）、同じ名が、戦国大名の部下を統率する部将に与えた役名であったこともある（武家法制・家法など参照）、神主をヨコ・ヨコヤとよんだり（全国的分布）、また部落の長の役職名とする村が南西諸島の奄美地方にある（北川隆吉氏報、九学会連合第十回大会発表）。家の囲炉裏のうち最高位におかれる席をヨコ座といったりする例からみても、単に食席の横におくからヨコの膳だという意味ではなかろう。むしろ神とか高貴なものの坐るべき位置を現わした語と解すべきである。

(83) 四柳嘉孝『能登半島アエノコト分布と形態』私家謄写版、一九四九年、池上広正「田の神行事」(にひなめ研究会編『新嘗の研究』第一輯、一九五三年刊、所収)、堀一郎「奥能登の農耕儀礼について」(『新嘗の研究』第二輯、一九五五年刊、所収)など参照。

(84) この習俗の一部は、かつて拙著『日本民間信仰論』に、また「東京新聞」(昭和三八年三月二二日夕刊、改稿して拙著『日本人の生と死』岩崎美術社、一九六八年、収載)にも紹介した。

(85) 潮花採りの習俗を、たんに御禊(みそぎ)の作法とのみ解することはどうであろうか。なるほど、伊豆諸島のなかには、竈祓い・荒神祓いの日に、浜から潮水を汲んできて、四方に振りそそぐ式法がおこなわれ、それをシオバナとよぶ島が多い。けれども、利島の潮花採りの茅には、いっそう深い常民の信仰意識がこめられているように思われる(拙著『人間の交流――日本の民俗4』一九六五年刊、二四三~六頁参照)。

(86) この代参様式の成立展開の経緯については、かつて詳しく触れたことがあるので一切の説明を省略する(拙著『講集団成立過程の研究』第二篇第一章、参照)。

(87) 本書I「民間信仰の伝承態」(一二一~一二六頁)参照。

(88) 詳しくは本書I(「民間信仰の伝承態」一一四~一一六頁)を参照していただきたい。

(89) ガキはいうまでもなく仏教の餓鬼から出たことばである。盆の施餓鬼会の対象になる無縁仏であるが、日本の民間では、貪欲きわまりなき存在と蔑視される場合が少なくない。

(90) 道中の旅人を悩ませるヒダル神などの存在が、日本人によって観念された悪魔の典型的タイプであったことに注目したのは、和歌森太郎氏である(「日本の民衆における悪魔」悪魔研究会編『悪魔の研究』昭和三四年、所収)。その所論については啓発されるところが大きい。

(91) 拙稿「信仰的機能をもつ講」(前掲拙著『講集団成立過程の研究』所収二四六〜二七六頁、参照)および拙著『日本民間信仰論』(とくに、信仰的講集団に関する論考)参照。

主要参考文献

個別な問題については、本文中または注のところに列挙しておいたので、すべてそれにゆずり、本項ではごく主要なものだけに限り、かつ比較的入手しやすいもののみを掲げる。

一 「民間信仰とは何か」という原理的問題に答えているもの

○堀一郎『民間信仰』(岩波全書) 昭和二六年 二九七頁 索引二一頁。
○池上広正「民間信仰」(現代宗教講座Ｖ『日本人の宗教生活』所収) 昭和三〇年。
○高木宏夫「民間信仰と新興宗教」(平凡社、日本民俗学大系8、所収) 昭和三四年。

二 民族的信仰伝承からの考察

柳田国男のこの方面に関する論著は、すべて民族信仰の本質は何であるかの具体的な問題に触れている。なかでも次の著書はとくに重要である。

○柳田国男『日本の祭』弘文堂 昭和一七年 Ａ5判 二八〇頁。
○柳田国男『神道と民俗学』明世堂 昭和一八年 Ａ5判 一四六頁。
○柳田国男『先祖の話』筑摩書房 昭和二一年 Ａ5判 二五三頁。

○柳田国男『山宮考——新国学談　第二』小山書店　昭和二二年　B6判　二三六頁。柳田先生とならんで、主として記紀万葉の古典と民俗的信仰伝承との結びつきから、この問題を考察された折口信夫の論著も貴重である。

○折口信夫『古代研究』（民俗学篇第一・第二）大岡山書店　昭和四年　A5判　通巻一二六六頁。のちに中央公論社刊（昭和三〇年）の『折口信夫全集』第一、二、三巻に所収。

同全集の第十五、六巻（民俗篇）第十七巻（芸能史篇）第二十巻（神道宗教篇）などにも、目を通す必要がある。

○竹田聴洲・高取正男『日本人の信仰』創元社　昭和三二年　B6　一七八頁。日本人の信仰観を村落の祭祀生活や生活儀礼などからまとめて概説したもの。

○桜井徳太郎『日本民間信仰論・増訂版』弘文堂　昭和四五年　A5判　四三六頁。民間信仰の特質を、信仰的講集団や民間の伊勢信仰・田屋神明の成立・三峯信仰の問題など、日本人の伝承的信仰実態から探求したもの。

三　個別的領域に関する研究

イ　日本の原始信仰に関する文献

○柳田国男『妹の力』（創元選書）昭和一五年　B6判　四〇四頁。

日本人の信仰生活のなかで女性の果す役割の重要性を、神社や古代伝承、さらに各地の伝説などから解き明かしたもの、とくに巫女的機能の基盤を分析している。

○堀一郎『遊幸思想』育英書院　昭和十九年　A5判　四二五頁。
日本の古代伝承に現われた異郷人歓待を通して、民族信仰の原初形態を追求したもの。のちに訂正補筆して『我が国民間信仰史の研究』㈠に収載した。

○肥後和男『日本に於ける原始信仰の研究』東海書房　昭和二二年　B6判　三六〇頁。
記紀万葉に記載された神話・伝承に関する記事から日本人の原始信仰を再構成したもの。

○中山太郎『日本巫女史』大岡山書店　昭和五年　菊判　七四三頁。
わが国シャーマニズム研究の貴重な文献。巫女の変遷を固有呪法時代・習合呪法時代・退化呪法時代の三つに分けて眺めたもの。

ロ　外来宗教伝来のもとで成立した民間信仰。

◇儒教・道教と民間信仰

○津田左右吉『支那思想と日本』（岩波新書）昭和一三年　二〇〇頁。
中国から輸入された思想や文物が日本文化の発達に大きなはたらきをなしたけれど、それにも拘らず、日本は独自の生活を発展させ独自の文化を創造してきたことを論じたもの。

○斎藤励『王朝時代の陰陽道』（日本文化名著選）創元社　昭和二二年　B6判　二二五頁。

日本人の信仰に大きな影響を与えた陰陽道の起源と発達を説いたもの。

○窪徳忠『庚申信仰』山川出版社　昭和三一年　A5判　三一五頁。

民間における庚申待の実態を明らかにし、それと中国の三尸（さんし）説との脈絡をつけたもの。

◇仏教と民間信仰

○和歌森太郎『修験道史研究』河出書房　昭和一八年　菊判　三六〇頁。

民族固有の山岳信仰と呪術仏教との習合から成立した修験道を、歴史的民族学的に実証した研究である。その普及版『山伏』（中公新書、昭和四〇年）は、その適切な概説書である。

○五来重『高野聖』（角川新書）昭和四〇年　二七四頁。

民間を巡行して高野山の霊験を説いて廻った高野聖を、歴史学・民俗学の成果の上に立って概説したもの。

○仏教大学民間念仏研究会『民間念仏信仰の研究（資料編）』隆文館　昭和四一年　A5判　五七九頁。

地方寺院三千ヵ寺に配布したアンケートの回答を整理してまとめたもの。百万遍・

双盤念仏・六斎念仏・踊り念仏・大念仏・その他の六種に区別してある。

○桜井徳太郎『講集団成立過程の研究』吉川弘文館　昭和三七年　A5判　六四〇頁。

仏教的起源をもつ講が、国民の各層へ浸透するにつれて分化し多彩化した過程を、民俗・社会学的実態調査と文献史料にもとづいて説いたもの。

◇キリシタン・キリスト教関係

○岡田章雄『南蛮宗俗考』地人書館　昭和一七年　菊判　三〇三頁。

主として切支丹禁制までの間に活躍した南蛮文化と習俗とを文献史料から述べたもの。別に同氏著『キリシタン・バテレン』（日本歴史新書）至文堂　昭和三〇年（B6判、一九七頁）も参考となる。

○田北耕也『昭和時代の潜伏キリシタン』日本学術振興会　昭和二九年　A5判　四九一頁。

○古野清人『隠れキリシタン』（日本歴史新書）至文堂　昭和三四年　B6判　二六三頁。

○片岡弥吉『かくれキリシタン――歴史と民俗』（NHKブックス）昭和四二年　二九二頁。

以上の三書は何れも、鎖国以来、地下に潜伏した北九州地方キリシタンの弾圧時代における生態、さらに解放後の社会組織や習俗慣行を、現地の実態調査にもとづいて述べたものである。

ハ　外来宗教信仰との接触過程で生じた民間信仰

○桜井徳太郎『神仏交渉史研究――民俗における文化接触の問題』吉川弘文館　昭和四三年　A5判　五二〇頁。

仏教信仰受容の過程で、民間に定着した外来信仰が、地域社会の習俗にどういう影響を与えたか。その面から考察した神仏交渉過程研究の民俗篇。

四　民間信仰の歴史的研究

○原田敏明『古代日本の信仰と社会』彰考書院　昭和二三年　B6判　二一〇頁。

シャマニズム・ナチュリズム・アニミズム・祖先神の成立などを論じたもの。入手困難ではあるが同氏著『日本古代宗教』(中央公論社、昭和二三年)、『日本宗教交渉史論』(同上、昭和二四年) などとともに、日本古代の宗教社会を知る上で大切な参考となる。

○堀一郎『我が国民間信仰史の研究』二巻　創元社　昭和二八・三〇年　A5判　通巻一四八八頁。

日本における民間信仰史研究の集大成版で、もっとも包括網羅的であり、ほぼ民間信仰の全領域に及んでいる。けれども江戸時代以降は手薄である。

○柴田実『中世庶民信仰の研究』角川書店　昭和四一年　A5判　二九九頁。

体系的な歴史叙述ではないが、八幡信仰や祇園信仰など、こんにちの民間に大きく作用する諸信仰の源流を探り、かつ中世庶民の宗教生活を明らかにしたもの。

○家永三郎・小口偉一・川崎庸之・佐木秋夫編『日本宗教史講座』全四巻　三一書房　昭和三四年。

とくに第二巻（宗教の改革）中の高取正男氏の論考（「古代民衆の宗教――八世紀における神仏習合の端緒」）は参考となる。

以上のほかにも、姉崎正治（嘲風）・加藤熊一郎（咄堂）・宇野円空らの業績、さらにマンハルト、フレーザー、デュルケム、レヴィ・ブリュール、マリノフスキーら外国人の研究にも触れるべきであるが、すべて割愛する。

備考　柳田国男・折口信夫の著作は、この問題を考究する際の重要文献であるが、大部分、それぞれの全集に収載されている。

あとがき

多彩複雑な民間の信仰生活を、すべて遺漏なく把捉し、その全貌を的確に描写することは実際にむつかしい。これを存分になしうる人は、一代の碩学か、構想力表現力豊かな特殊な才能の持主に限ることになろう。これまでにもそういう企てが試みられ、優れた著述が世に出ているけれど、もちろん完全無欠というわけにはいかない。まして未熟な私などの、とうてい及ばないところである。

そこで、いろいろと思案を重ねた結果、けっきょく自分自身の関心に焦点をおいて一応の体系化を試みてみることにした。したがって、当然のことながら著者従来の研究がその素地となって、いろんな面に頭を擡げてくることになる。なるべく制御しようと努めたけれども、いささか鼻につくところがなくもない。また取扱うべき範囲が自分のこのみに偏り、その専門領域に跼蹐し過ぎた憂いものこる。たとえば外来宗教の土着化を、主として神仏関係のみに止めてしまった。それ以外の道教・儒教をはじめキリスト教などとの交流を通じて成立する面については、その見解を十分に展開できなかった。まことに残念であるが、それらの一切はすべて他日を期する以外にない。

ここで本書構成の基底となった著者の関係論稿を参考までに列挙しておく。

序説「民間信仰」（田中美知太郎編『哲学大系』第七巻、所収、人文書院、昭和三九年）

I「民間信仰の実態」（和歌森太郎編『宇和地帯の民俗』所収、吉川弘文館、昭和三六年）

II「神社祭祀と信仰」（和歌森太郎編『くにさき』所収、吉川弘文館、昭和三五年）

「民間祭祀と信仰」（右に同じ）

III「村落における仏教の機能」（和歌森太郎編『淡路島の民俗』所収、吉川弘文館、昭和三九年）

IV一「ノツゴ考――民間信仰の歴史・民俗学的考察」（大塚史学会編『史潮』七四号、昭和三五年）

二「民間信仰成立の基盤――陰膳習俗の源流」（日本歴史学会編『日本歴史』一八二号、昭和三八年）

三「外来信仰の受容と変容」（九学会連合編『人類科学』14集、昭和三七年）

これら研究の公表に、多大の便宜を供与された各研究機関、編者、出版書肆に対し、深甚の謝意を申し述べたい。

最後に、この拙き小著を五周忌を迎えられた恩師柳田国男先生の御霊前に献げ、宏大なる学恩を謝するとともに心からの御冥福をお祈りする。

昭和四一年九月九日

桜井　徳太郎

解説　生きた怪異を活写する、それが可能だった時代

岩本通弥

一

群馬県上野村の山里と東京を往還して暮らす在野の哲学者・内山節は、キツネやタヌキに騙されたという話が日本各地で語られたのは、一九六五年あたりまでだったと推定している。それを境に全国でほぼ一斉に、これらの話がなぜ語られなくなったのか。そういう問いを立てた内山は、歴史哲学的にその謎を解きほぐしてゆく（『日本人はなぜキツネにだまされなくなったのか』講談社現代新書、二〇〇七年）。

本書は、講集団の成立過程の研究やシャーマニズム研究、あるいは神仏交渉史で広く知られた宗教民俗学者・桜井徳太郎が、内山のいう一九六五年の画期以前になされた現地調査に基づく諸論考をまとめ直したものである。愛媛県宇和地方（第Ⅰ章）、大分県国東半島（第Ⅱ章）、淡路島（第Ⅲ章）の現地調査に基づいた、一九六〇年代前半に執筆された各論考から、読者が目撃するのは、高度経済成長期以前の、普通の人びとの暮らしの中に、怪異や俗信あるいは信仰が生き生きと蠢いている姿であろう。わずか五、六〇年前のこの

日本に、こうした世界が生きてあったことに、驚嘆する者も少なくないに違いない。自称、柳田國男の「晩年の弟子」にして、少壮の大学人でもあった彼が、みずみずしい筆致で、輝きをもって現場を描き出せたことは、いくつもの「幸運」（一二〇頁）が重なりあって初めてなされた業だった。

一九一七年に新潟県北魚沼郡川口村（現、長岡市）に生まれた桜井は、一九四一年卒業の東京高等師範学校（以下、東京高師）を経て、一九四四年に東京文理科大学（以下、東京文理大）史学科を卒業する（卒業論文の題目は「報恩思想成立史試論」だったという）。卒業と同時に、東京高師助教授や東京文理大助手（国史学教室）となった彼は、助手としての立場で（学生の引率で）、一九四七年より柳田の謦咳に触れることとなる。その関わりをまとめた『私説柳田國男』（吉川弘文館、二〇〇三年）には、初対面の桜井に、例の如く出身地を尋ねた柳田が、小林存をはじめ新潟県下の同志の名を列挙したのに対し、桜井が悉く知らなかったという場面が登場する。

「内心はがっかりしたのじゃないか」と「先生」を慮るとともに、「東京へ行って、最高の学問文化の洗礼を受けたいと志して上京し」田舎を捨ててこそ学問に専念できると考えていたと、当時の本心も打ち明けている。小学校を卒えるまで僻村に育ち、村の行事に参加していた桜井は、地元魚沼の彼岸の迎え火の行事を詳細に語ることができた。内容に興味を示した柳田から談話会（木曜会以後の研究会）での発表を促され、それを論文化させた一九五〇年から、急速に民俗学に接近したと回顧している。出会いからしばらく間のあったことが注意される。

一九三〇年代後半以降、柳田の弟子たちは、初期の弟子らがその下を離れはじめ、代わりに東京教育大学（東京高師・東京文理大の後身で、現・筑波大学）系統の若手が集うようになってゆく。戦前の学生時代から薫陶を受けた一九一六年生まれの千葉徳爾や萩原龍夫、一七年生まれの直江広治らとは違い、桜井は宮座研究や古代怨霊研究で著名な肥後和男が公職追放になったあと、教室運営を担った和歌森太郎の補佐として、東京文理大の新入生の恒例となっていた柳田邸で講話を聴く行事に同行し、ようやく柳田に対顔するのだ。同い年の直江より一〇年も遅い。一九一五年生まれの和歌森は一九四一年から柳田傘下の木曜会同人となり、その教え子であった竹田旦・北見俊夫・亀山慶一らも柳田門下となっていったが、和歌森と桜井の二人は、柳田の弟子である前に、アカデミックな場に既に地位を得ていた点が、他とは異なっていた。二人とも古代史講座に属したが、民俗学が学界の中で市民権を得るためには、大学に講座を持つことだと考えた和歌森が、例えばいち早く『日本民俗学概説』（東海書房、一九四七年）という概論書を著したように、桜井の民俗学に対するスタンスもアカデミックな立場から、かつ古代史の立場から、その技法や視角を駆使するところにあった。その特徴は本書にも随所に垣間見えている。

本書第I～III章を構成するフィールドワークは、東京教育大学で一九五八年から開始され、毎年実施された民俗総合調査という科研費による大規模調査の成果に拠っている。比較的広域のまとまりのある地方（半島・島嶼や旧来の地域単位で郷とか庄と呼ばれていた範囲）で、経済伝承、社会伝承、信仰伝承などと区分された分野を、分担して行われた共同調査によって、『くにさき』（吉川弘文館、一九六〇年）をはじめ、九冊の質の高い報告書（民俗誌）が世に出された。最初の国東半島ですら、三〇名を超える大調査団が組まれ、各人一〇日程度の現地調査がなされたが（加えて補充調査）、これらは民俗学のアカデミズムにおけるプレステージを確実に上昇させた。

二

本書の中でたびたび引用され、後学に最も影響を与えたのは、第Ⅳ章に収められた「ノツゴ伝承成立考」と、その延長に位置づけられた「陰膳習俗源流考」だろう。ノツゴとは愛媛県南西部の宇和地方と、南接する土佐幡多郡の山間地の村々で、信じられている妖怪であり、例えば夜間山道などを歩く際、これといった理由も特にないのに、足がもつれて歩けなくなったり、急に空腹が襲って気だるくなったりすると、ノツゴに憑かれたと表現される。第Ⅰ章でも詳述される宇和地方は、和霊信仰や義民伝説など、祟りをもたらす御霊信仰が盛んな地であり、祭祀を怠って荒れ放題になった遠い先祖の祟りと託宣されたことを機縁とする祀り神も多い。疫病を封じ込める流行神や荒神信仰にも篤く、妖怪や憑き物に関しても、その出現には、山犬やエンコ（河童）・カワソ（川獺）など動物の形をとったり、山姥や濡れ女子・ボウコ（亡魂）など人の形をとったりと、多彩で豊かな伝承に溢れている。

そのような妖怪の中で、ノツゴとは、人とも動物とも言えない、得体の知れない妖怪として、姿も現わさぬ点にその特徴がある。漢字では野津子や野津古などが宛てられるが、ギャッという恐ろしい叫び声や赤子の泣き声のような音を発して出現することから、栄養失調で死んだ乳幼児や、堕胎・間引きされた嬰児の亡霊だとする民間解釈も存在する。しかしながら、桜井は讃岐地方のノツゴ塚や、四国全域に見られるノツゴ祭（端午の節供に、死んだ牛の供養や牛の息災を祈願する行事）、東四国や瀬戸内海を隔てた本州側の野神に関する伝承事例、さらには土佐の地誌『南路志』の野神とノツゴと呼ばれる地名との関係を分析し、対象地域を拡大することによって、乳幼児や嬰児の亡霊とする民間解釈を排除して、それが野神の多様な形態の一亜型に過ぎなかったことを論証する。

桜井が導き出したのは、牛馬の息災を祈願したり、さらには作神・農業神として豊作祈願を行う神格（信仰）が基盤となっていること、ノツゴとは野神の子神（若宮・王子信仰）として「野の子」の意味ではなかったかという推定である。その検証過程において近畿地方の野神とは連続するものの、東北地方の農神とは音の類同だけであって系統が異なることも説かれている。すなわち、作神・農業神としての「祖型」的な神格がまずあって、その衰退とともに、牛馬の息災を祈ることよりも牛馬の死霊が祟るという要素が強くなり、祀るという方式に転化してきたこと、さらには間引きや堕胎によって圧死させられた嬰児や乳幼児の亡霊だと説明される宇和地方のノツゴは、非業の死が怨霊化する御霊信仰の影響の下で転化した、新しい形態であると結論する。ノツゴとは全国的にはヒダル神と呼ばれる魔性の一種であるが、山道などの行路と赤子の亡霊という二つの異質な要素を、結びつけるのは、桜井のような歴史的プロセスを介在させないと、理解しがたいのだ。

故郷を離れて遠方に旅する家族の道中息災を祈念する、陰膳習俗の発生に関しても、桜井は同じ手法で、これが定着していった根拠を探る。先行研究では見過ごされてきた陰膳を神棚に据える形式に着目し、同一の家から二、三人出ていても据えられるのはただの一膳であることから、それが神棚への神供であり、旅する家族に向けた膳ではなかったことをまず示す。陰膳の茶碗の蓋に付く水露によって家族の健康を予兆したりする俗信などから、結局のところ、陰膳は旅の家族が空腹など、ひだるい目に遭わないための呪法であることを引き出してくる。

桜井は言う。「幼少年時代を農山漁村」で送った者ならば、遠足の日の朝、「昼飯のオニギリは、全部を一時に食べ尽くすものではない。かならず少しは残しておいて、途中急に腹が空いたり、空腹のために歩けなくなったとき食べるとよい」などの注意を受けた記憶があるだろうと（二九三頁）。今ではその風も消えたろうが、桜井の時代には、その記憶に深く刻まれたのだろう、路傍の草花を一、二本手折った母親が掌を合わせ、道中の安全を祈る姿や、弁当の最初の二、三粒は傍らの木の下に山の神にと称して供える風があったなどの思い出も想起される。本書はそうした越後山里での自己の経験も活かしつつ、それらが出雲佐多神社の柴刺神事なども通底し、古くは異郷を往来する旅人の安否は、異郷を管轄する神（境界神）に依願したものが、神社参詣の代参のように、当人以外の代理者によって信仰の意思が達成される風に移ったこと、それらと陰膳習俗の成立が、歴史的にパラレルな関係にあったことを確定してゆく。ここが古代史研究者でもあった桜井の論法の最大の特色だといってもよい。

ノツゴやヒダル神も、全国的に俯瞰すると、いくつもの変化の過程が明らかになると、桜井は論じる。不慮の死を遂げた怨霊が一定の地に留まって、道行く者にとり憑いて死まで至らしめる魔物は、九州北部の山村ではダリと呼ばれるが、宇和地方や隣接する土佐の山村では、ノツゴよりも凄絶な妖怪としてジキトリ（食取り）と称される。町なかや村うちの人家の建て込んだ所には棲んではおらず、峠とか奥深い山中に出現し、道行く者が飢餓感に襲われやがて行倒れになるのは、ジキトリが腹の中の食物も一切余さずに吸い取ってしまうからだと伝える。

他地方でいうガキ（餓鬼）や、東日本のフチカリ（扶持借り）とも通じ、同種の物の怪であるが、ただし会津の狩人においてフチカリはテン（貂）の忌詞となっている。本来は山中の守護神であった神格が、悪霊化するだけでなく、ついにはテンの如き動物にまで具象化されていると、その多様性を変遷の痕跡と捉えるのだ。陰膳という習俗も、つまりは本来の山の神や道祖神など守護神へ捧げる神供から発し、霊悪化した神々の跳梁を防塞除去するために、身の安全を祈願した信仰へと変化し、ついには家の中の神棚の前に、さらには家族並みの列座へと退却したと、変遷の段階が地方差に顕われていると主張している。

三

これまで見てきたように、桜井の論議は、俗信や民間信仰を、合理的には理解しがたいものとして、そのままにして拋(ほう)っておくのではなく、他地域の類例と比較し、発生過程を歴史的に捉えることで、その意味を見出そうとする。その方法は師の柳田とも近似するが、叙述において事例の紹介などは、柳田よりはるかに記述的であり、ビビッドに描かれている。柳田の著作は、索引代わりとなる『禁忌習俗語彙』(一九三八年)や『歳時習俗語彙』(一九三九年)など各種の民俗語彙と、それらを集成した『綜合日本民俗語彙』(一九五五〜五六年)を参照しないと、具体像としては読み解けない。広域ながらも地域が絞られているため、公刊からまもなく六〇年を迎えようという今でも、桜井の「厚い記述」は、各地の実態を再現できる読みができる。よい民俗誌的記述は時代を超える。

ただし、その立論には時代的限界のあることも、指摘しておかねばなるまい。「素朴未開な民族宗教、つまり原始信仰が存在し」たとか（二七頁）、「在来古風の素朴な民族信仰が残存する」（同頁）とか、「民族在来の古風な神社信仰」（二二一頁）といった記述が頻出するように、原始古代の民族宗教という「祖型」を求めて、起源から歴史的展開を追う、いささか図式的な発展段階説が前提となっている。「祖型」については「地域社会に重出する現象をもって祖型を想定する」とし、この祖型を直ちに「古代の様態と断定する早計は厳につつしまねばならないけれど、そういう予想のもとに仮説を立てて実検してみることは」無意味ではないとする（一七一頁）。

発展段階説についていえば、「蛇を中心に展開する諸行事が水神信仰の段階を示す」一方、牛神としての野神は「農耕社会が成立し」た「段階において出現するものと判断される」（二七〇頁）といった捉え方は、あたかもウィーン学派の文化圏説を彷彿とさせる。戦後の日本民俗学にフォルクストゥム（Volkstum）＝「民族性」概念をドイツ語圏から持ち込んできたのは桜井がまさに張本人であったが（「民俗学の限界」『日本民俗学』四の二、一九五七年）、戦後のドイツではナチズム民俗学の残滓として、祖型やフォルクストゥム概念はとうの昔に廃棄されている。文化圏説も同様、桜井が古代史研究者でもあったことが、それらの導入を誘引する一因となっていよう。

そのような瑕疵があるものの、未だその内容は色褪せていない。論述は明快で溌溂としており、リアリティをもって迫ってくるものがある。ただし、それは冒頭で紹介した内山の議論、一九六五年を境に、キツネに化かされたという話を語ることが、全国で一斉に消えたとする事実とも符合する。内山説を簡単にまとめるなら、森という全体的な生命世界と一体となっていてこそ、一本一本の木という個体的生命も存在できるように、個を包み込むような自然や共同体の存在が、キツネに騙されたといった類の物語を発生させていた。ところが、生命世界全体を包み込む一体性が弛緩するにつれて物語はその輝きを一挙に失ってゆく。桜井の活写がそれ以前であることを見逃してはならない。

僻陬地（へきすうち）に古風を求めていた従来の民俗学理解が、宮田登によって、「大都市であればあるほど神秘的領域が拡大」し、「神や仏や精霊たちの跳梁する空間が増加している」として認識の大転換が図られて以来（『都市民俗論の課題』未來社、一九八二年）、はや四〇年近い歳月が流れた。今や魑魅魍魎はサイバー空間の中に跋扈している。

図表目次

写真目次

ユ・ヨ

ラ・リ・ル・ロ

ワ

ム

メ・モ

ヤ

チ・ツ・テ

ト

ナ

ニ

ヌ・ネ

コ

サ

索　　引

凡　　例

1. 採択の基準を主として民間に伝承された民俗語彙においた。
2. したがって地名・人名の全部、書名のほとんどを割愛した。
3. 民俗語彙は片仮名で示し、該当漢字を（　）内に掲げた。
4. 同義の類語または同意の関係語が付加される場合は、それを（　）内にくくった。
   例　塞の神（道祖神)、怨霊（思想)
5. 抽出の頁は、主要な個所、代表的なところだけに限った。

ア

イ

本書は一九六六年十月三十日、塙書房から刊行された。

英語類義語活用辞典　最所フミ編著

類義語・同意語・反意語の正しい使い分けが、豊富な例文から理解できる定評ある辞典。学生や教師・英語表現の実務家の必携書。（加島祥造）

日英語表現辞典　最所フミ編著

日本人が誤解しやすいもの、英語理解のカギになるもの、まぎらわしい同義語、日本語の伝統的な表現・慣用句・俗語を挙げ、詳細に解説。（加島祥造）

言海　大槻文彦

統率された精確な語釈、味わい深い用例、明治の刊行以来昭和まで最もポピュラーで多くの作家に愛された辞書『言海』が文庫で。（武藤康史）

名指導書で読む 筑摩書房 なつかしの高校国語　筑摩書房編集部編

名だたる文学者による編纂・解説で長らく学校現場で愛された幻の国語教材。教室で親しんだ名作と、珠玉の論考からなる傑作選が遂に復活！

異人論序説　赤坂憲雄

内と外とが交わるあわい、境界に生ずる〈異人〉という豊饒なる物語を、さまざまなテクストを横断しつつ明快に解き明かす危険で爽やかな論考。

排除の現象学　赤坂憲雄

いじめ、浮浪者殺害、イエスの方舟事件などのまさに現代を象徴する事件に潜む、〈排除〉のメカニズムを解明する力作評論。（佐々木幹郎）

柳田国男を読む　赤坂憲雄

稲作・常民・祖霊のいわゆる「柳田民俗学」の向こう側にこそ、その思想の豊かさと可能性があった。テクストを徹底的に読み込んだ、柳田論の決定版。

夜這いの民俗学・夜這いの性愛論　赤松啓介

筆おろし、若衆入り、水揚げ……。古来、日本人は性に対し大らかだった。在野の学者が集めた、柳田が切り捨てた性民俗の実像。（上野千鶴子）

差別の民俗学　赤松啓介

人間存在の病巣〈差別〉。実地調査を通して、その実態・深層構造を詳らかにし、根源的解消を企図した赤松民俗学のひとつの到達点。（赤坂憲雄）

非常民の民俗文化　赤松啓介

柳田民俗学による「常民」概念を逆説的な梃子として、「非常民」こそが人間であることを宣言した、赤松民俗学最高の到達点。（阿部謹也）

日本の昔話（上）　稲田浩二編

神々が人界をめぐり鶴女房が飛来する語りの世界。はるかな時をこえて育まれた各地の昔話の集大成。上巻は「桃太郎」などのむかしがたり103話を収録。

日本の昔話（下）　稲田浩二編

ほんの少し前まで、昔話は幼な子が人生の最初に楽しむ文芸だった。下巻には「かちかち山」など動物昔話29話、笑い話123話、形式話7話を収録。

増補 死者の救済史　池上良正

未練を残しこの世を去った者に、日本人はどう向き合ってきたか。民衆宗教史の視点からその宗教観・死生観を問い直す。「靖国信仰の個人性」を増補。

神話学入門　大林太良

神話研究の系譜を辿りつつ、民族・文化との関係を解明し、解釈に関する幾つもの視点、神話の分類、類話の分布などについても詳述する。（山田仁史）

アイヌ歳時記　萱野茂

アイヌ文化とはどのようなものか。その四季の暮らしをたどりながら、食文化、習俗、神話・伝承、世界観などを幅広く紹介する。（北原次郎太）

異人論　小松和彦

「異人殺し」のフォークロアの解析を通し、隠蔽され続けてきた日本文化の「闇」の領野を透視する。新しい民俗学誕生を告げる書。（中沢新一）

聴耳草紙　佐々木喜善

昔話発掘の先駆者として「日本のグリム」とも呼ばれる著者の代表作。故郷・遠野の昔話を語り口を生かして綴った一八三篇。（益田勝実／石井正己）

江戸人の生と死　立川昭二

神沢杜口、杉田玄白、上田秋成、小林一茶、良寛、滝沢みち。江戸後期を生きた六人は、各々の病と老いをどのように体験したか。（森下みさ子）

差別語からはいる言語学入門　田中克彦

サベツと呼ばれる現象をきっかけに、ことばというものの本質をするどく追究。誰もが生きやすい社会を構築するための、言語学入門！　（礫川全次）

汚穢と禁忌　メアリ・ダグラス　塚本利明訳

穢れや不浄を通し、秩序や無秩序、存在と非存在、生と死などの構造を解明。その文化のもつ体系的宇宙観に丹念に迫る古典的名著。　（中沢新一）

宗教以前　高取正男　橋本峰雄

日本人の魂の救済はいかにして実現されうるのか。民俗の古層を訪ね、今日的な宗教のあり方を指し示す、幻の名著。　（阿満利麿）

日本伝説集　高木敏雄

全国から集められた伝説より二五〇篇を精選。民話のほぼ全ての形式と種類を備えた決定版。日本人の原風景がここにある。　（香月洋一郎）

人身御供論　高木敏雄

人身供犠は、史実として日本に存在したのか。民俗学草創期に先駆的業績を残した著者の、表題作他全13篇を収録した比較神話・伝説論集。　（山田仁史）

日本の神話　筑紫申真

八百万の神はもとは一つだった⁉　天皇家統治のために創り上げられた記紀神話を、元の地方神話に解体すると、本当の神の姿が見えてくる。　（金沢英之）

河童の日本史　中村禎里

ぬめり、水かき、悪戯にキュウリ。異色の生物学者が、時代ごと地域ごとの民間伝承や古典文献を精査。〈実証分析的〉妖怪学。　（小松和彦）

売笑三千年史　中山太郎

〈正統〉な学者が避けた分野に踏みこんだ、異端の民俗学者・中山太郎。本書は、売買春の歴史・民俗誌に光をあてる幻の大著である。　（川村邦光）

初版　金枝篇（上）　J・G・フレイザー　吉川信訳

人類の多様な宗教的想像力が生み出した多様な事例を収集し、その普遍的説明を試みた社会人類学最大の古典。膨大な註を含む初版の本邦初訳。

初版 金枝篇（下）　J・G・フレイザー　吉川信訳

なぜ祭司は前任者を殺さねばならないのか？ そして、殺す前になぜ〈黄金の枝〉を折り取るのか？ 事例の博捜の末、探索行は謎の核心に迫る。

火の起原の神話　J・G・フレイザー　青江舜二郎訳

人類はいかにして火を手に入れたのか。世界各地より夥しい神話や伝説を渉猟し、文明初期の人類の精神世界を探った名著。（前田耕作）

未開社会における性と抑圧　B・マリノフスキー　阿部年晴／真崎義博訳

人類における性は、内なる自然と文化的力との相互作用のドラマである。この人間存在の深淵に到るテーマを比較文化的視点から問い直した古典的名著。

ケガレの民俗誌　宮田登

被差別部落、性差別、非常民の世界など、日本民俗の深層に根づいている不浄なる観念と差別の問題を考察した先駆的名著。（赤坂憲雄）

はじめての民俗学　宮田登

現代社会に生きる人々が抱く不安や畏れ、怖さの源はどこにあるのか。民俗学の入門的知識をやさしく説きつつ、現代社会に潜むフォークロアに迫る。

南方熊楠随筆集　益田勝実編

博覧強記にして奔放不羈、稀代の天才にして孤高の自由人・南方熊楠。この猥雑なまでに豊饒な不世出の頭脳のエッセンス。（益田勝実）

奇談雑史　宮負定雄　佐藤正英／武田由紀子校訂・注

霊異、怨霊、幽明界など、さまざまな奇異な話の集大成。柳田国男は、本書より名論文「山の神とヲコゼ」を生み出す。日本民俗学、説話文学の幻の名著。

贈与論　マルセル・モース　吉田禎吾／江川純一訳

「贈与と交換こそが根源的人類社会を創出した」。人類学、宗教学、経済学ほか諸学に多大の影響を与えた不朽の名著、待望の新訳決定版。

山口昌男コレクション　山口昌男　今福龍太編

20世紀後半の思想界を疾走した著者の代表的論考をほぼ刊行編年順に収録。この独創的な人類学者＝思想家の知の世界を一冊で総覧する。（今福龍太）

身ぶりと言葉　アンドレ・ルロワ＝グーラン　荒木亨訳

先史学・社会文化人類学の泰斗の代表作。人の生物学的進化、人類学的発展、大脳の発達、言語の文化的機能を壮大なスケールで描いた大著。（松岡正剛）

世界の根源　アンドレ・ルロワ＝グーラン　蔵持不三也訳

人間の進化に迫った人類学者ルロワ＝グーラン。半生を回顧しつつ、人類学・歴史学・博物館の方向性、言語・記号論・身体技法等を縦横無尽に論じる。

日本の歴史をよみなおす（全）　網野善彦

中世日本に新しい光をあて、その真実と多彩な横顔を平明に語り、日本社会のイメージを根本から問い直す。超ロングセラーを続編と併せ文庫化。

米・百姓・天皇　網野善彦　石井進

日本とはどんな国なのか、なぜ米が日本史を解く鍵なのか、通史を書く意味は何なのか。これまでの日本史理解に根本的転回を迫る衝撃の書。（伊藤正敏）

列島の歴史を語る　網野善彦　藤沢・網野さんを囲む会編

日本は決して「一つ」ではなかった！　中世史に新次元を開いた著者が、日本の地理的・歴史的な多様性と豊かさを平明に語った講演録。（五味文彦）

列島文化再考　網野善彦／塚本学／坪井洋文／宮田登

近代国家の枠組みに縛られた歴史観をくつがえし、列島に生きた人々の真の姿を描き出す、歴史学・民俗学の幸福なコラボレーション。（新谷尚紀）

日本社会再考　網野善彦

歴史の虚像の数々を根底から覆してきた網野史学。漁業から交易まで多彩な活躍を繰り広げた海民に光をあて、知られざる日本像を鮮烈に甦らせた名著。

図説　和菓子の歴史　青木直己

饅頭、羊羹、金平糖にカステラ、その時々の外国文化の影響を受けながら多種多様に発展した和菓子。その歴史を多数の図版とともに平易に解説。

今昔東海道独案内　東篇　今井金吾

いにしえから庶民が辿ってきた幹線道路・東海道。日本人の歴史を、著者が自分の足で辿りなおした名著。東篇は日本橋より浜松まで。（今尾恵介）

横井小楠　松浦玲

欧米近代の外圧に対して、儒学的理想である仁政を基に、内外の政治的状況を考察し、政策を立案し遂行しようとした幕末最大の思想家を描いた名著。

古代の鉄と神々　真弓常忠

弥生時代の稲作にはすでに鉄が使われていた！　原型を遺さないその鉄文化の痕跡を神話・祭祀に求め、古代史の謎を解き明かす。（上垣外憲一）

古代大和朝廷　宮崎市定

記紀を読み解き、中国・朝鮮の史料を援用して、日本の古代史を東洋と世界の歴史に位置づける、壮大なスケールの日本史論集。（砺波護）

増補 海洋国家日本の戦後史　宮城大蔵

戦後アジアの巨大な変貌の背後には、開発と経済成長という日本の「非政治」的な戦略があった。海域アジアの戦後史に果たした日本の軌跡をたどる。

日本の外交　添谷芳秀

憲法九条と日米安保条約に根差した戦後外交。それがもたらした国家像の決定的な分裂をどう乗り越えるか。戦後史を読みなおし、その実像と展望を示す。

世界史のなかの戦国日本　村井章介

世界史の文脈の中で日本列島を眺めてみるとそこには意外な発見が！　戦国時代の日本はそうとうにグローバルだった！（橋本雄）

増補 中世日本の内と外　村井章介

国家間の争いなんておかまいなし。中世の東アジア人は海を自由に行き交い生計を立てていた。私たちの「内と外」の認識を歴史からたどる。（榎本渉）

古代史おさらい帖　森浩一

考古学・古代史の重鎮が、「土地」「年代」「人」の基本概念を徹底的に再検証。「古代史」をめぐる諸問題の見取り図がわかる名著。

江戸の坂　東京の坂(全)　横関英一

東京の坂道とその名前からは、江戸の暮らしや庶民の心が透かし見える。東京中の坂を渉猟し、元祖「坂道」本と謳われた幻の名著。（鈴木博之）

ちくま学芸文庫

民間信仰（みんかんしんこう）

二〇二〇年五月十日　第一刷発行

著　者　桜井徳太郎（さくらい・とくたろう）
発行者　喜入冬子
発行所　株式会社　筑摩書房
東京都台東区蔵前二―五―三　〒一一一―八七五五
電話番号　〇三―五六八七―二六〇一（代表）
装幀者　安野光雅
印刷所　株式会社精興社
製本所　株式会社積信堂

ISBN978-4-480-09976-1 C0139